KB200501

교회를 개척하려고 준비하는 분들의 필독서

# 교회개척 100명 이상 성장하는 법

강요셉 지음

## 단독 교회개척 1명으로 100명 이상 성장시킬 수 있다

교회는 성도를 치유하여 하늘의 사람으로 바꾸는 곳이다.
하나님은 모든 교회가 자립하며 성장을 하기를 소원하신다.

## 개척교회는 영적전쟁을 해야 자립하며 성장한다.

성령출판사

# 교회개척 100명 이상
# 성장하는 법

성령출판사

# 들어가는 말

많은 교회성장 전문가와 목회자가 이구동성으로 하는 말이 교회를 개척하여 성장시키는 시대는 지났다고 합니다. 개척교회 1%성공이라는 말도 있습니다. 그러나 저는 작은 교회성장 100%라고 당당하게 말합니다. 지금도 성령이 역사하는 교회는 성장될 수밖에 없기 때문입니다. 필자는 저의 식구 4명이 교회를 개척하여 지금 자립하며 성장하고 있습니다. 물론 이렇게 되기까지는 많은 사연이 있습니다. 교회가 성장한다는 긍정적인 생각을 가지고 능력전도하면 안될 수 없다는 것입니다. 물론 필자가 지난 세월을 뒤돌아보면 작은 교회가 재정을 자립하고 성장하는 것은 그렇게 말과 같이 쉬운 일은 아닙니다.

그래서 지금도 많은 목회자들이 교회성장을 위하여 밤잠을 설치며 기도하고 있습니다. 교회성장의 중요성은 교회를 개척해 보아야 제대로 알 수가 있습니다. 교회를 개척해서 전도를 해보아야 한 영혼이 천하보다 귀하다는 말이 실감 있게 들릴 것입니다. 필자가 교회를 개척하여 목회를 시작한 지난 세월을 생각하면 교회는 목회자가 성장 시킬 수가 없다는 것입니다. 성령이 역사하는 교회시대의 교회성장은 성령께서 역사해야 가능한 것이라고 과감하게 말할 수 있습니다.

그래서 목회자는 성령님과 인격적인 관계가 되려고 열과 성의를 다해야 합니다. 성령님과 친밀해야 능력전도도 할 수가 있습니다. 물론 전도는 성도나 목회자가 합니다. 하지만 실제 역사는 성령께서 하셔야 전도가 되기 때문입니다. 이 책에는 교회를 성장시키기 위하여 갖추어야 할 제반 사항을 제시하고 있습니다. 필자가 교회를 개척하여 실제 체험한 바를 정리했습니다. 능력전도를 어떻게 해야 되는지 비교적 상세하게 제시하고 있습니다. 실제로 필자가 3년이란 세월동안 예수능력전도를 해보았기 때문입니다.

작은 교회는 능력전도 외에는 대안이 없습니다. 세상에서 살아가면서 문제를 당하고 고통 하는 사람들에게 복음을 전하여 교회로 데리고 와서 말씀과 성령으로 치유하는 것입니다. 한사람, 한사람을 대상으로 복음을 전하고 성령의 역사를 일으켜서 복음을 받아들이게 해야 합니다. 그렇기 때문에 인내력이 필요합니다. 하나님이 함께하신다는 믿음도 필요합니다. 이 책에는 능력전도를 어떻게 하고 전도된 성도를 양육하여 교회에 정착하게 하는 비결들이 제시되어 있습니다. 이 책을 통하여 작은 교회목회자들이 자신도 교회를 자립 성장시킬 수 있다는 희망을 갖기를 소원합니다.

주후 2014년  05월 20일
충만한 교회 성전에서
저자 강요셉목사.

# 교회개척성장 세부목차

# 1부 교회개척의 기본적인 원리

## 1장  교회개척전 마음의 준비 강하게 하라

(마28:18-20)"예수께서 나아와 말씀하여 이르시되 하늘과 땅의 모든 권세를 내게 주셨으니, 그러므로 너희는 가서 모든 민족을 제자로 삼아 아버지와 아들과 성령의 이름으로 세례를 베풀고, 내가 너희에게 분부한 모든 것을 가르쳐 지키게 하라 볼지어다. 내가 세상 끝날까지 너희와 항상 함께 있으리라 하시니라"

교회개척은 하나님의 뜻이다. 그런데도 많은 분들이 교회개척에 실패를 한다. 나는 성령치유 사역을 하고 있다. 성령치유 사역을 하면서 터득한 많은 영적인 책을 출간하다가 보니 전국 각처에서 개척교회 목회자들로부터 전화가 많이 온다. 전화를 받을 때마다 안타깝기 짝이 없다. 모두 무모하게 교회를 개척했다가 물질이 막혀서 고통을 당하는 것이다. 저에게 어떻게 해야 물질 문제를 해결할 수 있느냐고 문의 한다. 참으로 대답하기 난감한 질문이다. 개척교회가 물질문제를 해결하는 방법은 영적전쟁을 하는 것이다. 그런데 전화하는 대다수의 개척목회자들이 성령의 권능이 없다는 것이다. 그냥 막연하게 부흥이 되겠지 하면서 아무런 무기도 없이 교회를 시작하는 것이다. 그러다가 물질이 막히면 그때에야 개척교회는 성령의 권능이 없이는 자립할 수도 부흥할 수도 없다는 것을 깨닫게 된다. 그러나 이미 때는 늦은 것이다. 교회를 개척하기 전에 성령의 권능, 즉 교회성장의 무기를 준비해야 하는 것이다. 무기에는 성령의 능력도 포함이 된다. 성령의 은사도 포함이 된다. 물질도 포함이 된다. 하나님이 자신에게 부여하신 사명이 무엇인가도 바르게 알아야 한다. 이런 모든 것을 알고 사전 준비 없이 막연하게 교회를 개척하니 백이면 백 모두 실패하는 것이다. 나는 이 책에서 교회개척과 성장에 관한 저의 체험을 적나라하게 표현할 것이다. 교회를 개척하실 분들은 책을 정독하시고 무엇을 준비해야 하는지 알고 준비하여 교회를 개척하기를 바란다.

## 1.개척자의 소명감과 동기가 중요하다.

개척자의 소명감 교회 개척의 동기야말로 하나님의 명령과 소명이 없이는 불가능하다."신학교를 졸업했으니까?", 혹은"남들이 개척을 하니까?, 부교역자 생활은 한계가 있고 나도 담임목사가 되어 내 마음대로 목회를 하고 싶은 까닭으로" 개척의 동기가 되어서는 안 될 것이다. 오직 하나님이 부르시고 그 명령으로 시작된 개척교회라야 반드시 성장할 수밖에 없다.

성경에서 하나님의 사람들(모세, 기드온, 예레미야, 에스겔, 바울, 베드로 등)은 대부분 공통적인 도식에 의해서 부름을 받았다는 사실을 발견할 수 있다. 우리도 지난날 하나님께 부름 받은 소명의 과정들이 성경 속의 인물들과 소명 형태가 너무나 똑같다는 사실을 깨닫게 된다.

그러므로 강권적으로 자신을 불러주셨던 그 하나님께서 자신에게 개척의 사명을 주시고 개척을 향한 명령을 주셔서 개척을 시작했다면 그 교회는 반드시 성장할 수밖에 없을 것이다.

주님을 위해서 빚진 자의 마음을 가지고 죽을 수도 있는 불타는 소명감만 있다면 얼마든지 길은 있다. 이것 하나만으로도 모든 개척교회 어려움의 장벽은 해결될 수 있다고 해도 과언은 아닐 것이다. 이런 목회자의 개척 사역은 하나님께서 다 책임져 주시기 때문이다.

## 2. 개척자의 영성이 중요하다.

21C는 결핍의 시대이다. 자원 고갈과 아울러 정신고갈, 영성의 고갈시대가 오고 있다. 특히 21세기는 유전공학(생명공학)시대요, 멀티미디어 정보통신의 시대로서 생명복제의 대중화와 사이버 가상공간의 대중화 시대가 되어 지기 때문에, 정신의 고갈과 영성의 고갈을 느끼게 된다. 그러므로 영성의 고갈이 오면 모든 사람에겐 허무(공허)와 불안(초조)의 두 가지 결과가 따른다. 제 2물결 후 산업사회와 물리과학시대의 산물인 허무와 공허를 사람들은 쾌락으로 메우려고 하였다. 그러나 현대인은 목마름을

더 느꼈기 때문에 영성에 대해서 조금씩 관심을 갖기 시작했다. 또한 제 3물결 후 정보사회시대(멀티미디어 정보통신시대)에는 불안과 초조로 인하여 사람들은 컬트 무비를 좋아하고 광란의 폭력성을 분출하게 되었다. 그래서 어디론가 쉴 새 없이 전화를 하고, 비아그라를 복용하고, 잡음과 소음이 혼합된 파열음악을 좋아하게 된다.

사람들은 이 불안에서 도피하기 위해 가상공간으로 이주해서 불안을 애무 받으려는 성향이 짙어지지만 가상공간은 더 큰 원초적 불안을 증폭시켜줄 뿐 아무것도 그들에게 줄 수가 없다. 유명한 교회성장학자인 라일 샬러는 70년대 미국에서 베이비부머 세대가 서구교회를 외면했던 모습을 상기하면서 다음과 같은 결과를 보고하고 있다. 첫째, 히피세대가 교회를 떠났던 이유가 무엇인가? 미국 교회의 영성이 메말랐고 감동이 없었기 때문이라는 것이다. 둘째로 왜 최근에 미국에서는 동양의 신비 종교를 선호하고 빠져드는 사람이 많은가? 바로 영성에 대한 갈구 때문이다. 그들은 동양의 신비주의 종교인 전생을 보는 것, 요가, 마인드 컨트롤 등을 선호하는 이유나 미국의 40대 남성들이 산을 향하고 종교적인 감동이나 체험을 얻어 보고자 신비 종교에 심취하고, 남성들이 산을 동경하며 묵상과 참선에 관심을 갖기 시작했다.

이것이 바로 영성에 대한 갈급함의 표출인 것이다. 셋째로 왜 베이비부머(히피세대)가 교회에 돌아오고 있는가? 파스칼의 말대로 우리의 영혼 깊은 곳에는 하나님으로만 채워야할 빈 공간이 있는데 세상에서 이 공간을 채우려고 했던 그들이 마약도 해보고 육체의 쾌락도 느껴보지만 결국은 영적인 공허감을 많이 느끼기 때문에 교회에서 하나님의 사랑을 경험하며 영적인 감동으로 살아가기 위해서 돌아온다는 것이다. 네 번째로 베이비부머들이 찾는 교회는 어떤 교회인가? 그들은 영성이 충만한 교회, 영성을 감동적으로 공급해 주는 교회, 자녀교육 프로그램이 준비되어 있는 교회로 돌아온다는 것이다. 현시대의 포스트 모더니즘적 특징도의 피라미드식 사고와 조직에서 원 사고의 중심으로 바뀌어 권위주의가 붕괴되고 있으며, 인식론 자체가 객관적에서 주관적으로 변하고 있다. 즉 서양적 인식에서 동양적으로 변화되어지고 있다.

그리고 종교 다원화로 인하여 절대적 교리를 선호하지 않고 상대적이면서 보편적인 진리를 선호하게 되는 경향이 있다. 그러므로 현 시대에 필요한 것은 개척자의 영성이 절대적으로 필요하다고 하겠다. 이런 측면에서 생각해 볼 때 21세기에는 교회에서 유행되는 용어는 '영성', '소그룹(공동체)', '평신도'일 것이다.

## 3. 비전 있는 개척자가 되라.

개척자의 비전 비전의 근거는 소명 때 주신 확신과 믿음의 발로에 기인한 것이다. 그러므로 사람은 누구나 자신의 비전을 발견하고 성취하길 원하는 만큼 하나님도 비전만큼 사람을 쓰신다.

따라서 비전은 그것의 성취보다는 그것을 가진 자의 성숙을 통한 이루어짐에 하나님의 관심이 있다. 꿈을 꾼다는 것은 철저히 시련을 견디며 역경을 이겨내는 것을 의미한다. 오해와 성적 유혹, 물질에 대한 탐심 등에서 내일을 향해 하나님을 향하여 강하게 일어서서 달려가는 자만이 그 비전을 성취할 수 있다고 본다. 필자도 강단에서 기도할 때나. 집에서 잘 때나 지금도 누울 때나 일어날 때 하루도 거르지 않고 꿈을 꾼다. 어떨 땐 꿈 때문에 잠을 못 이룬 경우가 있다. 이렇듯 자신을 향한 하나님의 소명과 개척에 대한 비전이 확고해야 한다. 이럴 때 그 어떠한 역경의 굴레 속에서도 견고하게 버틸 수가 있을 것이다.

## 4.교회성장 마인드를 가져라.

교회 성장 마인드 아무리 소명감이 충만하고 비전이 뚜렷하고 성결한 삶이 있어도 교회성장의 안목과 소신이 마인드(Mind)화 되지 않으면 안 될 것이다. 그러므로 개척 전부터 부지런히 교회성장에 관한 제반의 책들을 많이 읽고, 세미나도 참석하며 각종 자료수집과 성공한 목회자와의 인터뷰를 통하여 교회 성장의 마인드를 소신 있게 갖추어야 한다. 목회자 자신이 먼저 교회 성장형 마인드와 체질을 이루어야 개척교회가 성장할 수 있다.

## 5. 실천 신학적 준비 (목회철학, 소신, 개척의 당위성 정립)

1) 나는 왜 개척을 하는가? - 개척의 당위성 정립

2) 교회론은 확실히 정립되어 있는가?

3) 나의 목회 소신, 철학은 정립되어 있는가?

4) 나의 교회 성장 유형은 결정해 놓았는가?

5) 셀그룹 목회와 소그룹 리더쉽 준비는 필수적이다.

## 6. 실제적 준비

1) 개척교회를 위한 자료 수집을 하라. 개척목회자는 위와 같은 대안과 효과적인 성장 전략을 수립하기 위하여 부지런히 자료 수집에 나서야 한다. 각 교회를 두루 다니면서 주보와 전도지를 모으고 요람과 전도계획, 교육계획 등의 자료를 수집하여 개척목회 계획을 세운다. 또한 개척교회에 관한 서적을 두루 탐독하고 세미나 등에 참석하여 많은 방법을 얻는 것도 유익하다. 이 때 주의해야 할 것은 반드시 개척목회에 성공한 교회나 대형교회만을 탐방하지 말고 실패한 교회에도 찾아가서 왜 실패했는가에 대한 문제도 파악하는 것이 큰 도움을 주게 될 것이다. 또한 자료 수집과 함께 순간마다 떠오르는 영감과 착상들을 메모하여 두면 실제로 그것이 개척현장에서 유용한 아이디어 뱅크로 사용될 것이다.

2) 기도후원자, 재정 후원자를 모집하라 지금부터라도 다시 시

작하는 마음으로 기도 후원자와 재정 후원자를 모집하는 것이 중요하다.

**3) 한두 가지 전문성을 개발하라.** 현대인은 후기 백화점 시대 속에 살고 있다. 그러기에 현대인은 기존의 백화점 스타일보다는 킴스클럽 또는 이마트 같은 창고형 세일을 선호하는 경향이 많기도 하다. 그러면서 동시에 현대인은 전문 스토아나 전문 백화점을 선호하는 성향이 있다. 예컨대 아기용품 전문점이나 여성 의류 전문점, 구두 전문점, 장난감 전문점, 골프 백화점, 전통 음식점 등을 좋아하는 것 등을 볼 수 있다. 따라서 개척교회 목회자는 이러한 현대인의 취향에서 개척교회 성장의 힌트를 찾아낼 수 있어야 한다. 백화점 스타일은 대형 교회만이 갖출 수 있는 것이다. 개척교회는 백화점 형을 모방할 수도 없고 흉내 낼 수도 없다. 왜냐하면 개척교회는 출발 자체가 구멍가게이기 때문이다. 그러나 이 구멍가게 같은 개척교회에도 한두 가지의 전문성과 특징을 갖추면 그것이 곧 성장의 요건이 된다. 개척 목회자는 성도들의 영성을 깊게 할 수 있는 전문성을 개발하여 가지고 있어야 하고, 하시라도 적용할 수 있어야 한다.

그러므로 개척자는 무조건 성공한 교회를 흉내 내려 하지 말고 성장한 대형 교회의 모든 것을 다 모방하려 하지도 말 것이며 모든 것을 잘 하려고 해서도 안 된다. 내가 잘하는 것이 무엇인가? 내게 자신 있는 것이 무엇인가? 우선 그것부터 자신 있게 하면 되는 것이다. 나의 장점, 나의 주특기를 잘 활용하여 그것을 교회의 특징과 전문성으로 삼으면 된다. 예컨대 주일학교에 은사가 탁월하면 그것부터 시작하는 것이다. 자녀교육에 최고의 관심을 갖고 있는 시대에 주일학교가 부흥하면 어느 지역에서든지 장년 성장은 자동적으로 따라올 수밖에 없다. 그렇게 하려면 적어도 주일학교에 대한 준전문가 이상의 부교역자를 교회시작 전부터 채용해야 한다. 그리고 그와 함께 그 지역에 맞는 교육프로그램과 봉사 프로그램을 짜놓아야 한다. 그리고 나서 지역주민들에게 홍보한다면 더욱 좋은 결과를 가져올 수 있을 것이다. "우리 교회는 개척교회이지만 당신들의 자녀를 위해 적어도 이런 교육프로그램을 갖고 있다."고 말이다.

21세기를 짊어지고 나갈 당신들의 자녀를 위해 이런 교육시설과 대안을 마련해 놓고 있을 뿐만 아니라 이 정도의 전문교역자까지 있으니 마음 놓고 자녀들을 보내라고 홍보하며 전도해 보라. 그리고 최선을 다해 주일학교 사역에 투자를 해본다면 교회 성장에 대한 긍정적인 효과가 있을 것이다. 요즘같이 자녀를 우상시하는 시대에 부모들은 왜 이런 교회에 자녀를 보내지 않겠는가? 곧 그 교회는 주일학교 성장은 필연적이게 될 뿐만 아니라 바늘 가는데 실 따라가듯이 장년부 성장도 자연스럽게 따라가고야 말게 될 것이다. 또한 소그룹 성경공부에 탁월한 지도력이 있다면 우선 가정에서라도 교회를 시작할 수 있다. 설교에 탁월한 감화력이 있다면 우선 그것에 집중하면 되고, 6개월 전후면 판가름이 날 것이다. 그리고 기도가 나의 특기라면 기도집회 등으로 승부를 걸어야 한다. 이것이 개척교회의 필수적인 부흥의 열쇠이기 때문이다.

백화점 스타일은 교회가 크게 성장한 후에 추구할 일이다. 그러나 개척교회 때는 꼭 한 두 가지 특징을 살려야 한다. 이 한두 가지 전문성이 개척교회의 모든 취약점과 부정적 선입관들을 말끔히 씻어주는 역할을 하기 때문이다. 그리고 이 한두 가지 전문성에 사람들은 매혹되어 그 교회를 찾게 되고 아무리 백화점 형 교회를 다니던 사람들도 이사를 오면 그 한 가지 특징에 매료되어 그 교회에 정착하게 된다. 그러므로 개척을 준비하는 목회자들에게는 자기만의 주특기가 반드시 있어야 한다. 자기만이 가지고 있는 잠재력을 찾아내야 한다.

**4) 개척 교회 생리에 맞게 목회를 시작하라.** 개척교회 선호형인 성도들은 나름대로의 몇 가지 특징이 있다. 첫째, 영육의 문제를 가지고 있다. 마음의 상처가 있다. 물질적인 고통을 당하고 있다. 개척교회에 오는 성도는 대체적으로 문제가 있는 성도가 온다. 이들이 개척교회에 오는 이유는 개별적으로 치유받기 위해서 오는 것이다. 그러므로 교회를 개척할 목회자는 이들을 치유할 수 있는 성령의 권능을 준비해야 한다. 둘째, 종교적 공명심이 많다. 이런 사람들은 비교적 감투와 직분을 좋아한다. 셋째 담임목사 독점욕이 강하기 때문에 과잉 충성이 발휘된다. 넷째, 대형 교회에서 받은 상처와 소외감이 있다. 다섯째, 학력, 경제력이 낮을 수 있고 비교의식이나 열등의식이 많다. 여섯째, 가족적인 화

기애애한 분위기를 좋아한다. 일곱째, 개척교회를 위한 사명감이 남다른 사람도 있다. 이것은 실제적일 수도 있고 명분적 일수도 있다. 여덟째, 경제력이 있는 사람 중에는 교회에 충성 한다기보다 어려운 교회를 도와준다는 생각을 가진 사람도 있다. 그러기 때문에 이러한 개척교회 선호형 성도를 잡아야 한다. 그리고 성육신 목회를 해야 한다. 주로 상처를 위로하고 치유하며 종교적 공명심을 어느 정도 인정해 주며 눈물로 섬겨야 한다. 또한 기도할 때 "주여 많은 영혼들을 보내주소서"라고 기도하면서, 특별히 의자까지 잡고 기도해 본다면 더욱 좋겠다.

그런데 우리가 알아야 할 사실은 개척교회에는 위기가 도사리고 있고 성장 단계마다 고비가 있다는 것이다. 그러기 때문에, 목회자는 위기관리 능력이 있어야 하고, 개척교회 때일수록 성육신적인 섬김이 필요하다.

5) 복음을 지역사회에 눈으로 보여 주라. 복음은 복음을 모르는 사람들에게 전해져야 하기 때문에 중요한 것은 그 지역 사회에서의 교회의 위상에 대해서 보여줄 필요가 있다. 단순히"예수천당 불신지옥"의 복음전파 시대는 지나갔다고 생각한다. 물론 몇몇의 지역은 아직도 이러한 원색적인 복음으로 전도가 되기도 하지만 대체로 도시권에서는 '원색복음'에 대해서 반감을 가지고 있기 때문에 지혜로운 접근법이 필요하다. 그래서 지역 사회의 필요에 대해서 민감하고 그 지역 사회를 돌볼 수 있는 하나의 이벤트나, 다른 방법들에 대해서도 직접 실행으로 옮겨 교회의 위치

에 대해서 보여줄 필요가 있다.

6) 열정적 헌신과 희생의 삶. 개척교회에 있어서 수많은 프로그램이나 지역 조사 등도 중요하지만 더욱 중요한 것은 목회자가 영혼을 위해서 목숨을 거는 것이다. 목회자의 열정적 헌신이나 희생만큼 그 결실은 맺어지기 때문이다. 하나님의 나라는 농작의 수확 법칙과도 같이 정직하게 결실되어진다.

7) 지역과 나의 은사를 검토하여 전략 세우기. 교회를 개척하는 모든 사람들에게 있어서 그 지역의 필요와 인구 구성원, 학력 등 개척하고자 하는 지역에 대해서 반드시 조사할 필요가 있다.‘새들백교회의 릭워랜 목사’가 그 지역을 조사해서 모델로‘새들백 샘’을 만들어 지역의 전도 모델로 삼았던 것처럼 지역조사를 통해 자신의 은사와 연결하여 사역을 극대화시킬 수가 있다.

8) 교회론에 강한 목회. 무조건‘내 교회식’의 강요는 거부감을 크게 느끼게 하지만 성경적 교회론을 토대로 교육하면 아무리 철새 같은 교인도 확실한 소속감을 갖게 되고 큰 일꾼이 되게 된다. 또 교회론을 탄탄하게 교육시키면 성장의 고비마다 거뜬히 넘길 수가 있다. 예컨대“우주적 교회와 지역 교회의 조화로운 교육”“말씀이 본질이 된 일원화 교회”“하나님의 가족(권속)화된 교회” 등의 교회론적 목회는 아무리 생활 패턴이 달라진 현대인일지라도 저들을 묶는 끈이 되고 고리가 될 것이다. 아무리 시대가 달라졌어도 개척교회는 안 되는 것이 아니다. 지금도 얼마든지 될 수 있다. 이러한 기본적인 대안 위에 구체적인 전략과 프로그램을

가지고 개척목회에 임하면 개척교회 성장은 얼마든지 가능하다.

9) 성령이 충만한 축제의 예배. ① 설교를 잘해야 한다. 한국인인의 심성은 논리보다 감정이 더 있고, 지적인 면보다 정서적인 면에 치우친다고 할 수 있다. 따라서 개척교회 설교일수록 한국인의 심성에 맞게 심령이 은혜를 받아 변할 수 있도록 생명력이 있고, 영적인 말씀으로 전해야 한다. 무엇보다도 말씀을 듣는 성도들의 영을 깨우는 설교가 되어야 할 것이다. 모든 면에서 대형교회에 비해 열악한 시설과 환경일 수밖에 없지만 예배에 성령의 충만함으로 감동적인 분위기가 되도록 예배를 인도한다. 예배에 참석한 성도들의 마음을 열게 하여 성령으로 푸근한 은혜로 젖게하는 설교라야 한다. 지나치게 논리적이고 이지적이며 비판적이고 공격적인 설교는 지양해야 한다. 교리 설교 보다 생활중심의 설교, 성도들의 삶의 문제를 치유하는 설교, 신학적인 설교보다는 영적인 설교에 좀 더 많은 할애를 하는 것이 좋을 것이다. 또한 성경을 피상적으로 관찰하거나 상투적이고 무미건조한 단어를 사용하는 것을 지양하고, 숨어 있는 말씀의 본질적 의미를 발견하여 청중의 의식과 언어의 옷을 입혀 전달을 해야 할 것이다. 그래서 성도들의 삶의 실태를 자연스럽게 접근하고, 실제 삶에 적용할 수 있는 말씀으로 설교하는 것이 좋다. 그리고 무엇보다 중요한 것은 영혼을 사랑하는 간절한 마음으로 설교를 준비하고 선포하는 것이다.

② 반드시 예배 때마다 성령으로 뜨거운 기도가 있어야 한다.

필자는 주일 오전 예배 때에는 40분간 기도를 한다. 오후 예배 때는 50분간 기도를 한다. 이렇게 하는 이유는 성도들이 뜨겁게 기도할 수 있는 시간이 없기 때문이다. 교회에 등록된 성도의 70% 정도가 주일 밖에 교회에 나올 수 없다는 것을 알아야 한다. 그렇기 때문에 최대한 주일을 이용하여 성령을 체험하고, 마음의 상처와 질병을 치유 받으며, 성령 충만 받도록 예배를 인도하는 것이다. 기도해야 성령 충만을 받을 수가 있다. 성령 충만해야 상처와 질병을 치유 받을 수 있다. 성령 충만해야 세상을 이길 수가 있다. 성도가 성령 충만해야 영적으로 변한다. 영적으로 변하여 영적인 사고를 해야 성도 한 사람 한 사람이 아브라함의 축복을 받을 수 있다. 개척 목회자는 어찌하든지 성도들로 하여금 영적으로 변하여 하나님의 복을 받는 성도가 되게 해야 한다.

10) 전략적 전도와 새 가족 양육: 개척교회에서 새신자 양육은 개개인의 구원의 확신에서부터 영적 성숙의 초점을 맞추어야 되지만, 그에 못지않게 중요한 것은 교회론적인 교육이다. 교회소속의식이 약하고 교회관이 약하면 내 교회라는 생각 없이 언제든지 떠날 수 있기 때문이다. 그렇기에 특별히 이동 교인을 교육하는 데 있어서는 개인의 영적 성숙을 위한 양육과정 이전에 먼저 교회정착에 대한 부분부터 치중해야 할 것이다. 교회 정착에 치중하려니 주일을 최대한 활용해야 한다. 주일을 이용하여 치유 받고 성령 충만을 받아 성도들로 하여금 영의 만족을 누리게 해야 한다. 개척 목회자는 성도들이 영의 만족을 누리도록 성령의 역

사와 말씀을 전해야 한다. 왜냐하면 개척교회 목회 사역은 교회 밖의 선교단체의 사역과 다르기 때문이다.

11) **가정사역** ① 부부연회 ② 부부 성경공부 ③ 부부세미나, 가족치유, 이러한 사역들을 통해 교회의 갈등과 위기, 문제가 해결되어진다. 언제나 경험하는 것이지만 교회성장에도 분명한 고비가 있다. 그러니 목회자들은 반드시 고비를 넘겨야 한다. 교회가 성장하는 것은 하나님의 뜻이고 교회의 생리 그 자체이다. 교회가 시대와 상황의 바람을 타야만 성장하는 것은 아니다.

개척교회도 얼마든지 성장할 수 있다. 아무리 이름 없는 목회자, 가난한 목회자, 바람을 타지 않는 목회자라 할지라도 교회를 개척하여 누구든지 성장시킬 수 있다. 교회성장은 하나님의 은혜의 결과요, 하나님의 뜻의 결과이기 때문이다. 물론 누구나 수천 수만 명의 대형 교회를 세울 수는 없을 것이다. 그릇에 따라 쓰임 받기 때문이다. 그러나 적어도 내가 받은 사명의 그릇만큼 풍요롭고 행복하게 쓰임 받을 수는 있다. 그것이 우리 목회자들의 진정한 기쁨이요 행복일 것이다.

# 2장 교회 개척의 방식과 방향을 정하라.

(행18:9−10)"밤에 주께서 환상 가운데 바울에게 말씀하시
되 두려워하지 말며 침묵하지 말고 말하라. 내가 너와 함께 있
으매 어떤 사람도 너를 대적하여 해롭게 할 자가 없을 것이니
이는 이 성중에 내 백성이 많음이라 하시더라"

주님께서 승천하시면서 우리에게 주신 명령은 성경 여러 곳에
서 볼 수 있다. 이 성경 본문들을 주의 깊게 받아드리면, 최대 명
령을 이루는 세 가지 요소들로 요약 할 수 있다.

첫째, 잃어버린 사람들을 의도적으로 찾아 가는 것이다. 지
상 최대의 명령을 시작하는 말씀은 "가라"로 시작된다. 예수님은
"찾아 가라"는 말씀으로 의도하시고 있다. 20세기 말엽 아주 많
은 교회가 잃어버린 영혼들이 교회를 찾아오기를 기다리고 있다.
1970년대 80년대는 가능한 방법이었을지 모르나, 그러나 1990
년대 무종교인이 증가하고 있는 상황에서는 먹혀들지 않는 방법
이다. 21세기 교회는 이 잃어버린 사람들에게 우선권을 두어 찾
아 나가야 할 것이다.

둘째, 지상 명령의 두 번째 요소는 전도이다. 지상최대 명령을
수행하는 교회는 가장 우선순위를 전도에 두는 교회이다. 전도에
대해 단순히 말하는 개념이 아니라, 적극적으로 잃어버린 자들을
찾아 나가고 있다. 힘든 여건에도 성장하는 교회는 최상명령에

뿌리를 두고 있다. 잃어버린 영혼을 찾아 나가고 있지 않은 교회는 그 목적을 상실한 것이다.

셋째, 지상명령의 다음 요소는 교육하여 세우는 일이다. 전도하여 교회에 오게 했으면, 새로온 신자들을 그리스도 형상으로 인도하는 것을 내포한다. 교육은 저들의 인생관과 세계관을 변화시키는 것이며, 성경공부, 교제, 봉사, 영적성장을 하도록 개인적 헌신을 하게하는 것이다. 헌신과 봉사사역과 사역자로 가게 하여 전도의 재생산의 열매를 맺게 하는 것이다.

초대교회들이 주님의 지상 명령을 수행한 경우를 보면 주로 교회를 개척함으로 명령을 수행하고 있는 것을 본다. 사도행전에 기록된 선교 여행들을 주의해 보면, 바울은 더베, 루스드라, 이고니온, 안디옥, 빌립보, 데살로니가, 베뢰아, 고린도, 에베소 같은 중요한 도시에 교회를 개척하고 그 교회를 통해 큰 영향을 미치도록 하였다. 주님의 지상 명령에 환상을 가진 지도자들에 의해 교회들을 시작하는 것은 필연적이다. 이와 같은 인식은 한국교회에 필요하고, 그 인식이 확산되어 21세기 한국교회의 성장에 큰 밑거름이 되었으면 한다.

## 1. 개척교회 담임자 개인이 개척 설립하는 개척방식

한국 교회가 지금까지 개척을 해온 가장 전형적인 방법이며 한국 교회의 역사에서 절대 다수가 취한 형태이다. 개척 담임자가 중심이 되어 교회개척을 위한 모든 준비를 하고 개척을 해 교단에 신고하는 절차를 밟는다. 이들은 대부분 상가의 한 부분이나 가정집을 중심으로 해 모였다가 교회로 발전되는 경우다. 60~80년대의 급성장한 대부분의 대형교회들이 이러한 개척방식을 통하여 설립됐다. 예를 들면 안산에 있는 안산동산교회를 개척한 김인중 목사는 안산에 공단이 처음 들어선다는 소식을 듣고 기도하다가 총신대학원을 졸업하고 곧바로 1979년에 안산에 반 지하 한 칸을 얻어 개척 교회를 시작했다. 그는 부인과 함께 대학생 선교회에서 배운 4영리를 가지고 하루 종일 일대일 노방 전도를 통하여 한 사람씩 전도를 했고, 마침내 6월 10일 김 목사와 7인이 개척 교회 첫 예배를 드렸으며, 20년이 지난 지금은 장년 6,000여명, 주일학생 4,000여명이 모여 예배드리는 교회로 성장했다. 필자도 마찬가지 방법으로 개척을 해서 지금 자립하며 성장하고 있다.

이러한 개척 방식은 한국 교회가 한창 부흥을 할 때인 60~70년대까지의 교회 개척의 방식 정도로 알려져 왔다. 그런데 이와 같은 방식은 오늘날과 같은 현실에서는 대부분의 사람들이 가장 어렵게 생각하고 기피하는 방식이 되어버렸다.

이는 사회가 점점 안정되어감에 따라 교인들 중 직장에서 봉급을 받는 생활자들이 증가하면서 교회 건축 헌금의 무리한 부담 등을 가진 교회들이 차츰 인기를 잃어가고, 또 개인의 삶의 질이 높아지면서 부대시설이 열악한 교회를 회피하는 현상이 뚜렷해졌기 때문이다. 더구나 이와 같은 교회들은 자기 건물 및 좋은 환경을 가진 기성 교회들과 경쟁해야 하기에 그 어려움이 더하다.

## 2. 기성 교회가 개척하는 방식

이미 어느 정도 성장한 교회가 모든 것을 책임지고 새로이 교회를 설립하는 형태이다. 분립 성장, 또는 모 교회에 의한 개척과 같은 말로 표현되는 이 교회의 형태는 선교를 위하여 한 교회가 필요한 재원과 모든 것을 지원하여 새로이 교회를 개척하고 그 교회의 관리 성장까지 돕는 형태다. 이는 구체적으로 두 가지로 구분이 된다. 첫 번째는 개교회가 개척 기금 등을 적립해 교회를 개척하고 목회자를 청빙하여 그에게 모든 것을 맡기는 형태고, 두 번째는 모교회가 교회를 개척하고 목회자를 청빙하여도 모 교회를 위해 개척교회의 중요한 모든 것을 항상 관리 감독하고 보고하는 형태다.

첫 번째의 경우의 예로는, 사랑의 교회(옥한흠)의 개척을 들 수 있다. 1978년 7월 당시 불광동의 은평 교회(배기주 목사)가 강남에 이사를 간 3가정의 교인을 중심으로 교회를 개척하기로 하고 미국 유학중인 옥한흠 목사를 청빙했다. 은평 교회는 강남은평교회를 상가에 개척하고 10만원의 1년간 생활비를 보조하면서 모든 것을 옥 목사에게 위임하여 평신도를 제자화하는 오늘과 같은 한국의 대표적인 모범적인 교회로 성장을 하도록 도왔다.

두 번째 위성 교회형식의 개척은 지점 또는 분점식으로 교회가 개척되는 것인데, 한국교회가 대형화되어 가면서 멀리서 오는 교인들을 다른 교회에 뺏기지 않기 위한 수단으로 주로 사용되어 왔고, 또 이후에는 신도시들이 개발될 때, 엄청난 돈을 지불하고 종교 부지를 사서 교회를 세울 수 있는 대형 교회들이 자신의 교회의 성장을 위한 교인 확보를 위하여 주로 사용한 방법이다. 지성전으로 불리는 이런 교회는 그 이름도 본교회의 이름을 그대로 유지하고 또 그의 형태들은 대부분 담임이 없이 본 교회에서 부목사들이 일정기간 파송되는 형식을 취하였다. 이러한 교회들은 대부분 교회 유지나 성장에 문제를 갖지 않고 순탄한 성장을 이루어가나 독립된 교회로서의 사명을 감당할 수 없고, 지성전의 위치로서의 역할을 충실히 감당함으로 온전한 자립, 자치, 자전 등을 목표로 하는 교회로 성장할 수 없는 취약점을 갖고 있다. 그러나 이러한 교회들이 광림교회와 같이 한꺼번에 모든 지성전을 독립시키는 예가 생겨 결국 위성교회들이 미래에 나아갈 길을 보여주는 듯하다.

### 3.교인집단 및 개인 독지가가 개척교회를 설립하는 방식

개인 또는 이미 존재하는 한 교회의 일부 교인들이 교회와의 불화 등을 이유로 다른 목회자와 협력해 교회를 개척하는 형태를 말한다. 이는 종종 교회 내의 불화로 인하여 서로 간의 감정적으로 고통스러운 경험을 해결하는 방식으로 사용되어진다는 점에서 하나님의 교회가 복음전도를 위하여 선한 의지와 목표로 생겨나야 하는 개척교회 본래의 의미와는 상반되는 개척이 아닐 수 없다.

## 4.교회 기관 및 단체가 설립한 교회

회사나 기관들이 필요에 의하여 교회를 위한 처소를 마련하고 시설 안에서의 일정한 선교와 교육을 위해 목회자를 청빙하고 개척하는 형태이다. 즉 일반 회사나 공장 등이 자체 직원을 위해 개척하는 교회나(주식회사 이랜드), 병원에 환자들을 위한 목적으로 고용주들에 의해 세워진 교회를 말한다.

## 5.교단에서 설립하는 개척교회

교단의 선교적 차원에서 교단이 목표를 세우고 교회를 직접 개척하는 방식이다. 여기에는 각 개교회의 일정분의 분담금을 교단이 중앙에서 모금하여 개척을 하는 경우가 있거나, 아니면 각 지역을 일정한 구역으로 나눈 후에 그 지역의 특별행사나 유사한 행사 때에 거두어진 목적 헌금 등을 통하여 여러 교회들이 협력하여 교회를 개척하는 경우를 들 수 있다.

## 6.개척방식의 문제점

1) 한국교회의 개척은 지금까지 준비되지 않은 사람과 준비되지 않은 형편에도 불구하고 무계획적으로 상황에 대한 이해가 없이 강요적으로 이루어졌다. 여기에는 두 가지 이유가 있다. 하나

는 담임을 해야 진급할 수 있는 현재의 제도적 장치 때문에 신학대학을 졸업한 많은 목회 초년생들이 자립의 능력도 없이 어쩔 수 없어 교회를 새로 개척하게 된 경우가 많기 때문이며, 다른 하나는 교회의 양적 성장에 관심이 있는 대형 교회들이 재정적 지원을 하면서 개척교회 설립을 적극적으로 추진했기 때문이다.

2) **지역적인 치중의 문제이다.** 하나님의 선교라는 총제적인 차원에서 영혼을 구원하고 지역 사회에 이바지하는 교회 개척이 되기 위한 장소선정이 아닌, 가장 빨리 교회가 성장하고 또 가장 많이 교인들을 모을 수 있는 곳을 선호하는 자본과 경제성에 의한 이기주의적 성향의 지역선정이 개척의 주를 이룬다.

교회개척이 수도권에 밀집되는 현상이 나타난다. 그런데 문제는 교회가 개척되더라도 무려 30%이상이 문을 닫는 다는 것이다. 이를 분석해보면 특정 교단들은 교회를 개척하여 2년이 되고 성도가 20-30명이 되어야 목사안수를 받을 수 있다. 목사 안수를 받으려고 수도권에 개척한다는 것이다. 진급용으로 임시 교회개척을 시도하고 목사 안수를 받은 후에 교회 문을 닫아버리는 사례가 서울에 많다는 항간의 소문이 사실임을 보여준다고 할 수 있다. 그래서 교회를 개척하여 2년이 되고 성도가 20-30명이 되어야 목사안수를 받게 한다는 제도에도 문제가 있다는 것이다.

3) **신학적인 성찰 없는 교회 개척이다.** 교회 개척의 기술과 실제적인 방법도 중요하지만 교회 개척에 대한 올바른 신학적인 성찰도 매우 중요하기에, 이러한 성찰 없이 한 교회 개척은 여전히

문제를 가지게 된다. 오늘날 교회 개척 현장에서는 수자적이며, 외적인 성장만이 교회의 참다운 모습을 가름하는 신학적인 표적이 되고 있다.

## 7. 개척교회에 대한 대안

올바른 개척교회의 성공을 위한 모델로서 분당 중앙교회 최종천 목사의 개척 사례이다. 분당 중앙교회의 최종천 목사가 1991년 교회를 개척한지 2년 만에 장년 예배자 수는 약 700명, 주일학생은 370여명이 됐다. 20개의 대형교회와 개척당시 100여 개의 조그만 개척교회들이 난무하던 분당에서 어떻게 그렇게 성공적인 개척을 이루었는가?

**첫째, 충실한 개척 준비다.** 그는 분당 신도시에 관한 모든 정보를 얻기 위해 신문을 스크랩하고 토지개발공사 등을 방문해 매주 분당 신도시 건립 현장을 방문하여 지금의 열병합 발전소 지역에서 하나님께 분당지역을 헌신하여 바치는 기도를 쉬지 않았다. 특별히 교회 개척을 1년을 앞두고는 섬기던 홍릉교회를 사임하고 전적으로 개척을 위한 준비에 몰입하였다고 한다.

**둘째, 개척후원자 확립이다.** 교회개척을 위한 준비 중 최 목사가 가장 관심을 기울였던 것은 자신을 분당 신도시 지역에 복음전도를 위해 파송된 선교사로 생각해 지원해줄 후원자들을 확보하는 것이었다. 그는 기도와 시간과 재정의 후원자들을 얻고자했는데, 그가 주로 얻은 친구와 친지들로 구성된 130여명의 후원자들은 최 목사의 개척 후 1년 동안을 매월 1~2만원씩 후원하였다. 이는 재정 면에 뿐만 아니라 영적으로 큰 후원이 되었다고 한다.

셋째, 적절한 장소와 시기에 맞는 개척이다. 분당중앙교회 성장에 있어서 빼놓을 수 없는 것은 신도시 입주민들에 앞서서 가장 중심이 되는 상가 건물에 교회가 먼저 제1호로 개척되어 자리를 잡고 그들을 맞이할 수 있었다는 점이다. 최 목사에 따르면 그가 처음 분당에 있는 한 아파트로 옮겨왔을 때 불과 몇 십 명이 안 되는 교인들이 매일 밤마다 모여서 함께 위로하고 또 교제를 나눌 만큼 문화공간이나 사람이 그리운 때였다고 한다. 신도시 주민들의 열린 가슴에 모든 부대시설에 앞서서 교회가 자리 잡고 그들을 적극적으로 맞이함으로 교회 설립 첫 주에 30여 명 그리고 이후 매 주 마다 10여 명 이상 등록자를 얻게 되었다.

넷째, 분명한 목회 철학과 비전이 있는 개척이다. 분당중앙교회의 창립비전은 크게 3가지로 되어있다. 개인 양육과 성숙한 크리스천 양성, 기독교 공동체 형성, 기독교 문화운동 전개다. 특별히 최 목사는 교회 초기부터 문화적으로 우월한 수준의 유능한 교역자 확보를 위해 재정지출을 아끼지 않고 적극적이었던 것이 성장의 한계를 뛰어넘게 만들었다고 한다.

## 8.개척교회 목회자를 위한 제언

1) 이제 개척교회는 무리한 모험을 절제하고 모 교회나 교단의 지원을 받아 어느 정도의 규모를 갖춘 교회를 설립하고자 해야 한다.

2) 엄선된 자격 선정을 통하여 개척교회의 담임자가 선출되어야 하고 또 개척에 필요한 기술과 신학적 기반을 습득할 수 있는 교육과정을 규정해야 한다. 또한 이 훈련과정을 마친 실력 있는 목회자를 양성해 이러한 개척교회의 책임을 맡겨야 한다.

3) 신학대학을 갓 졸업하여 개척에 뛰어드는 식의 강제적인 개척을 지양하고 그들은 먼저 기존 교회에서 목회 사역을 배우게 하고, 대신 경험 있는 부목사급들을 통해 개척을 추진해야 한다.

4) 개척교회의 후보지를 선정함에 있어서, 교단과 교파를 초월해 정확하고 항상 새롭게 검증되어지는 통계에 근거한 전국적인 영적인 지도를 마련해 복음이 필요한 곳과 그 중에서 장 단기간 보조하여야 할 곳과 특수사정에 의하여 영구히 지원을 받아야 할 곳을 나누어 중복 투자와 무익한 경쟁을 지양해야 할 것이다.

5) 설립되는 교회와 그 지역에 파송될 목회자는 긴밀하고도 심도가 있는 검증을 통하여 서로의 적절성이 긍정적으로 평가된 후에 이루어져야 한다.

6) 목회자는 자신의 성격과 유형을 분석하고 상황에 대한 구체적이고 실제적인 이해를 가져야한다.

7) 개척교회의 목사는 계속적인 멘토링을 통해 스스로를 점검

받을 수 있어야 하고 멘토는 개척과 그 후의 성장에 이르는 과정에 동행하여야 한다.

8) 단기간에 교회 안에 많은 교인을 만드는 것이 개척교회의 목적이 아니라 진정한 그리스도의 제자를 만드는 것이 목적이 되어야 한다. 교인 숫자에 연연하지 말라는 것이다.

## 9.교회개척에 대한 조언

어느 개척교회 목회자가 하는 말을 적어 본다. 교회를 개척하려고 하는 후배들에게 선배로써 조언을 할 필요성이 있다는 생각이 들었다. 본인도 개척교회를 하고 있다. 저는 개척교회라는 말 대신에 작은 교회라는 말을 즐겨 사용한다. 모든 교회는 영혼을 구령하는 사명에 있어서는 사람이 많든 적든 영혼을 전도하는 것은 영원한 개척 정신으로 하기에 개척교회라고 생각을 한다.

모 교회성장연구소에서 조사한 결과에 의하면 한 교회가 개척을 해서 자립할 때까지를 조사해보니 250개 교회 가운데 1교회만이 자립교회로 선다는 것이었다. 나머지 작은 교회들은 개척을 시작해서 1년을 못 버티는 경우도 있고, 2년-3년이면 문을 닫고, 다른 교회 간판이 교체되는 것을 계속 목도하고 있는 것이 보이는 현실이다. 나는 할 수만 있다면 개척을 자제하라고 하고 싶다. 이거 무슨 반 기독교적인 이야기인가 하실 분들이 있을 것이다. 그러나 교회는 계속 개척이 되어야 한다. 이유가 없다. 교회를 개척하는 것은 하나님의 뜻이다. 하나님의 명령이다. 그럼에도 불구하고 이런 이야기를 하는 것은 교회 개척을 할 때 제대로 바르게 충분히 준비해서 해야 실패의 쓴잔을 마시지 않는다는 것이다.

나도 신학대학원 2학년 때 아내와 2살짜리 아들이 있을 때 가정집에서 개척을 시작했다. 가진 것이라곤 하나님의 소명과 사명 그리고 열정이었다. 그리고 기존방식대로 7-8년의 시간을 가졌다. 그동안의 이야기를 이야기한다면 끝이 없다. 그리고 다른 대형교회 부목사로 10년의 사역을 하고 다른 방식으로 시작을 한지 7년째 접어들었다.

개척은 목숨을 내어놓고 하는 일이다. 그러나 목숨을 걸만할 때 걸어야 한다. 아무 때나 인생을 걸면 나는 하나님 앞에 인생을 걸었지만 죽지 않고 돌아오는 것은 심신의 스트레스와 잔병으로 골병이 드는 일이다. 누구도 어찌할 수 없다. 목사 자신 만의 문제가 아니라 사모와 자녀들 친인척들 사이의 관계는 심한 부작용을 낳게 된다. 그 누구도 축복 가운데 성장하리라 믿고 있지 실패의 쓴잔을 마시리라고 생각하고 시작하는 목회자는 아무도 없다.

그런데, 그런데 말이다. 그게 아니라는 현실은 목회자들의 인식 전환이 절대적으로 필요하다는 것이다. 성령으로 시작하여 망대를 제대로 세워보지도 못하고 교회를 하다가 접는 다면 본인도 하나님께도 영광이 되지를 못한다. 이 일을 어찌하여야 하는가? 날마다 부르짖어 기도한다. 아니 신음으로 하는 심장이 까맣게 타들어가는 기도를 날마다 한다.

돌아보면 개척교회를 하려고할 때 개척교회를 이렇게 하면 좋겠다고 하는 선배들의 지도가 없이 하다 보니 좌충우돌 나름대로 하나님의 인도라고 온 것이다. 하나님은 준비하시는 하나님이시다. 충분한 믿음의 준비와 충분한 외적인 준비가 없이는 시작하지 말기 바란다. 단, 시작을 하였으면 망대 세우기를 하여야 한다. 그러나 망대 세우기가 힘이 부족할 때 자존심을 내려놓고 다른 길을 모색하는 것도 하나님의 뜻을 따르는 새로운 길이 될 것이다. 무엇을 하던 하나님의 영광을 위한 목적이라면 말이다.

결론적으로 교회를 개척하려고 하는 목회자는 준비를 철저하게 해야 한다. 나는 적어도 2년은 준비해야 된다고 생각한다. 이 책에서 제시되는 내용대로 개척자의 마음 자세부터 새로워야 한다. 영성이 깊어야 한다. 개척교회는 문제가 있는 성도만 온다. 이 성도들을 만져서 치유할 수 있어야 한다. 치유하고 양육하여 하나님의 군사를 만들어야 한다. 나는 교회는 바꾸는 곳이라고 한다. 개척 목회자가 먼저 바뀌어야 한다. 땅의 사람이 하늘의 사람으로 바뀌어야 한다. 병든 사람이 건강한 사람으로 바뀌어야 한다. 상처 많은 사람이 성령의 은혜가 풍성한 사람으로 바뀌어야 한다. 자신이 바뀌지 않으면 교회개척은 애당초 하지 말아야 한다. 아까운 물질과 정력만 낭비한다. 거기다가 상처만 받는다. 나는 개인적으로 하나님은 절대로 이런 교회 개척을 원하시지 않는다고 믿고 있다. 하나님이 부흥시켜주겠지 하는 막연한 생각을 가지고 개척하지 말아야 할 것이다.

개척 교회를 목회자 생계유지 수단으로 생각한다면 애당초 시작을 말아야 한다. 개척교회는 성령이 하시는 것을 보며 즐기는 목회를 해야 성장한다. 세상 말에도 "타고난 사람도, 노력하는 사람도, 즐기는 사람을 이길 수 없다."는 말이 있다. 즐기는 사람은 한차원이 높기 때문이다. 목회도 마찬가지이다. 자신의 힘으로 성장시켜보려고 노력한다면 백이면백 실패한다.

성령의 인도를 받으며 한 영혼을 천하보다 귀하게 생각하면서 숫자에 연연하지 않는 목회자가 개척에 성공한다. 한마디로 교회를 개척하여 영혼 살리는 것을 즐기는 목회자가 되어야 한다는 것이다. 그래야 한 사람을 붙잡고 다섯 시간, 여섯 시간 기도할 수가 있다. 어떻게 해서든지 한 영혼을 치유하여 살리려고 하는 사명감이 있기 때문이다.

그러나 열심히 해서 개척교회를 성장 시킬 목회자는 어떻게 해서든지 숫자를 늘려야 하기 때문에 한 영혼을 우습게 생각할 수가 있다. 목회는 목회자가 열심히 해서 되는 것이 아니다. 한 영혼을 천하보다 귀하게 여기는 자가 될 때 편안한 마음으로 목회할 수가 있다. 편안하게 목회하니 성령이 역사하시는 것이다. 영혼을 귀하게 여기는 것을 성령하나님이 보시고 역사하여 주시는 것이다.

# 3장 개척교회가 실패하는 원인을 알아라.

(행2:38-41)"베드로가 이르되 너희가 회개하여 각각 예수 그리스도의 이름으로 세례를 받고 죄 사함을 받으라 그리하면 성령의 선물을 받으리니 이 약속은 너희와 너희 자녀와 모든 먼 데 사람 곧 주 우리 하나님이 얼마든지 부르시는 자들에게 하신 것이라 하고, 또 여러 말로 확증하며 권하여 이르되 너희가 이 패역한 세대에서 구원을 받으라 하니, 그 말을 받은 사람들은 세례를 받으매 이 날에 신도의 수가 삼천이나 더하더라."

모든 교회가 성장하는 것이 하나님의 뜻이다. 왜 작은 교회가 실패하는가? 조사결과는 아주 간단하다. 성공하는 목회자는 방법을 성공적으로 하고, 실패하는 목회자는 실패하는 방법으로 한다는 것이다.

그러나 작은 교회를 실패하는 분들의 공통점은 자신의 방법을 계속하여 정당하게 생각하면서 실패 이유를 다른데서 찾는다는 데 있다. 더욱이 흥미로운 것은 응답이나 능력을 받았다고 주장하는 목회자일수록 교회가 문을 닫는 확률이 높다는 것이다. 부단하게 자기를 만들어 하나님의 마음에 합해야 할 것이다. 성공과 실패가 모두 목회자에게 있기 때문이다. 왜 그럴까? 다음에 기록된 대용을 잘 읽어보면 답이 나온다.

## 1. 작은교회가 실패하는 경우

교회가 많은 이 시대에 많은 교회가 부흥이 안 되는 이 시점에서 왜 또 다시 교회를 세워야 하는지 그 당위성을 바로 깨닫지 못하고 실패할 수밖에 없는 실패하는 전철을 밟는 유형이다. 교회가 부흥이 안 되면 왜 안 되는가를 분석하고 문제가 있다면 고쳐서 될 수 있는 교회를 설립해야 하는 최소한의 원칙도 준수하지 않는 경우인 것이다. 이러한 경우, 목회자가 자신을 과신함으로 하나님의 교회를 혼자서 세우겠다는 교만과 이 시대에 쓰임 받을 교회에 대한 바른 하나님의 뜻을 구별하지도 못한 채 하나님의 일을 자신이 하려는 것이나 다름없다.

1) 교회설립절차에 문제가 있는 경우: 이는 잘못된 상식과 관행으로 사람도 없이 장소를 얻어서 창립예배를 드림으로써 재정적으로 어려운 유형의 교회를 세우고 미자립 교회라는 말도 안 되는 유행어를 당연한 것으로 생각한다. 가장 버티기 어려운 것이 이런 유형의 작은 교회이다. 그러나 그걸 사명으로 알고 그것을 정당화 하면서, 그러한 방법으로 작은 교회를 평생 동안 하는 목사님도 있고, 그렇게 될 가능성이 많은 교회를 유지하는 목회자가 수두룩하다는 것이다.

교회에 미자립이란 표현을 쓰는 것은 신조어지만 언어가 성립 안 되는 말이다. 처음 시작하는 교회를 처음교회란 의미에서 초대교회유형으로 부르기도 한다. 하지만 주님의 교회는 역사적으로 미자립 교회란 표현을 사용하지 않았다. 교회가 변질되어 목회자가 교회를 생활수단으로 삼아 교회수입으로 월급을 받지 못하는 형태를 만들어 미자립 교회라고 부르게 된 것이 미자립 교회의 어원이다. 미자립 교회는 사람들이 주님의 능력과 권능을 모르고 만든 인본주의 교회다. 교회는 성도들의 지체로 이루어지는 그리스의 몸이요 하나님의 집이다. 교회는 설립절차가 진행되고 있는 예비교회와 설립이 완성된 교회가 있다. 교회설립은 준비과정에서 교회요건을 갖추지 못하면 기도처로서 교회설립준비를 진행해 나가거나 그만 두어야 한다. 이는 자연스러운 현상이다.

이런 교회는 부흥이 될 수 없는 교회구조를 갖추고 운영하다가 문을 닫는 경우다. 교회는 성도들의 지체로 구성된 몸의 요건을 갖추지 못하면 몸도(교회) 하나님의 집도 아니다. 이는 교회를 통해서 역사하는 하나님의 은혜를 받지 못한다. 무엇보다도 진리 안에서 성령으로 세워진 주님의 교회는 미자립이 없다. 주의 성도들로 교회설립요건을 갖추지 못한 교회가 부흥되는 사례는 초대교회 유형에서만 있고 기존 교회유형에서는 거의 없다. 특별한 목회자가 아닌 이상 실패함을 명심해야 한다. 그러므로 교회는 반드시 설립요건을 갖추고 시작, 전도해야 한다.

2) 필요한 교회와 전도대상을 잘못 선정한 경우: 지금 시대는 작은 교회가 부흥이 안 되는 유형에서 성도들은 교회를 떠나 교인들의 절반이 교회밖에 머물러 있다. 이런 교회유형에서 우선

적으로 벗어나야 한다. 이러한 교회는 개혁의 대상으로 더 이상 필요하지 않은 교회이기 때문에 세우지 말아야 하고 실제 부흥 가능성도 낮다. 초기에는 불신자 구원을 위한 교회가 필요하고 그런 교회가 부흥된다. 하지만 지금은 집을 나간 아들이 많은 것을 알고 그들을 위해 눈물로 기도하며 인도하려는 교회가 부흥된다. 집을 나간 아들들은 놔두고 불신자 구원을 외치며 아들을 새로 낳으려고 한다면 어떻게 될 것인가? 부흥이 보장된 교회는 교회가 잘못해서 교인 절반이 교회 밖에 있는 현실을 알고 그들을 위한 교회를 세우거나 전환하는 교회이다.

인도 대상도 과거는 불신자이지만 지금은 교회 밖에 교인들이 우선이다. 이런 깨어 있는 작은 교회 목회자들은 부흥할 수 있다. 통계에 의하면 도시 지역에서 작은 교회가 1년 안에 부흥되지 않으면 그 교회의 부흥 가능성은 거의 없다고 한다. 그럼에도 필요 없는 작은 교회가 전도의 대상을 불신자로 한다면 교회 부흥가능성은 황금 어장에 빈 배일 수밖에 없고 이것이 이 시대가 교회밖에 있는 수많은 양떼들을 인도하는 작은 교회가 절실히 필요한 이유다.


## 2. 교회가 실패하는 확실한 이유

많은 목회자들이 교회를 설립 부흥 성장시키는데 실패하고 있다. 이유가 무엇일까. 문제에 대한 해답은 중요성에 비추어 볼 때 벌써 나왔어야 했다. 물론 개인적으로 실패할 이유가 없거나 나오지 않은 것은 아니지만 유감스럽게도 실패에 대한 확실한 이유를 모르고 있거나 잘못 알고 있다. 이런 결과는 실패 할 수밖에 없다. 100여 명의 목회자중 교회 실패에 대한 원인을 정확하게 알고 있는 분은 1-2명에 불과하다. 이것이 교회가 성공하지 못하는 문제다. 이 원인을 해결하는 것이 시급한 과제로 생각한다. 그것은 간단하고 평범한 다수의 목회자가 성공할 수 있기 때문이다. 목회자들이 꼽는 교회의 실패이유는 이렇다.

1) **지금은 작은 교회가 안 되는 시대라고 한다.** 교회 밖에 교인들이 다수가 있는 시점에서 놀라운 답변이 아닐 수 없다. 지금은 안 되는 시대가 아니라, 제대로 하면 쉽게 저절로 되는 시대다. 왜 많은 교인들이 교회 밖에 있는 가와 그들을 인도하는 방법을 모르기 때문이다.

2) **재정적인 어려움 때문이라고 한다.** 만약 돈만 있으면 된다면 이는 세속주의 방편에 불과하다. 돈만 있으면 성공한다면 하나님은 돈을 준다고 한다. 이는 돈으로 안 된다는 증거에 불과하다. 주님의 교회가 처음 세워질 때 풍성한 은혜가 있는 곳이지 경제적 어려움이 있는 곳이 아니다. 많은 분들이 오해하고 어려운 교회를 세운다. 어려운 교회는 어려움을 겪을 뿐이다.

3) **기도와 능력이 부족하다고 한다.** 기도에 매달리고 능력을 강조하거나 받으려고 노력 한다. 그런 사람치고 교회를 성장시키는 분은 적다. 기도는 원래해야 하고 능력은 목회자가 하나님

의 뜻에 따라 올바른 사역을 할 때 나타나는 것이지 받아서 하는 것이 아니다. 교회를 시작하기 전에 영성을 준비하고 항상 성령으로 기도하는 목회자가 이끄는 작은 교회를 보라. 성장하지 않는 교회가 있는가. 자신이 성령의 인도를 받아 기도를 하는지, 인간적인 기도를 하는지부터 알아야 할 것이다. 목회는 영적인 일이다. 그러므로 깊은 영의 기도로 닦아진 깊은 영성은 기본이다. 기본이 되지 않았는데 영적인 일(교회성장)이 되겠는가?

4) 실력에 부족을 느끼고 계속공부를 하려고 한다. 교회가 부흥되던 시대는 목회자들이 학력이 낮은 때였다. 공부 아무리 많이 해도 부흥의 본질이 되지 못한다. 실력이 부족하면 자신의 힘으로 하지 않고, 실력 있는 하나님의 도움으로 하면 된다. 자신의 부족을 아는 목회자는 하나님에게 기도하며 하나님의 능력으로 목회를 할 것이다. 실력이란 목회자로 부름을 받은 것이면 되고, 받은 은혜가 적으면 배워서 하면 된다.

5) 교회위치나 장소가 좋지 않아 안 된다고 한다. 현대교회는 지역이나 위치가 성공을 좌우하지 않는다. 작은 교회에 좋은 장소란 도시지역에선 없다. 좋은 지역 좋은 장소를 찾는 사람은 70년 대 사람이다. 어디든지 진리의 터 위에 바르게 세워지고 교인들에게 풍성한 은혜를 선물할 수 있다면 장소는 문제가 안 된다. 나는 교회 위치나 장소는 교회성장의 문제가 될 수가 없다고 항상 생각한다. 유명한 식당을 보라. 골목 속에 들어있어도 다들 찾아온다.

6) 성공한 목회자나 유능한 목회자를 따르고 배워야 한다고 한다. 유능한 목회자는 어느 시대든 성공하는 사람들이다. 진리는 평범한 다수가 성공하는 것이지 소수의 유능한 사람이 성공하는 것이 아니다. 현재의 목회자들 수준이면 다 성공할 수 있다고 본다. 성공한 사람은 성공을 나누어주지 않는 한 거기 가는 사람들은 실패한다. 성공한 목회자는 예수님이시다. 성령으로 기도하여 예수님을 따르고 배워가며 목회를 하면 된다.

7) 학력, 인격, 교단, 가정이 문제라고 생각한다. 외형적인 요소가 성공의 장애가 아니다. 그것이 장애라면 하나님의 능력을 믿지 못하는 증거다. 불리할수록 유리할 수 있는 것이 성경이다. 능히 극복하고 감당할 수 있는 문제다. 목회에는 장애가 없다. 목회는 성인군자가 하는 것이 아니고 하나님은 죄인을 부르러 오셨다. 죄인이 죄인을 부르기에도 유리하다. 부족하면 모든 면에 완벽하신 하나님을 의지하면 된다.

8) 자신의 부족을 절감하게 느낀다고 한다. 자신의 부족함을 채울 수 있는 방법을 알게 되면 얼마든지 채워질 수 있다. 본인의 능력과 힘으로 하려고 하기 때문에 실패하는 것이다. 목회는 관리 운영자로서 교회 구성원들의 힘을 빌려 하는 것이지 자신이 하는 것이 아니다. 자신의 힘으로 하려 한다면 능력이 없는 한 실패할 수밖에 없다. 자신이 죽고 성령이 자신을 장악하여 이끌고 가게하면 된다. 대다수의 목회자가 자신이 목회를 하려고 하기 때문에 목회가 되지를 않는다. 예수로 다시 태어나면 목회

는 된다.

9) 장소가 없어서 하지 못한다고 한다. 장소는 자신의 그릇 만큼 항상 있다. 방법을 모른 다면 장소는 언제든지 구해줄 수도 있다. 장소 타령하는 목회자 중 성공한 사람은 적다고 한다. 장소가 있어도 모일 사람이 없거나 모을 능력이 없으면 있는 것이 없는 것 보다 더 고통이다. 실제로 다수의 목회자들이 장소를 가지고도 모일 사람이나 모을 능력이 없어 고통 받는 목회자가 많다. 거기에 비하면 차라리 못 할 바에는 안하는 것이 훨씬 자유로울 수 있다.

10) 교인보다 땅이나 건물을 사야 된다고 한다. 이런 분들의 결과는 후일에 땅을 치고 통곡할 가능성이 많다. 교인도 적은데 건축 헌금하는 교회나 성전만 있으면 교회가 부흥된다고 믿는 목회자는 시대에 가장 뒤떨어지고 실제로 삯군이 되기 쉽다. 수양관, 기도원 짓고 산 교회들의 고통을 생각해야 된다.

## 3. 성공과 실패는 목회자가 원인이다.

작은 교회를 성장 시키는 데는 목회자의 자질이 큰 역할을 하게 된다. 필자가 보는 좋은 교회를 성장시킬 수 있는 목회자의 최소 자질은 다음과 같다.

첫째, 아무리 능력이 있더라도 목회자는 엄격한 도덕성이 요구되어야 한다. 일반 기업들은 능력만 좋으면, 비록 도덕적으로 문제가 있더라도 채용될 수 있지만, 교회는 하나님의 사업을 하는 곳이기 때문에 도덕상 문제가 있는 사람은 철저히 배제되어야 한다. 비록 공식석상에서 문제를 일으키지 않는다 하더라도 사생활등이 문란한 목회자를 선택해서는 안 될 것이다.

둘째, **목회자는 지성(知性)을 갖추어야한다.** 이때 지성은 단순히 성경적 지식을 넘어서 하나님을 아는 지식으로 나아가야 한다는 뜻이다. 지성은 단순히 스스로 똑똑해지는 것이 아니라, 하나님의 사역을 하는데 필요한 도구로 사용되어야 할 것이다. 특히 목회자들은 일반적으로 신앙과 성경에 대한 지식은 풍부하지만, 세상 돌아가는 이치는 깨닫지 못하는 경우가 많다. 따라서 목회자들과 교인 간에 대화의 괴리가 심해지고, 심지어 여러 사역을 할 때 지식의 부족으로 일을 그르치는 경우가 많다. 유능한 목회자는 성경뿐 아니라 세상의 흐름도 잘 파악하여, 비둘기 같이 순결하고 뱀처럼 지혜로운 자가 되어야할 것이다.

셋째. **목회자는 풍부한 감성(感性)의 소유자가 되어야한다.** 이는 목회에서 이성보다 감성이 풍부한 목회자가 성공할 확률이 높다는 과학적 통계까지 증거로 제시되고 있다. 왜 그럴까? 사람은 이성적 존재가 아니라 감성적 존재이기 때문이다. 따라서 이성적으로 차갑고, 경우에 바른 목사들보다, 교인들과 호탕하게 같이 놀고 즐기고, 때로는 슬픈 일이 있을 때 울어주는 목사들이 훨씬 더 정이 가는 법이다. 실제로 현재 한국의 대형 교회를 이끌고 있는 목사들은 대부분 무슨 해외 유학파나 유명대학

출신이 아니라, 그저 산전수전 다 겪은 이른바 보통사람 출신임을 알 수 있다. 세상의 쓴맛, 단맛 다 맛보니 교인들과 함께 울고 웃는 사이에 교회가 성장한 것이다.

넷째, 목회자는 인성(人性)의 소유자가 되어야 한다. 이는 목회이전에 사람으로서 기본자질이 되어 있지 못하면 교인들과 대화에도 문제가 생기고 교인들에게 상처를 준다. 마치 목회자가 교회의 주인이고 하나님의 대언자라는 권위의식으로 교인을 무시하고 독단적으로 교회업무를 처리해 나중에 교회에 큰 부담으로 작용한다. 무엇보다도 사람의 근본 바탕인 인성이 대단히 중요하다.

다섯째, 목회자는 진정한 영(靈)성을 소유해야 한다. 지성, 감성, 인성 및 영성을 목회자가 갖추어야할 네 가지 성이라 하면, 영성이 가장 중요하다. 영성은 곧 예수 그리스도의 마음을 품는 것을 말한다. 깊은 영의기도로 하나님과 친밀하게 지내는 것이 습관이 되어야 한다. 하나님을 향한 갈망과 그분과의 관계를 사모하고, 항상 주와 함께 동행 하면 감성, 지성 및 인성은 저절로 따라오게 되는 것이다. 이에 따라 교인들 간의 관계도 저절로 회복된다. 거룩한 영성은 목회자들의 가장 기본이자 밑바탕이 되는 조건이다.

여섯째, 목회자는 유머감각이 있어야 한다. 교회를 이끌고 교인들과 대화를 해도 유머 감각은 대단히 중요하다. 유머감각이 있는 교회는 뭔가 모르게 성령으로 충만하여 감성이 풍부하다.

따라서 교인들의 행동이 부드럽고, 자유스럽고, 평안한 모습들이 밖으로 나타나는 것을 볼 수가 있다.

**일곱째, 목회자는 리더십이 있어야 한다.** 많은 사람들이 오해를 하고 있는 것 사실중 하나가 리더십은 선천적인 무슨 신비한 기질로서 사람이 타고 나는 것으로 생각하는 것이다. 그러나 실제로 리더십은 무슨 신비한 카리스마가 아니라, 조직원들로 하여금, 조직의 사명을 다할 수 있도록, 용기를 불어넣고, 비전을 심어주는 역할을 한다.

진정한 리더십은 인간의 에너지와 비전을 창조하는 일이 자신의 역할이라는 것을 알고 있는 사람이다. 항상 사람을 키우고 높은 비전과 목표를 제시해 성취 하도록 이끌고 조직을 수평적이고 효율적으로 관리하여 일관성의 유지 및 발전토록 끊임없는 혁신을 이끄는 것이다. 목회자의 경우 교회가 목적을 달성할 수 있도록, 교역자와 교인들을 이끄는 리더십을 갖추어야할 것이다.

**여덟 번째, 목회자는 열정이 있어야 한다.** 열정(Passion)은 우리로 하여금 미치도록 일을 추진할 수 있는 능력을 발휘하도록 만든다. 열정이 없는 사람은 절대로 좋은 목회자로 성장이 불가능하다. 열정은 인간이 가지고 있는 능력을 110% 이상 발휘하도록 만든다. 이 열정이 나오도록 하려면 먼저 정확한 삶의 원칙들이 존재해야 한다. 이 원칙들이 존재하지 않으면 삶에 시련이 오면 곧바로 좌절하고 실망한다. 그리고 다시 도전하려는 용기를 상실한다. 좋은 목회자는 자신의 삶에 대한 원칙들이 있고 이 원칙들을 통해 자기의 꿈을 이루기 위해 끊임없이 자신을 개발하고 도전하게 만든다. 이러한 모든 에너지는 결국 열정에서 비롯된다. 열정이 넘치는 목회자는 외모에서 자신감과 도전하려는 정신으로 무장되어 있음을 곧바로 직감적으로 인식할 수 있다. 언어에서도 바른 예의와 겸손으로 잘 나타난다. 이유는 많은 책을 통해 충분히 지식을 습득하고 습득한 지식을 통해 가치를 재창출할 능력을 보유했기 때문에 쉽게 자신을 표출하려고 하지 않는다.

아홉 번째, 목회자는 비전과 목표를 제시할 능력이 있어야 한다. 교회에 비전과 목표를 제시하지 못하면 교회는 나아갈 방향을 잃고 표류한다. 주님도 제자들에게 날마다 비전과 목표를 분명히 제시하고 제자들을 가르치고 성장하도록 도왔다. 비전과 목표는 교인들에게 하나로 결집하게 만들고 조직을 생동감 있게 만드는 것이다.

열 번째, 목회자는 말과 실제가 같아야 한다. 목회자는 영적인 지도자이다. 영적인 지도자이기 때문에 말과 실제가 같아야 한다. 하나님은 말씀하시고 이루시는 하나님이시기 때문에 영적 지도자 역시 말과 실제가 같아야 한다는 것은 두말할 나위가 없다. 요즈음 세상 사람들이 이렇게 말한다. 예수를 믿는 사람들이 죽으면 입만 동동 뜬다는 것이다. 이는 말만 청산유수로 잘한다는 뜻이다. 예수를 믿는 크리스천들이 세상 사람들에게 신뢰를 주지 못한 결과이다. 그러므로 성도들을 지도하는 영적인 지도자는 반드시 말과 실제가 같아야 한다. 이를 위하여 영적지도자는 반드시 성령으로 세례를 받고 말씀과 성령으로 충만해야 한다. 나는 성령이 충만하면 말과 실제가 같을 수 있다고 믿는다.

**열한 번째, 목회자는 신체적으로도 건강해야할 것이다.** 오늘날 목회자들은 구역관리, 설교, 전도, 각종 구제 사업 등 과중한 업무에 시달리고 있어, 그 어느 때보다 강한 체력이 요구된다. 이를 위해 교회에서도 목회자들의 건강을 배려해야겠지만, 목회자들 스스로 절제 있는 생활을 통해 건강을 유지하도록 노력해야할 것이다. 아무리 은혜롭다 하더라도 가급적 밤새는 일은 삼가는 것이 좋다. 목회자들의 몸은 특히 하나님께 헌신된 몸이기 때문이다.

## 4. 작은 교회 목회자가 꼭 알아야하는 10가지

1) 작은 교회는 계속해서 필요하다. 초기에는 복음을 전파하기 위해서 작은 교회가 필요하다는 것이다. 지금은 교회변질로 인해 교회밖에 교인이 많기 때문에 새로운 작은 교회가 더 필요하다는 것이다. 교회를 정하지 못하고 떠도는 교인이 많다는 것이다.

2) 교회설립방법이 초기 교회와 지금 교회가 다르다는 것이다. 초기에는 사람들을 초대 전도하기 위해 교회장소를 먼저 얻는 경우가 있다는 것이다. 지금은 설립목적에 동의하는 일꾼들

과 함께 교회법에 맞게 설립해야 성장된다는 것이다. 쉽게 말하면 어떤 유형의 교회를 이루고자하는 설립목적에 맞는 교인들과 함께 설립해야 성장한다는 것이다.

3) 목사를 사용하는 방법이 다르다는 것이다. 초기에는 목사에게 축복 권과 복음을 전할 능력을 주셔 목회자중심 사역이 가능했다는 것이다. 지금은 심령교회에 축복 권과 능력을 주시기 때문에 심령 교회인 교인을 통해 역사하므로 목사의 필요성이 축소되었다는 것이다. 그러므로 목사는 성도들이 하나님을 만나도록 인도해야 하는 것이다.

4) 섬김에 방법이 다르다는 것이다. 초기에는 주일성수, 십일조, 목회자를 섬김으로도 복을 받을 수 있었다는 것이다. 지금은 예수님의 제자들처럼 심령 교회인 교인을 섬겨야 복을 받게 된다는 것이다. 교인을 섬긴다는 것은 교인을 말씀과 성령으로 치유하고 변화시켜서 각자가 하나님을 만나게 하여 축복을 받게 해야 한다는 말이다. 한마디로 성도 한사람, 한사람이 하나님을 직접 만나도록 인도해야 한다.

5) 복음과 양육(성장)온전케 하는 것을 구별해야 된다는 것이다. 초기는 복음전파로 믿음으로 구원과 성장이 주류가 되었다는 것이다. 지금은 성도를 온전케 해야 된다는 것이다. 영성 깊은 그리스도인으로 자라게 해야 한다는 것이다. 성도가 군사가 되게 해야 한다는 것이다. 세상이 복잡해 졌기 때문이다.

6) 전도방법이 다르다는 것이다. 초기에는 예수천당 불신지

옥 등 구원의 복음중심으로 성장되었다는 것이다. 지금 성령이 역사하는 교회시대는 교회를 떠난 양떼들을 먼저 인도해야 성장된다는 것이다. 인도된 양떼들을 치유하여 세상에서 하나님의 나라를 만드는 군사가 되도록 해야 한다.

성도들이 세상을 살아가면서 당하는 문제를 치유하도록 해야 교회를 떠난 양떼들이 돌아온다는 것이다.

7) 교회가 성장되는 방법이 다르다는 것이다. 초기에는 불신자 전도로 기적, 능력으로 믿게 하는 역사가 일어나 성장된다는 것이다. 지금은 성장되는데 시간이 많이 걸리고 교회 밖 양떼들을 인도하여 부흥 된다는 것이다. 성도들의 필요를 채워줄 성령의 역사를 준비하고 초청하면 즉시 양떼들이 교회로 돌아온다는 것이다.

8) 시대마다 부흥되는 교회유형이 따로 있다. 초기에는 꼭 필요한 교회로 모든 교회가 부흥된다는 것이다(초기 개척목회자 95% 이상 성공). 지금은 꼭 필요 없는(안 되는 교회유형)교회는 부흥이 안 된다는 것이다(작은 교회 95% 실패). 초기에는 모두를 대상으로 하여 복음이 전파되는 유형의 교회가 부흥된다는 것이다. 지금은 교회가 양떼를 잃어버린 것에 애통하고 회개하며 찾는 교회가 부흥된다는 것이다. 양떼들이 세상을 살아가면서 문제를 해결하도록 인도하는 교회가 성장한다.

9) 양떼들을 잃어버린 것을 책임지는 교회와 목회자가 부흥된다. 작은 교회를 부흥시키지 못한 목회자가 책임을 져야 한다(양

떼들은 많아도 인도 못함은 방법을 모르기 때문에). 작은 교회와 개척 교회의 교인들을 데리고 가서 부흥된 교회가 책임을 져야 한다(작은 교회를 어렵게 하면 큰 교회도 어렵게 된다). 먼 곳에 큰 교회를 세우고, 그리로 간 목회자와 교인들이 책임을 져야 한다. 작은 교회 교인을 데리고 가서 성장시킨 목회자도 문제가 있다. 그러나 성도들이 떠나가게 한 목회자의 책임도 있다. 나는 성도는 하나님의 자녀라고 생각한다. 물론 한 교회에서 지속적으로 믿음 생활을 하는 것이 좋다. 그러나 필수 불가결한 이유로 교회를 옮길 수도 있다는 것이다. 작은 교회 목회자는 부단하게 하나님과의 관계를 열려고 노력해야 한다. 하나님과 친밀하게 지내라는 말이다.

교회를 개척하려면 준비가 철저해야 한다. 개척을 준비하는 분이라면 다음 책들을 읽어서 자기 것으로 만들면 아주 좋을 것이다. 「신유은사역의 달인이 되자(성령)」 「기독교인의 인생문제 치유하기 1.2권(성령)」 「꿈 환상 해석통한 상담과 치유비결(성령)」 「영분별과 기적치유(성령)」 「하나님의 음성을 쉽게 듣는 비결(성령)」 「기적치유(성령)」 「하나님의 복을 전이 받는 법(성령)」 「깊은 영의기도 숙달하는 비결(성령)」 「성령의 불로 충만 받는 법(성령)」 「영안을 밝게 여는 비결(성령)」 「성령의 불로 불세례 받는 법(성령)」 「귀신축사 차원 높게 하는 법(성령)」 「영적인 궁금증과 명쾌한 답변(성령)」 「내적치유 쉽게 하는 법(성령)」 등을 읽어보면 좋을 것이다.

# 4장 지금도 개척교회가 성장한다는 믿음

(행 8:6-8)"무리가 빌립의 말도 듣고 행하는 표적도 보고 한마음으로 그가 하는 말을 따르더라. 많은 사람에게 붙었던 더러운 귀신들이 크게 소리를 지르며 나가고 또 많은 중풍병자와 못 걷는 사람이 나으니, 그 성에 큰 기쁨이 있더라"

하나님은 작은 교회들이 능력으로 전도하여 성장하기를 소원하신다. 하나님은 개척 교회들이 성장하기를 원하신다. 그런데 말과 같이 작은 교회가 성장하기가 쉽지 않다. 필자는 우리 가족 4명이 교회를 개척했다. 신대원에서 졸업 논문으로 교회성장에 대한 연구도 했다. 부교역자 3년 하면서 능력 있다는 말도 들었다. 그런데 막상 교회를 개척하니 성장하지를 않았다. 아파트전도, 상가전도, 병원전도 등등 아무리 열심히 해도 성도가 모이지를 않았다. 급기야 벌침을 들고 다니면서 전도를 해도 되지를 않았다. 있는 물질 다 없어지고 정말 막막했다. 하나님에게 부르짖어 기도를 했다. 하나님의 응답은 성령으로 치유하는 영성목회였다. 3년 정도 훈련하고 준비하여 성령치유목회를 하니 교회가 서서히 자립하기 시작했다. 교회성장의 인간적인 대안은 없다. 대안은 한 가지 성령이 역사하게 해야 한다. 성령이 역사하는 교회는 성장하기 마련이다.

하나님은 하나님의 교회가 부흥하고 성장하기를 원하신다.

그런데도 왜 작은 교회가 성장하지 못하는가? 제가 지난 세월을 되짚어 보면 교회개척의 사전 준비와 지식이 부족한 상태로 출발한다. 저도 마찬가지로 막연하게 개척하면 된다고 생각했다. 교회 개척의 어려움을 사전에 숙지해야 한다. 왜 작은 개척 교회가 잘 되지 않는가에 대한 원인 분석과 그 해결의 길을 찾는 것은 모든 개척자들에게 있어서 심각한 과제이다. 많은 분들이 개척 전에 주로 성공한 교회를 탐방하고 성공한 목회자만 만난다.

한번 탐방하여 성공한 교회들의 구조적이고 내면적인 성공 요인을 영적으로 심도 있게 깊게 보지 못하고 주로 그 교회의 외부적인 면만 수박 겉핥기식으로 살펴본다. 차라리 그럴 바에는 성공한 교회보다는 실패한 교회를 탐방하는 것이 더 낫다. 개척에 실패한 목회자를 만나 작은 개척교회가 어떤 어려움 들이 있는지, 다음에 다시 시작한다면 이런 대안을 가지고 해보겠다든지 하는 방안을 실질적으로 듣고 파악하는 것이 더 유익할 수 있다.

## 1. 필자의 교회 개척

나는 처음부터 목회자의 길을 걷지 않았다. 22년간 군대에서 장교로 근무하던 중 하나님의 뜻을 알고 군문을 나와 40대 중반부터 신학을 공부하며 목회를 시작했다. 신학대학원에 다닐 때는 ○○교단의 제법 큰 교회에서 삼년 동안 부교역자로 섬겼다. 그러다가 신학대학원을 졸업하고 1년이 지나면서 강도사 고시에 합격했다. 내가 속한 교단은 교회를 개척한 후 성도 수가 20명이 되어야 목사 안수를 받을 수 있었다. 그래서 나이가 나이인 만큼 부교역자를 사임하고 교회를 개척하였다. 개척 당시 개척 멤버가 있었던 것도 아니다. 그냥 우리 아이들 둘하고 사모하고 나하고 겁도 없이 4층 상가에 40평을 임대하여 교회를 시작했다. 그곳을 교회 장소로 선택한 것은 교회 바로 옆에 920세대가 입주하는 아파트가 완공되었기 때문이다. 그때 입주가 시작된 것을 보고 인간 생각을 가지고 개척을 시작한 것이다. 입주하는 성도들을 잡아서 교회를 부흥시키겠다는 쉬운 생각을 가지고 말이다. 나와 사모는 열심히 전도했다. 그러나 온전한 전도가 아니었다. 이사 온 가정 중 정착할 교회를 찾는 사람들을 붙잡으려는 마음이 있었던 것이다. 그러한 마음 때문인지 한 사람도 찾아오지 않았다. 대부분의 가정들이 기존에 자리 잡고 있는 교회들을 찾아갔다. 요즘 성도들은 고생하는 것을 싫어한다. 그래서 개척 교회가 힘이 드는 것이다. 6개월이 지나도록 한 사람도 오지 않았다. 거의 매일을 아파트에서 살다시피 했지만 한 사람도 인도되지 않았다. 이렇게 해서는 안 되겠다고 생각했다.

그래서 극동방송을 통해 알게 된 봉침을 가지고 전도를 하기로 작정했다. 특히 노인 분들이 많은 노인정을 주로 찾아갔다. 노인 분들은 질병이 많기 때문에 봉침을 놓아 드리면서 예수를 믿으라고 했다. 좌우지간 주일날 교회에 나오도록 하기 위하여 별 수단과 방법을 다 동원하였다. 그러다 꾀를 냈다. 주일 아침에 우리 교회에 오셔서 예배드리고 점심 드시고 봉침을 맞고 가시라고 했다. 그래서 불신자들을 모셔다 놓고 열심히 설교를 했다. 예배를 마치고 식사 대접을 했다. 그리고 봉침을 환부에 놓아드렸다. 이분들이 봉침을 맞으면 환부의 통증이 사라지니 처음 몇 주는 잘 오셨다. 그런데 문제가 생겼다. 봉침을 맞고 나니까 가려워서 못살겠다는 것이다. 그러고는 그만 오지를 않는 것이다. 정말 답답했다. 교회를 성장시킬 방법이 없었다. 그래서 기도했다. 계속 사모하며 함께 기도했다.

그러자 사모에게 이런 감동이 왔다. "능력을 받아라! 능력을 받아서 성령으로 목회를 하라!" 그때부터 국민일보 광고란을 유심히 살폈다. 그러던 중 신유 은사 세미나 광고를 발견했다. 그런데 회비가 20만 원…. 다행히도 개척 교회는 반으로 할인해 준다고 하여, 사모에게 12만 원을 받아서 잠바를 걸치고 봉고차를 몰고 인천으로 향했다. 다행히 길을 잘 찾아서 헤매지 않고 목적지에 도착했다.

그런데 교회 출입문을 보는 순간 두려움이 찾아왔다. 그래서 들어가지 못하고 돌아 나왔다. 그냥 집으로 돌아갈까 생각하다가 사모 얼굴이 떠올라 다시 갔다. 그러나 계속해서 두려움이 사라지지를 않았다. 그래서 그냥 나왔다. 세 번을 고민한 끝에 은혜를 사모하며 들어갔다. 말씀을 듣고 은혜를 받는데 여러 좋지못한 영적인 괴로움이 찾아왔다. 아랫배가 심하게 아프면서 머리가 어지러워지기 시작했다. 내 안에 머물고 있던 악한 영의 세력들이 역사하는 것이었다. 이런 영적인 체험을 하려고 처음 성령이 역사하는 장소에 가면 두려움과 무엇인지 모를 싫은 생각이 드는 것이다. 이는 제삼의 악한 세력이 역사하는 것으로, 이를 이기지 못하면 안 된다. 이는 성령의 역사에 대항하기 위하여 악한 영이 역사하기 때문에 일어나는 것이다. 의지를 가지고 견디면 그러한 현상에 적응이 되면서 영적으로 한 단계 업그레이드가 된다. 그러한 고통을 견뎌 내면서 4일 동안 은혜를 받았다.

회비 낸 것이 아까워서 참고 견뎠다. 그런데 나이가 지긋하게 드신 한 분이 나에게 악수를 청하더니, "저는 장로 안수를 받고 봉사를 하다가 은혜 받고 목사가 되었습니다. 목사님도 늦게 목회를 시작하신 것 같은데요?" 하고 말을 청해서 그렇다고 대답을 했다. 그랬더니 "축사도 하십니까?" 하고 묻는 것이다. '축사? 이게 무슨 소리야? 결혼식 할 때 하는 말을 축사라고 하는 가?' 하고 생각하다가 "예, 축사 합니다" 대답을 해놓고는 축사가 무엇인지 궁금해 하기 시작했다. 그래서 금요일 날 안산으로 올라온 후 기독교 서점에 가서 축사에 대한 책을 찾아보기 시작했다. 서점 장로님이 최근에 나온 책이라며 추천해 주신 책을 보니 외국 목사님이 쓰신 것으로, 제목이 「귀신을 이렇게 축사하라」였다. 그때야 비로소 축사가 귀신을 쫓아내는 것이라는 걸 알게 되었다. 나는 이렇게 영적으로 무지했었다. 그러나 고난과 환난을 통과하면서 영적인 눈이 조금씩 열리기 시작했다. 목회자는 영적인 세계와 영의 눈이 열려야 한다.

## 2. 교회개척 성장의 어려움

어느 목사님으로부터 이런 예화를 들었다. 교회 개척 시절을 간증하면 코끼리도 운다고 한다. 어느 목사님이 교회를 개척하여 15년이 지난 후 어느 정도 자리가 잡히고 교회가 성장하자 말레이시아로 선교 여행을 갔다. 여러 선교지를 돌아보고 시내 관광을 하러 갔는데, 어느 장소에 도착하니 천막이 쳐 있는데 사람들이 그 안으로 많이 들어가고 있는 것이다. 그래서 궁금한 마음에 한국인 관광객에게 다가가서 이 안에서 무엇을 하는데 이렇게 사람들이 많이 들어가느냐며 질문했다. 그랬더니 그 천막 안에는 코끼리 한 마리와 사육사 한 분이 계시는데 코끼리가 사육사가 하라는 대로 다 따라하는 게 아주 재미있다며, 그래서 구경하러 들어가는 거라고 했다. 그래서 이 목사님도 얼마나 재미있나 싶어 그 안으로 들어갔다.

들어가서 자리에 앉아 주인이 하는 대로 따라하는 코끼리 쇼를 보고 한참 웃었다. 그런데 이번에는 주인이 코끼리보고 울라고 했다. 그러나 코끼리가 울지를 않는 것이다. 몇 번을 해도 울지를 않는다. 그래서 주인은 구경꾼들을 향해 코끼리를 울리는 사람에게는 금 열 돈을 준다고 했다. 여러 사람들이 나가서 코끼리를 울리려 했으나 코끼리가 울지를 않는다. 사람들이 다 내려오고 한 사람도 남지 않았다. 그런데 성령께서 '네가 올라가 코끼리를 울려 보아라' 하는 감동을 주시는 것이다. 그래서 순종하는 마음으로 올라갔다. '어떻게 해야 코끼리를 울릴 수 있습니까?' 하고 묻자 성령께서는 마음에 감동을 주셨다. 목사님은 성령께서 알려 준 대로 코끼리 귀에다 대고 무어라고 중얼중얼 이야기하기 시작했다. 그러자 코끼리가 엉엉 우는 게 아닌가! 사람들이 다 놀라 목사님에게 어떻게 코끼리를 울렸냐며 물었더니, 목사님은 다음과 같이 대답했다. "내가 교회를 개척하면서 고생한 이야기를 해 주었더니, 코끼리가 저렇게 우네요."

우리 목사님들이 교회개척하며 어려움을 당한 이야기를 코끼리가 들으면 코끼리도 운다는 것이다. 그러나 어렵다고 포기하면 절대로 안 된다. 나는 교회 개척이 아무리 어려워도 포기하지 않고 교회 성장을 위해 노력하니 하나하나 길이 열리기 시작했다. 정말 개척 교회 성장은 힘들었다. 아파트를 돌아다니면서 축호 전도를 해도 전도가 되지를 않았다. 병원 전도는 한 3년 동안 다녔다. 월요일부터 금요일 아침 9시부터 오후 4시 반까지 안산 시화에 있는 병원이란 병원은 다 돌아다녔다. 환자를 하루에 230명까지 안수하여 준 일도 있다. 안수 기도를 하면 병들이 즉각적으로 나았다. 많은 기적을 체험했다. 그래서 재미있는 마음에 지치는 줄 모르고 다녔다. 하지만 교회 성도의 숫자는 늘어나지 않았다.

그때 그렇게 돌아다닌 것은 영웅 심리 때문인지도 모른다. 나는 이렇게 열심히 하는데 당신들의 담임목사는 열심히 전도하고 다닙니까? 내가 이렇게 열심히 하니까, 성도님, 부디 우리 교회에 와 주십시오, 하는 은연중의 생각에서 했는지도 모른다. 그렇게 병원 전도를 다니면서 나름대로는 얻은 것이 많았다. 내가 열심히 한다고 교회가 성장하는 것이 아니라는 것이다. 그리고 환자들과 만나서 대화하고 치유 기도를 하다 보니 자연스럽게 임상적인 경험이 쌓이면서 치유의 전문가가 되어 가더라는 것이다.

하지만 교회는 여전히 그 자리에 머물러 있었다. 답답한 마음에 이런 기도가 절로 나왔다. '하나님, 교회는 상관없지만 제발 아파트만은 날려 버리지 않게 해 주세요.' 혹시라도 교회가 문을 닫게 된다면 아파트라도 있어야 그곳에서 생활할 수 있기 때문이다. 그런데 세월이 흐르고 보니 교회는 남고 아파트가 날아가기 시작했다. 교회를 운영하면서 사용한 카드 대금이 많아진 것이다. 이제 물질도 완전히 바닥이 났다. 아파트도 날아갔다. 우리 가족은 교회 뒤에 방을 두 개 만들고는 사람들 눈에 띄는 것이 부끄러워 추석 연휴에 이사를 했다. 제일 마음이 아팠던 것은 당시 초등학교 6학년이었던 딸이 이 좋은 아파트를 두고 왜 교회로 들어가느냐며 우는 것이었다. 정말 아버지로서 가슴이 찢어지게 아팠다. 이제는 영락없이 교회 안에서 이대로 살다가 죽을 것만 같았다. 다 큰 딸들을 그 황무지와도 같은 유흥가와 향락이 판을 치는 곳에서 살게 한다는 것에 너무 마음이 아팠다.

그때는 이미 퇴직금으로 받은 재산도 다 날아가고 도저히 나의 힘으로는 그곳에서 빠져나오지 못할 지경에 처해 있었다. 그래서 날마다 "하나님, 저를 좀 사용해 주시고, 빨리 이곳에서 나가서 주택가나 아파트에서 살게 해 주세요. 정말 남자 체면이 말이 아닙니다" 하고 기도했다. 정말 애타는 기도가 절로 나왔다.

1999년 9월로 기억이 난다. 사모 외에 아무도 오지 않은 새벽기도 시간에 하나님에게 기도를 드렸다. "하나님, 어떻게 해야 합니까? 어떻게 해야 합니까?" 이때 하나님의 음성이 들렸다. "앞으로는 영성이다. 21세기에는 영성이다. 영성! 영성! 영성!" 그런데 내가 신대원에 다닐 때까지도 조직신학 교수님이 영성을 강조하는 건 이단이라고 했다. 한번은 가정 사역을 하시는 교수님이 치유에 관한 책을 나눠 주셨는데 다 돌려드리라고 해서 돌려드렸던 것이 생각이 났다.

여기서 한 가지만 알고 지나가자. 우리가 영적으로 깊이 들어가지 못하게 하는 것 세 가지가 있다. 첫째는 마음의 상처다. 상처는 태아 때부터 현재에 이르기까지 모든 비정상적인 사건 사고로 당한 마음의 응어리를 말한다. 이 상처에 영적인 것이 침입하여 우리를 영적으로 깊이 들어가지 못하도록 방해한다. 둘째는 자신의 잘못된 자아이다. 자아는 지금까지 세상을 살아오면서 보고 들은 모든 것이다. 학교에서 배운 것이 자아가 되기도 한다. 교회에서 터득한 내용이 자아로 작용하기도 한다. 교회의 헌법이 자아가 되기도 한다. 잘못된 말씀 공부도 자아로 작용할 수 있다. 셋째는 가문의 혈통을 타고 대물림되며 역사하는 영적인 문제다. 세대의 죄악이 자손 3~4대까지 영향을 미친다. 그래서 하나님이 이 세 가지를 부수어 주시기 위하여 연단하고 단련하시는 것이다. 나는 교회를 개척하고 성령 치유 사역을 하면서 모든 사람들이 이 세 가지 문제로 고통당하고 있다는 것을 두 눈과 몸으로 똑똑히 확인했다.

이와 같이 신대원에 다닐 때 들었던 조직신학 교수님의 말씀이 나의 머릿속에 남아 자아로 형성된 것이다. 하지만 나는 직접 알아보고 싶었다. 그래서 검색창에 '영성'이라고 치고 검색하다 한 영성원을 발견했다. 그곳에 올려진 자료들을 하루 종일 읽어 본 결과 내 수준으로는 이단성을 발견할 수가 없었다. 그래서 그곳에 전화를 걸었더니 여성분이 전화를 받는데 아주 친절하게 안내해 주었다. 매주 목요일마다 여전도회관에서 집회가 있다는 말을 듣고 사모와 함께 참석했다. 우리 사모가 나보다 신앙 수준이 높기 때문에 영적인 분별력이 필요한 곳에는 어디든 사모와 함께한다. 또 나 혼자 다녀오고 나면 이런저런 사모의 질문에 대답하기가 힘들고 복잡해지기 때문이기도 하다. 그러나 지금은 완전히 순위가 바뀌었다. 먼저 된 자로서 나중 되고 나중 된 자로서 먼저 될 자가 많다는 예수님의 말씀이 맞다(마 19:30).

목요일이 되어 우리 부부는 여전도회관에 가서 강의를 들었다. 사모의 반응이 아주 좋았다. 듣고 싶은 말씀이었는데 여기에서 듣게 되었다며 아주 좋아했다. 집회가 끝나고 상담을 원하는 사람이 있다면 앞에 있는 건물 2층으로 오라는 말에 그곳으로 달려갔다. 우리 순서가 되어 목사님과 함께 이야기를 나눴다. 상담을 해 주셨던 그 목사님께서는 내 마음이 아주 답답한 상태라고 하셨다. 그땐 정말 가슴도 답답하고 어찌해야 할지를 잘 모를 때였기에 목사님 말씀이 맞았다. 어떻게 해야 하냐고 묻자 여기 있는 테이프를 빌려다가 계속 들으면 영성의 눈을 뜨라고 하셨다. 그래서 사모와 함께 테이프를 한보따리 빌려 들고 와서 그것을 보고 듣기 시작했다. 처음에는 무슨 말인지 알아들을 수가 없었으나 계속해서 듣다 보니 차츰 들리고 익숙해지기 시작했다.

목요일마다 계속 다니다가 11월 마지막 주에 3박 4일 집회가 있다고 해서 그 집회에 참석했다. 집회에서 목사님 강의를 듣는데 내가 지금까지 마귀 노릇을 한 것이 보이기 시작했다. 그래서 회개도 많이 했다. 그때 나는 신유 은사가 강하게 나타날 때라 거기 오신 목사님들의 질병을 위해 안수도 해 드렸다. 허리가 아파서 몇 달씩 고생하시다 오신 목사님이 예수님의 이름을 힘입은 나의 기도를 받고 깨끗하게 치유되었다. 소문이 나자 이 목사님, 저 목사님이 기도를 해 달라고 해서 기도를 해 드렸다. 그리고 수요일이 되었다. 이날은 상담과 예언 기도를 받는 날이었다. 목사님은 상담하시면서 내가 받은 은사를 알려 주셨고, 목사님 장녀인 젊은 사모님은 예언을 해 주셨다.

먼저 목사님에게 들어갔더니 방언으로 기도해 보라고 하시면서 내 어깨에 손을 얹고는 이렇게 말씀하셨다. "목사님, 목사님은 선포하면 이루어지는 권능을 받았습니다. 그런데 성령께서 지금 슬퍼하고 계십니다. 예! 성령께서 성령의 감동에 순종하지 않는다고 한 번만 더 감동에 순종하지 않으면 떠나신다고 하십니다. 성령의 감동에 순종하세요. 몇 번 불순종을 하셨습니다. 성령께만 순종하면 성령께서 역사를 일으키실 것이며, 아주 크게 사용하실 거랍니다."

내가 성령의 감동에 순종하지 않았다니, 이게 무슨 소리인가? 그러다 곰곰 생각해 보니, 성도들도 얼마 안 되는데 부흥회를 인도하라는 성령의 음성을 듣고도 두 번이나 거역을 했다. 부흥회한다고 해 봤자 한두 명 올 것이 확실한데, 두 명을 위해서 부흥회를 한다는 게 말이 되지 않는 것 같았다. 부교역자 시절 예배를 인도하고 나면 성도들이 울면서 은혜 받았다며 나를 세워 주곤 했는데, 그래서인지 적은 인원으로는 부흥회를 인도하기가 싫었던 것이다. 나는 성령의 감동에 불순종한 사실을 인정하고 앞으로는 철저히 순종하겠다며 회개했다.

이젠 젊은 사모님에게 들어갈 순서가 되었다. 사모님도 목사님처럼 방언 기도를 해 보라고 하더니, 사모님도 함께 방언으로 기도하다가 이제 되었다며 "목사님, 정말 열심히 하십니다. 아주 열심히 전도 하십니다." 라는 말씀을 하셨다. 그래서 제가 "예! 아주 열심히 합니다" 목사가 되고 난 후 처음으로 열심히 한다는 말을 들으니까 기분이 좋았다. 그랬더니 사모님이 하는 말이 "목사님은 고기를 잡으러 다니는 것이 아니고, 뒤에서 고기를 쫓고 다니십니다"라고 말했다. "예? 그게 무슨 뜻이죠?" 한심하다는 눈초리로 한참을 쳐다보더니 이렇게 말씀하셨다. "누가복음 5장에 보면 예수님이 베드로를 부르신 장면이 있지요. 그때 베드로가 저녁 내내 고기를 잡았지만 고기를 잡았습니까? 예, 한 마리도 못 잡았지요. 목사님도 마찬가지입니다. 목사님이 인간적인 수단과 방법을 동원하여 열심히 고기를 잡으러 다녔지만 거의 허탕을 치셨지요. 이제 베드로 같이 기도하여 주님의 음성을 듣고 뒤가 아닌 앞에서 고기를 막아서 잡아 보세요." '아, 하나님의 음성을 들어야 하고, 성령의 인도에 순종해야 하는구나' 하고 생각하며 기도하는 가운데 감동이 오면 병원에도 가서 전도하고 아파트에도 가서 전도하였다. 그 집회에 참석한 후 성령의 인도의 중요성을 알고 성령의 인도를 받는 사람이 되려고 노력하였다.

지금 와서 생각하니 나는 정말 영적으로 무지한 목사였다. 그런 나를 하나님이 영성을 알게 하시어 수십 년 동안 연단하시면서 훈련하시어 지금의 수준으로 올려놓으신 하나님께 영광을 돌린다.

그때부터 차츰 영성에 눈을 뜨기 시작했다. 영적인 책들도 많이 사서 읽게 되었다. 그리고 신유에 대하여 관심도 많이 가지게 되었다. 성령 능력 사역에 대한 세미나도 부지런히 찾아다녔다. 이즈음에 새벽기도를 하는데 성도들이 한 명도 오지를 않았다. 그래서 "하나님, 성도들 좀 보내 주세요" 하고 항변을 하다가 깜박 졸았는데, 비몽사몽간에 교회를 보니 성도들이 많이 와서 예배를 드리려고 기다리고 있는 것이 아닌가! 깜짝 놀라 예배를 드리려고 성경을 찾는데 강대상 위에 성경이 한 권도 없는 것이다. 당시 강대상에는 성경이 세 권 있었는데 한 권도 보이지를 않았다. 다급해져서 이곳저곳을 다 찾아봤으나 찾을 수가 없었다. 꿈에서 깨고 난 다음 정신이 번쩍 들었다. 하나님은 성도들을 보내 주려 하시는데 나에게 말씀이 없기 때문에 보낼 수가 없다는 하나님의 응답이었다.

그래서 그때부터 성경을 읽으면서 말씀 세미나에도 참석하고 세미나 교재도 만들면서 말씀을 찾아 준비하기 시작했다. 그때 그렇게 나의 상태를 보여 주지 않으셨더라면 나는 착각 속에서 목회를 했을 것이다. 열심을 다하여 성령으로 능력 전도를 하니 성도 수가 20명이 되어서 목사 안수를 받을 수 있었다.

그러던 어느 날, 아마 2000년 7월 정도 되는 듯하다. 이사를 위해 간절히 기도하던 중 천사들의 박수를 받으며 우리 식구가 교회를 나가는 꿈을 꾸었다. 꿈을 꾼 후 며칠 안에 이사를 할 수 있겠구나 하고 생각했는데, 그 세월이 2년이나 걸렸다. 그러나 현실이 아무리 어렵고 막막해도 하나님의 은혜로 꼭 승리하여 나간다는 확신을 가지고 기도하며 지냈다. 그리고 2년 후, 우리 가족은 하나님의 은혜로 34평 아파트를 얻어서 나갈 수 있었다.

## 3. 병원 능력전도와 내적 고통

병원 전도를 열심히 하고 다니던 어느 날, 신경성 위장병으로 고생하던 남 집사님을 위해 기도하게 되었다. 그런데 성령께서 강하게 역사하시기 위함인지, 악한 귀신이 발작을 일으켜 악을 쓰며 토악질을 하였다. 큰 소리에 놀란 간호사가 달려왔다. 나는 병실 문을 잠가 버렸다. 마무리를 하고 병실을 나와 다른 병실로 가는데 이상하게 속이 쓰리고 배가 아팠다. 아침 먹은 것이 걸렸나 보다 생각하고 전도를 마친 후 교회에 들어갔더니, 사모가 밥풀만 한 눈곱이 달렸다며 떼어내라는 것이다. 나는 직감적으로 '나에게 영육의 질병이 왔구나! 잘못되어 가고 있구나' 하는 생각에 걱정이 되기 시작했다. 계속 속이 아프고 소화도 잘 안 되어 고생을 하였다.

그러던 즈음 영적인 질병에 걸려 고통 받으며 살아가는 한 자매가 있었다. 그런데 이상하게도 축사를 하고 나면 정상으로 돌아왔다가 2~3일이 지나면 다시 원상태로 돌아가 고통을 당하기 시작했다. 그래서 어느 목사님께 물었더니 내적인 상처를 치유해야 완전히 치유된다며 내적 치유를 먼저 하라고 하셨다.

이 자매의 일과 나의 질병 상태를 알고 보니, 그냥 축사나 하고 기도만 할 것이 아니라는 생각이 들었다. 그래서 서점에 가서 내적 치유에 대한 책을 사서 보니, 영적 치유건 질병 치유건 간에 내면의 상처가 먼저 치유되어야 한다는 것이었다. 또 그 책을 사모가 읽더니 상처가 드러나 마음이 동요되기 시작했다. 그래서 1년간 서울에 있는 내적 치유 기관에 사모와 함께 다니면서 치유를 받았다. 많은 영적 체험과 치유를 경험했다. 그러면서 나에게서도 능력이 강하게 나타나기 시작했다. 많은 사람들이 치유를 받으려고 몰려들었다. 그러다가 기도 사역자로 임명받게 되어 약 6개월간 기도 사역을 하였다. 여기서 바로 알아야 할 것은 성령의 권능은 3박 4일 세미나에 참석했다고 나타나는 것이 아니라는 것이다. 자신이 영적으로 완전히 변해야 성령의 권능이 나타나고 성령 치유로 능력 전도가 가능한 것이다.

내적 치유를 받던 중 하루는 오른손에서 불이 강하게 나오는 경험을 하였다. 이상하여 목사님들에게 물어봤더니 손에 불을 받은 것이라고 하셨다. 왜 불이 오른손에만 왔는가 싶어 다른 곳에도 불이 오게 해 달라고 기도했더니 왼손도 뜨거워지기 시작했다. 그러자 다른 사람을 위하여 기도할 때 성령의 임재가 강하여 안수하면 넘어지기도 하였다. 그리고 성령께서는 내가 명령하는 대로 역사해 주셨다. "어깨를 만져 주세요" 하면 어깨를 만져 주시고, "목을 돌려 묶임을 풀어 주세요" 하면 목을 돌려주시고, "허리를 만져 주세요" 하면 허리를 돌려주시고, "골반을 만져 주세요" 하면 그러면 골반을 돌려 주셨다.

그리고 허리, 골반, 등허리, 뼈 신경계 질병들이 그 자리에서 낫았다. 그 즈음 우리 사모는 내면의 상처가 노출되어 상당히 고생을 하였다. 원래 아랫배 통증과 비염에 무릎도 좋지 않고 혈기도 좀 있어서 자연히 허리도 많이 아파하며 고생했다. 치유 기관에서 성령의 역사로 상처가 드러나기는 했으나 완전한 치유를 받지 못한 것이다. 그래서 교회에 돌아와서도 머리가 아프고, 질병 있는 곳에 통증도 심하여 혼자 기도한다고 고생이 심했다. 그러다 자신의 힘으로 되지 않는다는 것을 느끼고 나에게 와서 기도를 해 달라고 하였다. 그때 나는 성령의 능력이 강하게 나타나 웬만한 질병은 기도하면 그 자리에서 낫는 역사가 있을 때였는데, 사모는 자존심 때문에 심하게 아프기 전까지는 기도해 달라는 부탁을 하지 않았다. 그러나 통증이 너무 심해져서 감당할 수 없어지자 안수 기도를 받으러 온 것이다.

성령의 임재를 요청하고 약 한 시간 정도 기도하며 급한 곳을 치유하였다. 얼마 후 또 다른 곳이 고통스러워지자 또 다시 기도를 받으러 왔다. 사모는 그때 남편인 나의 안수로 약 2시간 30분간의 성령의 역사를 체험했다. 그렇게 속에 있는 더러운 상처와 악한 영들을 몰아냈다. 그렇게 치유한 후로 질병들이 치유되었다. 건강하게 되었다. 모두 상처 때문에 생긴 질병이기 때문이다.

그런데 이렇게 안수하면 능력도 나타나던 내가 내적 치유를 1년간 받아도 해결되지 않는 분야가 있었다. 위의 통증으로, 이것 때문에 굉장히 고생을 했다. 전도하러 다닐 때에도, 설교 준비를 할 때에도 꾹꾹 찌르는 듯이 아파서 고생을 많이 했다. 이것을 고치기 위해 6개월 동안 잠도 자지 않으면서 기도했다. 그러던 어느 날 하나님이 상처 하나하나를 모두 보여 주시더니 깨끗하게 치유해 주셨다. 내적인 치유는 자신과의 싸움이다. 의지를 가지고 기도하여 성령의 역사로 뿌리를 뽑아내야 한다.

내가 내적인 치유를 받고 난 후로 다른 사람의 내면을 만질 때 그들의 영적인 질병과 육체의 질병들이 더 잘 치유되었다. 축사와 신유 안수를 한다고 해서 모든 질병이 치유되는 것은 아니다. 반드시 내면의 상처를 치유한 후에 축사를 하고 질병을 치유해야 한다. 그리고 성령 치유 사역의 목적이 환자의 치유에 있어서는 안 된다. 영혼을 전도하고 성도들을 영적으로 바꾸는 데 목적을 두어야 한다.

그 즈음 기도원을 방문했을 때 저녁 시간이 되어 식당으로 식사를 하러 가다가 과거 군에서 같이 근무하던 선배를 만났다. 그런데 얼굴을 보니 병색이 심하고 악한 영에 눌려 있었다. 식사 후에 찾아가겠다고 하고 저녁을 먹은 후 이 방 저 방을 다녀서 그분을 만났다. 어떻게 왔느냐고 했더니 자신도 목사가 되었다고 한다. 그래서 "목사님, 건강이 많이 좋지 못하시네요" 했더니, "아니야, 나 건강해!"라고 대답하신다. 그래서 "목사님, 속이지 말고 대답하세요. 저는 하나님이 은사를 주셔서 사람 얼굴만 보면 그 사람의 영적인 상태가 다 나옵니다"라고 했더니 그제야 이렇게 말하는 것이다. 자신의 사모는 위암으로 몇 년 전에 죽었고 자신도 위암에 걸려서 수술하고 회복하는 중이라고 했다. "제가 기도해 드릴 테니 내일 점심 식사 후 쉬는 시간에 오세요." 다음 날 그 목사님은 다른 목사님 두 분과 함께 나를 찾아왔다. 우리는 기도원에 마련되어 있던 기도 굴에 들어가 성령의 임재를 요청하고 기도했다. 그러자 성령의 강한 역사로 목사님이 지상에서 약 50센티미터씩 뛰어올랐다. 성령의 역사가 상당히 강하게 나타났다. 그러면서 악한 영들이 떠나갔다.

그 목사님이 치유를 받고 나더니 30명 정도를 모시고 오겠다며 치유해 달라고 하였다. 그래서 그분들을 모시고 치유를 하기 시작하였다. 성령의 역사가 대단했다. 모든 질병과 상처들을 치유 받았다. 그랬더니 목사님, 사모님들의 호응과 평가가 매우 좋았다. 나는 자신감을 얻어서, '아! 이왕이면 국민일보에 광고를 내서 사역을 해 보자' 하고, 국민일보에 조그마한 광고를 냈더니 성령의 보증의 역사로 많은 분들이 찾아왔다. 사역을 하는데 성령의 역사가 참으로 대단했다. 많은 질병들이 치유되었다. 그러면서 자신감이 생겼다. 그때가 2002년 초였다. 그때 후로 지금까지 한 주도 쉬지 않고 월요일부터 목요일까지 치유 사역을 했다. 그리고 그해 8월부터는 목요일에 목회자 반을 신설하여 사역을 하였다. 교회도 성도들이 소문을 내고 전도를 하여 자립하며 지속적으로 성장했다.

## 4. 성령으로 치유하며 능력으로 전도하다

성령으로 능력 전도를 하자 교회가 성장하고 재정적으로 자립을 하였다. 나는 항상 하나님이 함께하신다는 자신감을 가지고 있다. 우리 교회에 오시는 분들마다 이구동성으로 하는 말이 이곳은 교회 위치로는 맞지 않다는 거다. 그러나 나의 생각은 달랐다. 교회는 성령이 하시는 것이다. 성령이 역사하면 어디든 부흥할 수 있다. 일은 하나님이 하시는 것이다. 내가 하려고 하면 안 된다. 나는 그저 성령의 감동을 받으며 목회를 했다. 그렇게 하나님이 함께하심을 체험하니 담대함이 생겼다. 그래서인지 나는 항상 긍정적이다. 식당도 맛있다고 소문이 나면 어디든지 손님들이 모인다. 교회도 마찬가지다. 하나님이 들려주신 음성을 듣고 순종하면 하나님이 앞길을 열어 주신다. 나는 그런 믿음을 가지고 있었다. 정말 세상에 믿을 사람은 아무도 없었다. 군에 있을 때는 도와달라고 전화도 잘하고 잘도 찾아오던 사람들이 아무도 찾아오지를 않았다. 교회를 개척하다 보니 어렵다고 도와달라고 할까 봐 그러는 것이다. 그러나 하나님은 절대로 떠나지 않으시고 나와 함께하셨다. 개척 목회를 하려면 절대로 사람을 의지해서는 안 된다. 오로지 하나님만을 의지해야 한다.

또한 다른 사람의 말만 듣고 능력 전도를 포기하면 안 된다. 한번 생각해 보라. 하나님이 어떻게 사람의 말을 듣고 따라가는 사람하고 같이하시겠는가? 오로지 하나님의 음성만 듣고, 하나님을 기쁘시게 하는 목회를 해야 한다. 그렇게 했을 때 하나님은 괴롭고 힘들 때마다 찬양으로 위로해 주시고, 앞길을 물을 때마다 음성으로 들려주시고, 어려워 고통당할 때마다 꿈을 통하여 앞일을 보여 주시며, 희망을 가지고 목회하게 하셨다. 또한 환자의 환부에 손을 올려 기도할 때 치유해 주시고, 그 다음엔 어떻게 기도해야 하는지에 대해서 알려 주시기도 했다. 인간들은 다 멀리해도 하나님은 항상 나를 멀리하지 않으시고 함께해 주셨다. 주님이 승리하게 하셨다.

## 5. 교회가 서울로 이전하다

성령으로 능력 사역을 하면서 그동안 기도한 대로 2003년에는 아파트로 이사를 하게 됐다. 누구보다도 아이들이 제일 좋아했다. 2003년 7월경으로 생각된다. 기도하는데 성령의 감동이 왔다. 서울로 교회를 옮겨야 한다는 감동이었다. "하나님, 어느 동네입니까?" 하나님은 사당역 부근이라는 감동을 주셨다. 그때 당시에는 돈도 없고 아무런 대책도 없는 상황이라 무작정 기도만 할 뿐이었다.

2003년, 성령 내적 치유 사역이 활성화되어 서울에서 많은 분들이 다녀갔다. 그러면서 교회를 정하지 못한 성도(방황하는 성도)들 대다수가 등록은 하지 않은 채 시화에 위치한 우리 교회에 와서 주일 예배를 드렸다. 그들은 물질적인 능력도 있는 사람들로, 지금 생각하면 하나님이 서울로 이전하게 하시려고 보내주신 것 같다. 결국 그 성도들의 도움으로 서울로 이전하게 되었다. 하나님의 역사는 아무도 모른다.

2003년 11월경, 기도를 하는데 서울에 가서 현장을 답사하라는 감동이 주어졌다. 첫날은 거부하였다. 그날이 금요일이었는데, 다음 날 더 강한 감동이 왔다. 그래서 토요일 날 전철을 타고 사당동에 와서 이곳저곳을 돌아다니면서 알아보았다. 걸어

다니는데 가슴이 답답했다. 더군다나 교회로 사용할 거라며 건물을 얻어 달라고 하니 부동산 사람들이 머리를 절레절레 흔드는 것이 아닌가! 그래서 남현동으로 갔다. 그러나 남현동도 사당동과 마찬가지였다.

10번 출구를 통해 11번 출구로 건너왔다. 가슴이 뻥 뚫리고 시원한 느낌이었다. 부동산에 가서 건물을 물어봤더니 상당히 호의적이었다. 그래서 내년 3월이나 4월에 이전을 할 것이니 잊지 말고 알아봐 달라고 했다. 그런 후 1월 말경 다시 방배동으로 가 보라는 감동이 주어졌다. 다시 방배동에 와서 건물을 보러 다니는데 건물이 없었다. 어떤 곳은 전에 목욕탕을 운영하던 곳으로 200평 정도가 되었지만 가 봤더니 영 신통치가 않았다. 그러자 부동산 주인은 조그마한 장소가 하나 나왔는데 한번 보겠냐고 해서 이수초등학교 앞에 있는 건물에 들어가 보니, 실 평수는 40평 정도 되어 보이고, 교회로도 줄 수 있다는 것이었다.

서울에서 예배드리러 오는 성도들에게 이야기했더니 자신들이 알아보겠다고 했다. 토요일 날 함께 방배동과 서초동 일대를 다 돌아다녀도 차라리 비워 두었으면 두었지, 교회로는 안 준다며 모두들 거절하는 것이다. 정말 교회에 대한 인식이 잘못되어 장소를 임대할 수가 없었다. 나는 할 수 없이 우선은 이수초등학교 앞으로 이사하여 1년 정도 지내다가 옮기기로 작정하고 기도하기 시작했다.

그러던 중 주일마다 우리 교회에 다니면서 은혜를 받던 성도가 자기가 아는 사람이 교회 이전을 위해 1억 원을 헌금하겠다고 한다며 말하는 것이다. 그 이야기를 들은 후 나는 기도하기 시작했다. "하나님, 정말 주시는 것입니까?" 한참을 기도하는데 "걱정하지 마라! 내가 그 사람에게 돈을 받아서 장소를 얻는다는 사람을 통하여 일을 추진하리라" 하는 주님의 음성이 들려왔다. 그래서 "아멘!" 하고 외친 후 입을 굳게 다물고 우리 사모에게도 말하지 않은 채 기다렸다.

우여곡절 끝에 3월 31일 날짜로 계약했다. 임대료는 앞에 말한 성도가 전적으로 책임을 지겠다고 했다. 교회 바닥과 벽, 그리고 여러 가지 필요한 것들은 은혜를 받으러 오시던 분들이 헌금을 했다. 내부 인테리어 작업은 어느 목사님 동생이 선교 차원으로 무료로 해 주셨다. 공사가 진행되는 동안 나는 계속해서 시화에서 집회를 인도했다. 하나님은 임대한 교회 내부 작업까지 일사천리로 진행해 주셨다. 교회를 이전하는 데 있어 나의 재정은 단돈 10원도 들어가지 않았다. 하나님이 은혜 받은 사람들의 마음을 감동하게 하시어 그들을 통해 채워 주셨다. 하나님이 이전하게 하신 것이다. 그런데 시화에 있는 교회가 나가기를 기도하는데 하나님이 자꾸 빨리 가라는 감동을 주시는 것이다. 우리는 2004년 3월 31일에 이사를 계획하고 준비하고 있었다. 그런데 기도할 때마다 "빨리 가라, 빨리 가라" 하는 감동을 주셨다. 시화에 있는 교회가 나가기를 기다리며 머뭇거리자 이제는 주일날 성도들도 줄어들고 사람들도 집회에 오지를 않았다. 그래서 교회가 나가지 않더라도 빨리 이사를 해야겠기에 3월 18일에 서울 교회로 이전을 했다.

하나님은 저를 한 걸을 한 걸음 인도하시며 하나님의 사람으로 만들어 가셨다. 하나님은 성령의 감동과 꿈, 그리고 보증의 역사(환경으로 나타나는 역사)를 통하여 목회를 하는 데 있어 문제가 생기지 않도록 인도하고 계신다. 목회는 하나님의 일이다. 하나님이 주인이시다. 그분의 음성을 듣고 교통하며 따라가기만 하면 하나님이 하신다. 성도도 하나님의 자녀이다. 하나님의 뜻을 알고 하나님이 안내하는 길을 따라가다 보면 인생은 성공한다. 그러나 마귀는 우리가 가는 길에 어떻게 해서든지 사람을 이용하여 훼방을 한다. 그래서 우리는 성령의 충만함으로 기도해야 한다. 성령으로 충만하면 마귀가 방해할 수가 없다.

## 6. 교회가 안정적으로 성장하다

서울로 이전한 지 10년이 지났다. 지금은 교회가 자리를 잡아 가고 있다. 재정적으로나 환경적으로 부족함이 없는 교회가 되어 가고 있다. 총회에서 총회회관 매입 헌금을 하라고 할 때 두말없이 헌금할 정도가 되었다. 이것은 전적인 성령의 인도하심 가운데 성령의 인도를 받아 능력 전도를 한 결과이다. 이것은 나의 능력이 아닌 하나님의 능력이다. 이러한 결과만 보더라도 전도가 아무리 어려워도 성령의 인도를 받으면서 능력으로 전도하면 교회는 성장하게 되는 것이다. 성령이 역사하는 교회는 성장하게 되어 있다. 그러나 그냥 되는 것이 아니다. 여러 시행착오를 겪으면서 체험해야 가능한 일이다. 성령 치유도 받아야 하고, 자신의 영성도 발전시켜야 한다. 그냥 되는 것이 아니다. 자기 개발을 위해 물질적인 투자도 필요하다. 가만히 앉아서 기다리기만 하면 안 된다. 자기를 부지런히 영적으로 만들어야 한다. 성령의 인도를 받기 위하여 기도해야 한다. 기도하지 않으면 하나님의 뜻을 알 수가 없다. 왜냐하면 하나님은 영이시기 때문이다. 머리를 굴린다고 되는 것이 아니다. 영이신 하나님과 교통해야 되는 것이다. 우리는 먼저 성령으로 충만한 상태가 되어야 하나님과 교통할 수 있다. 우리는 성령으로 인도받기 위해 성령으로 기도해야 한다. 영육 간에 문제가 있는 사람을 일대일로 만나서 능력 전도를 해야 한다. 작은 교회는 큰 교회처럼 전도할 수 없다.

전도에 대한 여러 가지 책들이 많이 쏟아져 나오고 있지만, 그러한 방법들을 작은 교회에 적용하기란 여간 어려운 일이 아니다. 나는 교회를 성장시켜 보려고 별별 방법을 다 사용해 보았다. 그러한 방법들로 되지 않던 것이 성령이 역사하는 능력 전도와 성령으로 능력 사역을 하니 교회의 재정이 풀리고 교회가 성장하기 시작했다. 하나님은 지금도 살아서 역사하고 계신다. 성령의 인도만 받으면 전도는 언제든 된다. 우선 자신을 준비해야 한다. 성령이 보증하는 사역자가 돼야 한다.

# 2부 교회개척의 실제적인 준비

## 5장 교회 개척 지역과 장소를 선택하라.

(행18:9-10)"밤에 주께서 환상 가운데 바울에게 말씀하시되 두려워하지 말며 침묵하지 말고 말하라. 내가 너와 함께 있으매 어떤 사람도 너를 대적하여 해롭게 할 자가 없을 것이니 이는 이 성중에 내 백성이 많음이라 하시더라"

교회를 개척할 때 교회가 잘 될 수 있는 곳에 교회를 시작해야 한다. 사람이 살지 않는 산중에 교회를 개척할 사람이 없는 것처럼 사람이 살고 있다고 해서 모든 지역이 교회가 잘되는 곳은 아니다. 즉 깊은 물에 그물을 던져야 한다. 그런데 교회를 개척하는 목회자는 교회가 잘 될 수 있는 지역은 땅값이 너무 비싸고 건물의 임대료도 너무 비싸 경제적인 어려움을 겪게 되고 경제적인 여건에 맞추어 교회를 시작하면 교회가 되지 않는 딜레마를 경험하게 된다. 그러므로 이 두 가지 문제의 조화를 잘 이루어야 하며 어떤 경우에는 믿음으로 모험을 할 수 있어야 한다.

### 1. 설립 장소

교회를 개척하는데 최초의 중요한 문제는 어느 지역에 교회를 설립해야 하느냐 라는 지역 선정 문제일 것이다. 이 지역 선정은 먼저 농어촌 지역, 중소 도시 지역, 대 도시 지역으로 구분할 수 있다. 주님은 마태복음 13장에서 네 종류의 밭에 대하여 말씀하셨는데 이것은 복음을 전할 지역의 성격을 말씀하시는 것이라고도 생각할 수 있다. "교회를 개척하는 사람은 옥토와 같은 지역을 선정하는 것이 좋다" 라는 것은 말할 필요도 없이 당연한 일이다. 지역 선정이 우선해야 할 이유는 지역 선정에 따라 교회를 설비하는 모든 준비가 다소간 달라 질 수 있기 때문이다.

교회를 설립할 때 외부적인 환경은 제일 중요한 역할을 한다. 교회 설립자는 지역 사회, 시, 군, 국가, 세계, 그리고 자신의 교파 등을 포함하고 있는 외부적 환경 안에서 운영되어 가고 있기 때문이다. 이러한 대소의 환경 내에서 교회의 영향을 끼치는 복잡한 흐름이 있다.

도시에 살고 있는 사람들은 종교를 필요로 하고 있다. 교회는 본래 전파하는 메시지의 성격상 지금도 넘실거리고 있는 물질 만능 주의와 상극을 이루고 있다. 그리고 물질 만능 주의에 사로잡혀 있는 교인들에게 달갑지 않는 요구를 계속하게 된다. 그런 교회의 요구에 대하여 적극적이지는 않지만 그들은 과거의 인습과 마음의 평정을 바라는 심정으로 종교 생활을 곁들인 평온한 생활을 바라고 있다. 그들은 "그리스도"의 복음이 그들의 삶의 전반에 스며들어 사소한 고통 거리도 해결해 주며 사는 곳이 도심지던 아파트이던 간에 늘 두통거리로 엄습해 오는 심각한 불안 의식을 씻어 준다고 생각한다.

그러나 대부분의 도시 시민들은 조직화된 종교나 교회는 한낱 조그마한 역할밖에 감당 못하는 시시한 단체로 보고 있다. 교회가 형식적인 측면 이상으로 도시인들의 요구에 부응하기 위해서는 성직자와 평신도를 막론하고 책임 있는 지도자들이 항상 종교적인 관심을 견지하면서 도시인들의 사고방식과 생활과 다른 여러 가지 요소들을 과학적으로 분석할 줄 알아야 한다. 예를 들면 앞으로 10년 후에 이 지역은 어떻게 변화가 될 것인가? 변화되는 지역에 교회의 역할을 어떻게 극대화 할 수 있을 것인가? 그들의 종교적 욕구를 충족시킬 수 있는 교회의 프로그램은 어떤 것이 되어야 하는가? 등을 연구해야 한다.

대도시라 함은 시민이 수십만 명에서 수백만 명에 이른 도시를 말한다. 교회를 개척하는데 가장 좋은 조건들을 두루 두루 가지고 있는 곳이기도 하다. 그러나 이런 곳이라고 해도 엄밀한 조사와 계획이 있어야 한다.

## 1)대 도시에서의 개척 교회 설립에 있어 주의할 점은 다음과 같다.

(1) 대형 교회 옆은 가급적 피하라. 대형 교회 옆에 조그마한 개척 교회는 성도들이 보기에 무척 초라하게 여겨진다. 대체적으로 대형 교회 옆에 교회를 개척하는 사람들은 대형 교회에 식상한 성도들을 줍고자 하는 심리가 작용하는데 그런 시기는 이미 지났다. 왜냐하면 우리 한국 교회의 경우에 1950년대와 60

년대는 교회가 분열되는 시기였고 교회가 혼란한 시기였기 때문에 교회의 파동 때마다 성도들이 들어가기도 하고 나오기도 했다. 그러나 지금은 교회가 문제가 있을 때 이탈하는 사람들이 될 수 있는 데로 지명도가 높은 교회를 찾아가서 가볍게 신앙생활을 하려는 경향을 가지고 있음으로 개척하는 교회를 찾아가지 않는다는 것을 알아야 할 것이다. 그러므로 대 교회 옆에 교회를 세우는 것은 바람직하지 않다.

그리고 대 교회에서 신앙생활에 즐거움을 가지지 못하고 그 교회를 이탈한 사람들이 개척 교회에 와서 얼마나 신앙생활을 잘 할 수 있을 것인가를 생각하라. 그들은 대개의 경우 3-4년 후에 개척 교회가 어느 정도 성장하게 되면 교회의 주인 행세를 해서 교회를 어지럽히는 결과를 가져온다는 것을 명심할 것이다. 교회는 하나님의 뜻을 이루고 하나님의 구원 사역을 감당하기 위해 주님을 머리로 하는 지체들의 모임이다. 어떤 사람의 개인적인 취향이나 그들의 신앙을 위한 만족을 얻기 위해 이 땅위에 세워지는 것이 아니다. 가까운 교회로 교회를 옮겨 다니는 사람은 하나님이나 주님의 교회를 생각하지 않고 언제나 자기만을 생각하여 오만에 빠진 사람일 경우가 대부분이다. 그들은 무식하면서도 자기가 생각하는 것은 올바른 일들이고 비록 목사라 할지라도 자기가 생각하는 것과 다른 어떤 행동이나 말이 있으면 틀렸다고 생각하는 오만한 사람들이다. 그렇기 때문에 대 교회 옆에 교회를 세워 이삭을 줍겠다는 생각은 교회를 설립하는 처음부터서 실패의 많은 원인을 가지게 된다.

(2) 기성 교인 흡수 장단점. 개척하는 사람들은 과거와 같이 자기가 다니는 교회가 멀다고 하여 가까운 개척 교회를 찾아오는 사람들에 대한 기대를 하지 않는 것이 좋을 것이다. 그것은 과거에는 도시의 변두리에 이사 온 사람들이 교통편이 좋지 않아서 가까운 교회를 찾아가는 경향이 있었으나, 지금은 대도시의 경우에 거의 모든 가정에 승용차가 있어서 자기 교회를 찾아갈 뿐만 아니라, 개척 교회를 나오면서 경제적 부담을 느끼기 때문에 등록을 기피하는 경향이 뚜렷하다. 그러므로 기성 교인들의 흡수를 교회 성장의 한 방법으로 생각하는 시기는 이미 지났다고 본다. 그러나 주일학교를 통해서 기성 교인들을 다소나마 흡수할 수도 있을 것이다. 그것은 어른들은 자기가 다니던 본 교회를 찾아가더라도 아이들은 그렇게 할 수 없기 때문이다. 아이들이 교회를 찾아 나와 신앙생활을 잘하게 되면 아이들이 다니는 교회에 대해 호감을 가지게 되고 결국 아이들과 함께 교회를 찾아오게 된다.

새벽기도회에 참석하는 성도들을 주의하라. 신령하고 은혜로운 새벽 기도회는 은혜를 간절히 사모하는 가장 양질의 새 성도들을 접할 수 있는 기회가 된다. 그런데 여기서 말없이 계속 교회에 찾아와 기도회에 참여하는 성도들에게 성급히 등록을 강요해서는 안 된다. 은혜 받는 시간이 많아지고 기도의 분위기가 좋으면 시간이 지나면 결국 등록하여 좋은 성도가 될 확률이 높다.

그러나 성급히 서두르면 다른 곳으로 기도 장소를 옮기게 되고 만다.

이렇게 얻어진 신앙 좋은 기존 교인들은 새로운 교인을 확보하여 바른 신앙생활을 하도록 해서 교회를 섬기며 교인으로서의 의무를 이행하기까지 약 2-3년이 걸리는 시간을 절약할 수 있다. 그러므로 이런 성도들은 교회를 개척하는 목사에게 큰 힘이 될 수 있다. 그러나 기성 교인들을 흡수함에 있어 단점도 있다. 그들 가운데 상당수는 새로 개척된 교회에 와서 전에 다니던 교회의 모든 것을 적용시키려고 한다. 물론 특별히 다르지 않으면 그들의 의견과 요구를 수용하는 것이 좋을 수 있다. 그러나 어떤 경우에는 개척 교회 목사를 얕잡아 보고 함부로 대하는 경우도 있고, 자기의 생각이 관철되지 않을 때는 매우 기분이 나빠하는 경우도 있다.

내가 시화에서 교회를 개척할 때 주변의 큰 교회에서 권사를 했던 부부가 등록을 했다. 그 부부는 교회를 위해 대단한 충성과 헌신을 했다. 나는 개척 초창기에 그런 부부가 우리 교회의 일군 된 것을 하나님께 크게 감사하였으며 한껏 고무되었다. 교회를 개척한 후 일 년이 되어 문제가 발생했다. 그 부부는 일주일에도 몇 번씩 돌아가며 성도들을 자기 집으로 초청하기 시작을 했다. 그리고 푸짐하게 음식을 나누어 먹으면서 자기들의 과거 신앙 행적을 장황하게 자랑하기 시작을 했다.

그 내용은 주로 목사를 비판하는 말들이였고, 목사 때문에 시화에서 네 번씩이나 교회를 옮겨 다녀야 했다는 것이다. 나는 그런 그들의 이야기를 듣고 '아차!' 했지만 이미 손을 쓸 수 없는 지경에 이르렀다. 그들 부부는 공공연히 교회의 행정, 제정 문제에 의견을 개진하였으며, 우리 교회의 장래 문제를 거론했다. 그들은 매우 간사해서 목사의 목회 방향을 비판적으로 말하고 다녔다. 다음에 그들이 한 짓은 내게 대한 비방과 허위 사실 유포였다. 이런 그들의 행위가 다른 성도들에게 지탄거리가 되어 소외되었다. 그러자 그들은 노골적으로 교회를 핍박하며 목사를 괴롭혔다. 그런 일이 상당 기간 계속되고 나서 그들은 교회를 떠났다. 그러나 그들만 교회를 떠난 것이 아니라, 그를 따르던 상당수의 성도들도 함께 교회를 떠났다. 나는 한참 잘 나가던 우리 교회가 그 두 사람으로 인해 큰 손상을 입고 한 동안 침체에 빠지는 시험을 당했다.

목사 홈의 30년 목회 사이트에 기록된 '목사를 속인 사기꾼 장로 이야기'도 이런 부류의 이야기이다. 내가 그들에게 당한 괴로움은 지금 생각해도 끔찍하다. 그들은 인간도 아니요, 성도도 아니다. 다만, 사단의 하수인들로 우리 교회를 망치고 나를 죽이기 위해 파견된 자들이었다. 이런 폐단을 막기 위한 방법은 한 가지밖에 없다. 전에 다녔다는 교회의 목사에게 전화라도 해서 그에 대한 정확한 정보를 입수해야 할 것이다. 그래서 교회의 일을 맡기는 것이다. 교회의 성장을 위해서 말이다. 개척목회자는 돌아다니는 성도를 조심해야 한다.

(3) 새 신자를 전도하라. 주일학교 어린이부터 시작을 하라. 그리고 그들의 부모를 전도하라. 새 신자가 한 성도의 의무를 다 하기까지는 많은 시간이 걸리고 그 사이에 여러 가지 면에서 교회는 많은 어려움을 당하겠지만 이런 일들을 미리 각오하지 않으면 교회를 성장시킬 수 없다. 새 신자를 전도하여 하나님의 말씀을 잘 가르치고, 진실한 사랑을 보여 주어 올바른 성도를 만들어 내는 대는 2-3년 정도의 시간이 필요한 것 같다. 그러나 교회를 잘 섬기고 성도의 의무를 감당할 정도의 성도가 되면 오히려 기성 신자들을 보다 훨씬 더 좋은 결과를 가져올 수도 있다. 그리고 이렇게 하는 것이 하나님이 기뻐하시는 개척 교회가 될 것이다.

## 2. 교회의 위치

교회 위치를 정하는데 몇 가지 유의할 점이 있다. 복음 전도를 잘하여 교회가 성장하기 위해서 중요한 요소 가운데 교회의 위치를 빼놓을 수 없다. 교회를 개척하기에 가장 좋은 장소는 안정된 주택지역과 인구가 많은 아파트가 함께 어울려 있는 지역이다. 이런 지역은 외형적이던 사회적인 몇 가지 특징을 가지고 있다. 우선 건물이 꽉 들어찬 곳이다. 건물 부지로써 비어 있는 곳은 전지역의 10%미만인 곳이다. 남아 있는 그곳도 필연적으로 주택이 들어 갈 수 있는 곳이다. 즉 인구 고 밀도 지역을 말한다. 그리고 그 주변에 상업이 발달한 지역이 있고, 문화적 혜택이 잘 되어 있는 곳을 말한다. 이것을 더욱 자세히 말하여 교회 개척을 위해 적당하지 못한 장소와 적당한 장소를 구분하면 다음과 같다.

## 1) 교회 개척으로 적합하지 못한 장소.

(1) 일반 주택지역이라 함은 순수한 단독 주택 지역을 말하는데 이 주택가도 상류층, 중산층, 하류층으로 구분하여 설정해야 한다.

ⓐ 상류층일 경우에 많은 숫자를 기대하지 말라. 잘 사는 사람들이 경제적으로도 교회에 도움을 줄 것으로 생각할지 모르나 사실 그렇지 않다. 그런 지역에 사는 성도들은 자기들이 다니던 교회를 자동차로 출석하고 개척 교회에 나올 때는 체면 차례의 헌금을 하는 경우가 많고, 목회자를 하나님의 종으로 대접하는 것이 아니라 동정하는 일이 많다. 하나님의 종이 되어 교회를 개척하는 사람이 사람들의 값싼 동정이나 받아서야 되겠는가? 그리고 믿지 않는 사람들은 하나님의 도우심이 없어도 자기들의 능력으로 잘 살고 있다고 생각하기 때문에 교만하며 욕심이 많아서 복음을 듣기조차 싫어하고 인색하고 가난한 목회자를 무시할 것이다.

그리고 이런 지역에 사는 사람들은 그곳에 자리를 잡고 산 세월이 아파트와 달리 아주 길다. 같은 지역에서 10-30년을 산 경우가 허다하다. 그러므로 그들의 이웃과 섬기는 교회의 역사가 뿌리 깊어 교회를 옮기지 아니하며 전도가 되지 않는다. 그곳에 사는 교인들은 대개의 경우 조상 때부터 한 교회를 섬기던 사람들이요, 교회의 무덤에 부모나 그 이상의 조상들의 묘소가 있어 교회를 떠나지 않는다.

ⓑ 중산층일 경우도. 상류층과 비슷한 일이 생길 것이며 비슷한 일이 일어 날 것이나 그 정도는 덜 심할 것이다.

ⓒ 빈민층을 피하라. 물론 특별한 목회를 하고자 하는 사람일 경우에는 예외가 되겠지만, 평범한 교회를 개척하고자 하는 사람은 피하는 것이 좋다. 구제 대상이 많은 곳의 교회는 언제나 경제적으로 힘을 얻을 수 없고 끝없는 구제로 사회 복음주의적 교회가 될 우려가 많다.

교회의 사회 복음주의는 (교회가 지향하는 구제 사업, 사회 개혁 운동 등)은 교회가 이 세상에서 감당해야 하는 이차적인 사명이며, 일차적인 사명은 영혼 구원이기 때문이다.

## 2) 교회 개척에 좋은 장소

(1) 아파트 지역: 새롭게 이루어지는 주거 지역은 교회가 성장하는 데 가장 좋은 조건을 가진다. 새롭게 이주해 온 사람들과 성도들은 의욕적이며 활동적이다. 따라서 교회는 그들에게 의욕적으로 일할 수 있는 기회를 제공하고 활동할 수 있는 일을 제공해야 한다. 대중교통 수단도 좋지 못하고 아이들을 교회 학교에 보내기에 어려운 새로운 지역에 교회가 세워지고, 그 교회에 홀

륭한 지도력을 갖춘 목회자가 있다면 사람들은 자기들의 교적부를 새 교회로 옮기는 것을 주저하지 않을 것이다.

이런 지역이 교회를 개척하는데 가장 바람직한 지역이다. 그곳은 작은 면적이지만 고층 아파트가 들어서므로 과밀 주거 지역이 형성될 뿐 아니라, 아파트에 사는 사람들의 사고방식이 편의주의이기 때문에 신앙생활도 그런 식으로 하는 경우가 많고, 자기가 살고 있는 지역에 대한 애착심이 거의 없어서 언제나 더 좋은 조건이 갖추어진 주거 지역의 더 큰 아파트로 이주할 생각을 하고 있는 사람들이 많아서 이층을 세(貰) 얻어 하는 개척 교회에 등록하는 경우가 많기 때문이다. 그러나 이 경우에 반드시 명심해야 할 몇 가지 주의 사항이 있다.

ⓐ 상류층이 사는 아파트를 피하라. 이유는 주거지역의 주민들과 같은 특성을 그들도 가지고 있기 때문이다.

ⓑ 중류층이나 하류층의 아파트 지역을 선택하는 것이 바람직하다. 대체적으로 아파트의 평수가 13평에서 35평까지의 아파트 주민들이 신앙생활을 잘 하는 편이다. 그것은 이 지역의 사람들은 성취 욕구가 강하고 생활에 대한 진취적 성향이 강하여 적극적인 삶을 살고 있기 때문에 신앙생활도 그런 식으로 하는 일이 많다. 그리고 이 지역의 사람들에게는 대개 아주 어린아이들이 1-2명씩 딸려 있는 경우가 많아서 차가 있더라도 원래 다니던 먼 거리의 교회를 찾아가기가 어렵다. 그러므로 처음에는 부인들이 아이들을 가까운 교회에 데리고 나오다가 점차적으로 온

식구들이 가까운 교회를 찾아오게 된다.

　이 지역 사람들의 사회적인 지위는 대 기업의 중간 간부에 속한 사람들이 많고 공무원들의 경우에는 평사원들이 많다. 그리고 그들은 앞으로 얼마든지 발전할 수 있는 가능성을 가졌으며 우리 사회의 중추적 역할을 할 수 있는 사람들이다. 그들은 수입이 너무 많아 십일조를 내지 못하는 경우도 아니고, 십일조가 너무 적어 십일조를 내지 못하는 경우도 아니기 때문에 헌금 생활도 잘하는 편이며, 젊고 지식층이기 때문에 하나님의 말씀을 잘 이해하는 편이다.

　새로운 주거 지역에 이사 온 사람들은 새 생활에 대한 의욕이 강력하다. 그들은 젊고 엘리트들이며 교양이 있고 풍부한 생활 조건을 가지고 있다. 성취 욕구가 강하고 그것을 얻을 수 있는 능력도 있다. 그들은 자기들이 성공적인 인생을 살기 위해 하나님의 도움을 강력히 필요로 하는 믿음을 가진다. 그래서 할 수만 있다면 하나님을 잘 믿고자 한다. 그들이 이런 상황과 생활 속에서 정신적인 갈등도 많다. 그들은 하나님을 믿어 이런 정신적인 문제를 해결할 수 있다면 하나님을 잘 믿으려고 한다. 이런 여러 가지 지역적 조건은 복음 전도에 아주 좋은 요소가 되며 복음 전도에 유익한 조건으로 작용한다.

　그들은 언제든지 여유가 있으면 더 좋은 환경의 더 넓은 집으로 이사를 갈 준비가 되어 있는데, 이런 것을 이동성(Mobility)라고 부른다. 그들은 항상 움직이려고 한다. 집에서 직장을 왕래하고, 상점, 시장, 학원, 다른 모임들을 참석하기 위해 몹시 분주한 생활을 하고 있다. 그들은 자기 이익을 위해 친구를 사귀며 교회도 선택한다. 그들은 움직이기에 용이하다는 만큼 서로의 접촉의 폭이 낮고 지역 사회나 기관이나 교회에 대한 의존도가 낮다. 이 것이 이런 곳에 세워진 교회가 가질 수 있는 문제점들이다.

아파트 지역에 사는 사람들의 또 다른 두드러진 특징은 익명성(anonymity)이다. 대형 아파트에 사는 사람들은 이웃 사람과 대화를 나눌 친밀성을 유지하지 않으며 거리에서 마주쳐도 알아보지를 못한다. 그들은 서로 남에게 자기들의 생활이나 마음을 열지 않는다. 그리고 다른 사람의 일에도 간섭을 하려 들지 않는다. 좀 작은 아파트의 경우에는 이런 경향이 좀 적은 편이지만 역시 같은 형태의 이웃 사귐을 가진다.

이 사람들은 각각 자기 나름대로 자기를 보호할 특별한 보호 수단을 가지고 있는 경우가 많다. 목사가 사람들을 찾아가도 문을 열어 주지 않는 경우가 많고 전도하기 위해 문을 두드리면 아예 사람이 없는 것처럼 꾸미고 대답을 하지 않는 경우가 있는가 하면, 경비들에게 인터폰으로 항의를 하여 전도하다가 쫓겨나는 일들은 얼마든지 있는 일이다. 이 모든 것은 아파트에 사는 사람들의 자기 보호 정신 때문에 생기는 것이다.

이런 관계로 생겨지는 것은 많은 사람 가운데 고독한 삶이다. 아파트 지역의 개척 교회 목사는 이런 점을 교묘히 이용할 줄 알아야 한다. 그들은 한번 사람을 믿고 받아들이면 그들의 고독성 때문에 남다른 친밀감을 가지려고도 한다. 그러나 그들의 친밀감도 대개는 자기들의 이익을 위한 것이므로 교회의 어려운 일들이 제시되었을 때는 거부 반응을 가지는 경우가 많다. 이동성이 강한 도시인들은 개체 교회에 대한 충성심이 약하다. 그리고 재정이나 지도력에 대한 책임을 될 수 있으면 지지 않으려고 한다. 반면에 교회에 대한 시시비비를 별반 따지지 않는다. 그러므로 목사가 목회를 소신껏 하는데 걸림이 되는 일이 적다.

아파트 지역에 교회를 개척할 때 한 가지 유의할 점은 아파트 단지 안에 있는 상가를 임대 얻어 시작해야 한다는 것이다. 처음에 입주하는 아파트의 상가 건물은 임대료가 너무 비싸서 많은 부담이 되지만, 주민이 입주할 때와 시간을 맞추어 교회를 시작하면 임대금이나 월부금이 다소 비싸도 문제가 될 것이 없다. 그것은 교인들이 많이 모이면 그만큼 경제적으로 여유가 있게 되기 때문이다. 교회가 아파트를 끼고 있는 건너 편 대로변에 자리를 잡게 되면 아파트 주민들은 큰길을 건너서 아이들을 교회 보내기보다는 다소 먼 거리에 있어도 차를 태워 오고 가는 길이 안전한 교회를 선택할 것이다. 그리고 자신들도 큰길을 건너는 위험을 덜기 위해 먼 거리에 있더라도 안전히 오고 갈 수 있는 교회를 선택하게 된다. 그래서 아주 가까운 거리에 있다고 해도 큰길이 아파트와 교회 사이를 가로막고 있으면 차를 운행하도록 해야 한다.

교회를 개척하는데 필요한 정보를 수집하는데 가장 좋은 방법은 그 지역에 교회를 개척해서 3-4년이 된 어느 정도 안정된 교회를 봉사하고 있는 같은 목회자들이다. 그러나 이런 정보 수집은 매우 어렵다. 같은 지역에 있는 개척 교회 목사들은 자기 지역에 들어오는 새로운 교회를 꺼려하고 그 교회로 인해 어떤 손실을 입게 된다고 생각하기 때문이다. 그래서 교회를 개척하려는 목회자들은 정보를 수집하는데 가장 실질적인 일은 같은 지역의 목회자들이 아닌, 다른 지역의 목회자들이나 세상적인 것들에서만 정보를 입수하던지, 아니면 그 지역의 교회를 돌아보는 정도로 정보를 수집하게 되고 정보 수집에 대한 잘못으로 착오를 일으켜 교회 개척에 큰 어려움을 겪고 있는 경우가 있다.

다시 말하거니와 교회 개척에 필요한 정보는 자기가 교회를 개척하려는 지역의 건실한 목회자를 찾아가서 솔직한 심정으로 하나님이 주신 거룩하신 사명을 이야기하고 도움을 구하므로 얻는 것이 가장 좋다. 많은 교회 개척자들이 이런 식으로 지역 정보를 수집하는 일을 꺼려하는 것은 같은 지역에서 먼저 개척한 목회자에 대한 경계심과 경쟁심을 가지기 때문이다. 그러나 그런 생각을 하면서 교회를 개척하는 그 자체가 올바른 마음이 아니다.

### 3) 특별한 장소

(1) 서민층이 사는 동네에 교회를 세우라. 그들은 늘 새로운 기대감을 가지고 살며 위로 올라가고자 하는 욕망을 가지고 살

기 때문에 하나님의 도우심을 필요로 하고 있다. 그리고 그들은 가난한 목회자를 이해하려 하고 같은 동질성을 가진 목회자를 사랑한다. 그들은 그들이 바라는 소망이 강하기 때문에 하나님의 말씀에 순종하고 목회자의 말에도 순종한다.

(2) 특별한 지역에 세워지는 교회. 만약 교회가 특수한 지역과 동일시되는 교회가 되기를 원한다면, 그 지역 사회의 전략적인 위치에 있어야 한다. 가급적 많은 사람들이 드나드는 장소, 많은 사람들이 볼 수 있는 곳에 교회가 위치해 있으면 복음 전도에 크게 유익할 것이다. 예를 들면 시장 상인들을 위한 교회, 직장인을 위한 특별한 교회, 군인 교회(군인 교회도 일반 목회자가 세워 운영하는 경우가 있다), 병원 교회, 근로자를 위한 교회, 외국인을 위한 교회, 장애인을 위한 교회 등을 말한다.

필자는 이렇게 생각한다. 너무 위치가 좋은 곳만 성도가 모이는 것이 아니다. 식당을 가보라. 맛있다고 소문이 나면 어디라도 마다하지 않고 찾아간다. 교회도 마찬가지이다. 특별한 사역을 하여 소문이 나면 어디든지 찾아간다. 필자는 시화에서 교회를 개척할 때 위치같은 것은 생각지도 않았다. 아니 아예 고려하지 않았다. 그래서 인지 교회에 오는 목회자마다 교회위치로는 적합하지 않다고 했다. 그러나 나는 달랐다. 위치가 좋지 않아도 특별한 사역을 하여 소문이 나면 성도들은 모이게 되어있다고 항상 긍정적으로 생각을 했다.

필경에는 나의 생각대로 성도들이 몰려와서 서울로 이전하기까지 했다. 이는 하나님이 알려주는 특별한 사역을 했기 때문이다. 하나님이 함께 하셨기 때문이다. 그래서 위치가 중요한 것이 아니고 개척목회자가 하나님에게 신임을 받아 하나님이 함께하시는 것이 중요하다. 하나님이 함께하는 목회자가 되려고 하라.

저희교회 집회는 매주 화-수-목요일 진행이 됩니다. 특별한 일이 없는 한 년 중 무휴로 진행이 됩니다. 매일 1차 11:00-13:00/ 2차 14:00-16:30분까지 진행됩니다. 무료집회이나 교재는 필히 구입을 해야 입장이 가능합니다. 교재 대금은 공통으로 2만원입니다. 선교한다고 생각하고 모두 구입하여 은혜를 받으시기를 바랍니다. 참석하시면 모두 영육의 치유와 성령의 세례와 성령의 은사가 나타나 성령치유의 전문인이 됩니다.

밤 집회는 매주 목요일 밤 19:30-21:30분까지 진행이 됩니다. 이때에도 사용하는 교재가 있습니다. 교재 대금은 2만원입니다. 교재를 구입해야 안수를 해드립니다. 강한 성령의 역사가 일어나 모두 성령을 체험하게 하고 귀신을 축귀해 드립니다.

매주 토요일은 개별집중치유가 있습니다. 시간은 10:00-12:30분까지 진행됩니다. 1주일 전에 예약을 해야 치유를 받을 수가 있습니다. 소정의 선교회비가 있습니다.

주일 예배는 1부 11:00- 2부 13:30- 진행합니다. 2부만 참석할 수가 없습니다. 1부에 참석해야 됩니다. 주일 예배 시에도 기도시간이 40-50분 있습니다. 이 때 담임목사가 개별안수와 치유를 해드립니다.

# 6장 교회 개척의 실제적 준비사항

(암4:12)"그러므로 이스라엘아 내가 이와 같이 네게 행하리라 내가 이것을 네게 행하리니 이스라엘아 네 하나님 만나기를 준비하라"

최소 준비기간은 1년이 필요하다. 2년을 준비하면 더욱 좋다. 만약에 1년을 준비한다면 6개월은 준비 기간, 3개월 위치선정, 나머지 3개월은 실제 사역으로 이루어지는 경우이다. 준비기간은 상황에 따라 변동 될 수 있다. 교회의 정착 햇 수를 3년에서 5년으로 보고, 많은 인내가 필요하다.

## 1.우선적인 준비

1) 교회 이름 정하기. 기도하여 성령의 깊은 임재하에 지역특성과 사역의 조화를 이루는 이름이면 된다. 누구나 보아서 이해하기 쉬운 이름을 선정하라. 예를 든다면 서울중앙교회, 서초순복음교회 등 지역과 관련된 이름이 좋을 것이다.

2) 교회 장소 – 지역진단은 사업성 조사보다 중요하다. 교통량, 주민인구, 인구이동 상태, 도시계획, 타 교회계획, 및 특징 파악이다.

3) 목회자 자신을 토양과 비교하여 진단 필요하다.

4) 재정은 월세로 하지 말라. 더 준비하면서 기다리라.

5) 기자재들을 준비할 목록을 만들라. 소요기재 목록 표는 물품명, 소요수량, 단가, 총액, 해결여부를 파악한다. (강단, 강단의자, 성찬기, 성찬단, 피아노, 올겐, 엠프 마이크, 개인의자, 교회의자, 식탁, 주방시설, 에어콘, 환풍기, 공기청정기, 온풍기, 차량, 헌금함, 복사기, 테이프 복사기, 목양실 사무기기, 쏘파, OHP, 프로젝션, 케비넷, 실내장식, 카텐, 전화기, 십자가, 간판, 전도지, 시계, 거울, 성가대 까운, 전기 트랜스, 켐퓨터, 등).

6) 동역자의 결정. 7) 교회 주보와 기초 안내서. 8) 목회방향의 준비. 9) 예산과 결산을 작성하라. 10) 계약과 건물 준비(등기부등본, 주민등록증, 근저당, 가등기, 가압류확인, 도시계획확인서, 토지대장, 건축물대장, 계약조건은 분명히 해야 한다).

## 2.설립예배

설립예배는 지금까지 준비한 일의 공식 출발이기 때문에 영적분위기가 적절해야 한다. 설립예배는 지금까지 준비한 비전, 전략, 개척팀, 지역, 교회건물 등이 잘 드러나게 해야한다. 하나님의 교회는 반드시 성장한다는 확신과 안목이 필요하다. 설립예배의 준비과정은 이렇다.

1) 충분한 준비, 2) 세부 계획, 3) 적극적인 홍보, 4) 초청자확보, 5) 동역자들의 협력, 6) 예배 예행연습, 7) 은혜롭게 드리라는 것이다.

## 3.교회 개척에 대한 세부 목회 계획준비

　　교회를 개척하려면 교회개척에서부터 성장과 성숙의 단계를 준비해야 한다. 그래서 자신의 교회개척 소신을 명확하게 밝힐 수 있도록 준비해야 한다. 그래야 막연한 교회개척이 되지 않는다. 교회가 A지역에서 B지역으로 이전할 때도 이전되는 장소에서 어떻게 목회를 할 것인가 세부적인 준비를 해가지고 이전해야 한다. 지역이 다르면 사역도 달라질 수 있기 때문이다.

　　1) 교회의 비전을 마음에 가져라. 2) 하나님의 부르심을 확실히 하라. 3) 부인의 확신이 필요하다. 4) 설교, 성경공부를 준비하라. 전인 치유를 준비하라. 5) 교회론을 알라. 6) 목양에 성경적 철학을 가지라. 7) 올바른 도시를 선정하라. 8) 최상의 것을 선택하라. 9) 긍정적 자세를 가져라. 10) 한사람의 목사가 이끌라. 11) 하나님과 동행하라. 12)영적 승리자가 되라. 13) 일군들의 영적 기준에 성경적 기준을 정하라. 14) 보다 위대한 인물들로부터 배우라.
　　15) 성경적으로 재정을 사용하는 방법을 배우라. 16) 돈을 중요시 말고 신앙으로 하라(돈으로 짐 되게 말라). 17) 재정은 공개적으로 집행하라. 18) 교회 운영기준이 될 정관을 첫 해에 만들라 (한국적 상황은 여유 있게 할 것). 19) 청지기 훈련을 1년에 1회를 가질 것. 20) 첫 것을 드리게 하라. 21) 재정보고를 잘 하라. 22) 재정을 지불하기 쉽게 하라. 23) 지역을 연구하라. 24)

교회이름 선정. 25) 선전용 교회 그림 혹은 로고. 26) 살집준비.

27) 은행구좌. 28) 기본 재정준비. 29) 아는 이들에게 연락하기. 30) 전망을 보고 함께 결정하라. 31) 교회정관을 만들라. 32) 첫 개척 장소 선정. 33) 우편활용. 34) 찬송가, 헌금 통.

35) 지역침투. 36) 복사기, 인쇄기. 37) 사역의 목표. 38) 목표 위한 단계. 39) 로고선정. 40) 표어 선정. 41) 임시교회표시/교회간판. 42) 내부 표시. 43) 유인물인쇄. 44) 방문. 45) 방문동조자. 46) 모임. 47) 기도모임. 48) 헌금봉투, 방문자카드. 50) 케이블 TV사용. 51) 공공 광고. 52) 편지 띄우기. 53) 타교회와 좋은 관계 유지. 54) 새 교회의 자부심을 심기. 55) 성공은 말하고, 실패는 잊어 지게 하라. 56) 비전을 사람들과 나누라. 57) 예배를 잘 계획하라. 58) 자발적인 봉사를 하게 하라.

59) 첫 예배에는 헌금케 하라. 60) 주일학교시작. 61) 방문자도 서신으로 양육하라. 62) 교회조직을 만들라. 63) 교인들의 주지 사항/ 교회입장을 정리해서 만들라. 64) 양질의 중진을 모으라. 65) 건물을 위해 헌금을 시작하라. 66) 심방계획수립.

67) 개인 훈련을 위한 영적승리 훈련계획을 세우라. 68) 새 교회의 권위와 신뢰도를 세우라. 69) 라디오 사용. 70) 12명이 넘으면 조직된 예배를 드려라. 71) 선교에 동참하라. 72) 집사를 기다려 임명하라. 73) 영구 건물을 위한 대지를 찾아라. 74) 건축은 속히 끝내라.

# 7장 교회 개척 자금을 조달하는 방법

(약2:18)"어떤 사람은 말하기를 너는 믿음이 있고 나는 행함이 있으니 행함이 없는 네 믿음을 내게 보이라 나는 행함으로 내 믿음을 네게 보이리라 하리라"

교회 개척은 믿음으로 한다. 물론이다. 이 말은 교회를 개척하는 경우만 해당되는 말이 아니라 믿음으로 사는 모든 성도들의 모든 생활에 적용되는 절대적인 말씀이다. 교회 개척은 믿음으로 한다. 그러나 여기 믿음이라는 말의 의미를 잘 생각해야 한다. 성경에서 말씀하신 믿음은 내가 믿는 '나의 믿음'이 아니라, '하나님에 대한 믿음'을 말한다. 이 두 사이에는 언 듯 이해가 되지 않는 미묘한 차이가 있는데, 사실은 아주 작은 차이가 아니라 엄청나게 큰 차이가 있다.

내가 여기서 말하는 '나의 믿음'은 자기의 신념과 기대를 말한다. 그리고 '하나님에 대한 믿음'은 하나님의 뜻에 순종하는 믿음을 의미한다. '나의 믿음'은 사실 신앙적인 믿음이 아니다. 그러나 많은 목회자들과 성도들이 이 믿음을 참 믿음으로 착각한다. 그래서 자기의 일방적으로 자기의 소원을 많이 말하는 기도를 하고 나서 믿음으로 기도를 했으니 응답해 주실 것이라고 단정해 버린다. 이런류의 기도에 가장 많이 쓰이는 말은 '믿습니다.'라는 말이다. 그러나 이 기도에는 한 번도 하나님의 응답과 뜻을 기다리는 인내도 없고 세미하게 들리는 하나님의 음성에 대한 기대도 없다. 오로지 자기의 소원을 일방적으로 말하고 또 말하면서 '믿는다'고 소리소리 지르며 억지를 부리는 것이다.

병든 사람들을 위한 기도에도 이런 기도들이 많다. 하나님께서 이미 죽음을 선고한 사람인데도 그 사실을 모르기 때문에 '우리가 합심하여 기도했기 때문에 낫게 될 것이다'라고 말하는 것이다. 그리고 하나님께서 무엇이던지 기도하면 들어주신다고 하셨다는 말을 한다. 그러나 무엇이던지 들어주시는 하나님은 아니시다. 하나님의 뜻대로 기도를 해야 한다. 성경에는 죽을 자가 기도하므로 생명이 연장되는 기록이 있다. 히스기아 왕의 경우가 그렇다(왕하20:1이하). 그러나 성경을 깊이 보면 죽이기로 작정된 히스기아의 몸부림치는 기도를 들으시고 하나님의 작정을 연기하신 것이 아니라, 히스기아의 생명을 연장시켜 주시기로 작정된 하나님의 뜻이 이미 있었기 때문에 히스기아가 그런 기도를 할 수 있었던 것이다. 하나님의 뜻은 어떤 경우에도 변개함이 없으시다. 하나님은 히브리서 6장 17절에서 이렇게 말씀하신다. "하나님은 약속을 기업으로 받는 자들에게 그 뜻이 변치 아니함을 충분히 나타내시려고 그 일에 맹세로 보증하셨나니"

## 1. 하나님이 개입하신면 된다.

교회 개척에 대한 하나님의 뜻이 있으시면 개척을 위한 자금

조달에 큰 어려움이 없을 것이다. 하나님의 사역은 내가 원한다고 해서 할 수 있는 것도 아니요 하기 싫다고 해서 안 할 수도 없는 것이다. 다른 사람이 교회를 개척해서 아주 잘 하고 있으니 나도 하면 잘 할 수 있으리라고 생각해서는 안 된다. 하나님께서는 각 사람에게 후회가 없으신 은사를 주셨다(롬8:32, 11:29, 12:6, 고전7:7).

그러므로 교회의 개척도 하나님의 은사에 속한다. 내게 교회 개척의 은사가 있는지 없는지를 먼저 발견하는 것이 중요하다. 내게 어떤 은사 있는지 없는지를 알기 위한 아주 간단한 방법이 있다. 예를 들면 찬양의 은사가 있는 사람은 노래 부르기를 좋아하며, 찬양을 하므로 만족하고 더 큰 은혜를 받는다.

전도의 은사가 있는 사람도 마찬가지다. 기도의 은사를 가진 사람, 구제를 좋아하는 사람, 섬기기를 좋아하는 사람은 각각 자기가 좋아하는 분야의 은사를 가진 사람들이다.

마찬가지로 교회 개척의 사명과 은사를 가진 사람은 교회 개척을 좋아한다. 안정된 교회의 부 교역자는 누구를 위해 섬김의 자세가 부족하다. 비교적 모험심이 강하며, 자기 나름대로의 목회적 환상이 있어서 스스로 소신 있는 목회에 대한 강력한 열정을 가진 사람들이다.

교회를 개척하자면 일곱 번 죽는 일이 있다는 말이 있다. 일곱 번이 아니라 일흔 번 죽는 일이 있어도 교회 개척의 사명과 은사를 가진 사람들은 부목사를 하지 못한다. 하나님의 뜻을 좇아 개척을 준비하여 개척하는 방법 밖에 도리가 없다. 머리를 굴린다고 되는 것이 아니다.

## 2. 교회를 개척하는 목사가 먼저 솔선수범을 해야 한다.

나는 분명 교회 개척의 사명을 가진 목회자이다. 그래서 단독으로 교회를 개척했다. 처음부터 부목사로 교회를 섬기는 일은 상상하지도 않았다. 신학교를 졸업하고 청년 대학부와 교구 담임 부교역자로 3년 동안 섬겼던 교회에서 여러 문제에 부딪혀서 부교역자를 하지 못했다. 그리고 하나님이 나에게 분명하게 교회를 개척하는 것을 보여 주셨다. 나는 목회의 길을 들어설 때부터 교회를 단독으로 개척한다는 꿈을 가지고 출발을 했다. 그래서 나는 어떤 교회에서 부목사로 청빙을 받아 본 일이 없다. 그리고 부목사를 생각해 본 일도 없었다.

필자는 오로지 교회 개척을 위해 기도를 하고 군대에서 받은 아주 작은 퇴직금으로 단독으로 교회를 개척했다. 모든 것을 내가 감당해야 했다. 그래서 아파트 한채 있던 것도 모두 투자했다. 나는 처음 개척한 곳에서 4년 동안 엄청난 시련을 겪어야 했다. 그래서 하나님께 기도하다가 음성을 듣고 성령이 역사하는 전인치유 목회로 전환을 하는 계기가 된 것이다. 하나님은 필자를 성령으로 인도하면서 훈련하셨다. 우리가 여기서 알아야 할 것은 하나님은 공부를 시키시는 분이 아니다. 영적인 눈을 열어 영적인 세계를 체험하게 하신다. 영적인 눈을 열어 살아있는 생명의 말씀으로 믿게 하기 위하여 눈으로 보고 몸으로 느끼는 실전을 통하여 하나님의 군사를 만들어 가신다. 하나님이 살아계시기 때문이다. 절대로 말씀을 아는 것과 실제가 같이 가야 한다. 말씀을 많이 아는 것만 가지고 되는 것이 아니고, 아는 만큼 몸과 행동과 실제가 따라줘야 한다는 말이다. 이렇게 체험하면서 영적인 사고를 하니 성령께서 역사하여 전화 위복이 되게 하셨다. 지금 생각하면 모든 것이 성령의 역사였다. 결과적으로는 좋게 되었다. 좌우지간 개척목회자는 물질적으로도 솔선수범을 해야 한다.

### 3. 돕는 손길이 있다.

돕는 손길들이 있을 수 있다. 우리는 이제까지 한 번도 노회나 어떤 사람에게 도움을 구한 일이 없다. 그래서 그런지 누구에게 도움을 받지 못했다. 그러나 경우에 따라 돕는 사람들이 있게 마련이다. 절대 굶어 죽지 아니하며, 가난하고 궁핍한 모양이 나타나도록 놔두지 아니하시는 하나님이심을 나는 나의 경험으로 확신한다. 돕는 손길은 개척 목회자가 성령으로 치유되어 성령이 보증하여 주는 목회자로 거듭나야 돕는자들이 모여든다. 필자의 체험으로 말씀과 성령으로 치유되지 않으니 해꼬지 하는 사람만 만났다. 이는"가계의 고통을 끊고 축복받는 비결"을 읽어보세요.

## 4. 할 수 있으면 여기 저기 도움을 청하라.

나는 도움을 요청할 곳이 한 곳도 없다. 그러나 실망을 말라. (욥1:21)"가로되 내가 모태에서 적신이 나왔사온 즉 또한 적신이 그리로 돌아 가 올지라 주신 자도 여호와 시오 취하신 자도 여호와 시오니 여호와의 이름이 찬송을 받으실지니이다 하고" 나는 딱 한번 우리 사모 친구 남편이 목사인데 그분에게 도움을 청했다가 거절을 당했다. 그분이 하는 말이 교회 시작하면서부터 남에게 도움을 받으려고 한다는 것이다. 한 마디로 자세가 틀렸다는 것이다. 그 뒤로는 자존심이 너무 상해서 아무에게도 도움을 청하지를 못했다.

그러나 지금 생각하면 그것이 잘한 일이 아니라는 것이다. 기도하여 감동을 받으면 입을 열어 말을 해야 성령이 역사하는 것이다. 그러므로 기도하고 감동이 오면 입을 열어야 하는 것이다. 목회는 자신의 일이 아니고 하나님의 일이기 때문이다. 어느 개척목회자의 말을 빌리자면 교회를 개척하기 전에 2년을 준비했다고 한다. 준비하면서 2년 동안 한 달에 2만원씩 선교헌금을 보낼 사람을 70명을 확보했다고 한다. 자신의 친분이 있는 믿음 좋은 사람들에게 찾아다니면서 선교헌금을 작정하게 했다는 것이다. 그러니까, 2년 동안 한 달에 140만원씩 선교헌금이 통장으로 들어온 것이다. 그것이 힘이 되어 교회 개척을 성공적으로 하게 되었다는 간증을 들은 적이 있다. 나는 그 간증을 들으면서 정말 그 목회자는 준비를 철저하게 했구나 하고 느꼈다. 준비해야 한다. 교회를 개척하여 성장시킨 선배들의 충고는 이렇다. ① 1년 동안 한사람의 교인이 오지 않아도 견딜 수 있으며, ②1년 동안 한 푼의 헌금이 들어오지 않아도 교회 문을 닫지 않을 경제력이 있으면 시작하라는 것이다. 당신도 이렇게 준비되면 교회를 개척하라. 그러면 성공할 것이다.

## 5. 주신 범위 내에서 최선을 다하라.

어떤 형편이던지 간에 주신 조건 속에서 최선을 다했던 친구 목사들의 오늘의 모습은 너무 아름답고 당당하고 복되다. 나는 주님의 말씀 가운데 (고후9:6)"이것이 곧 적게 심는 자는 적게 거두고 많이 심는 자는 많이 거둔다 하는 말이로다" 라는 말씀이 진리임을 믿는다. 하나님은 작게하여 크게 되는 것이 하나님의 뜻이다. 최대한 자신의 능력범위 안에서 장소를 준비하라. 그리고 성장이 되면 옮겨라. 처음부터 크게하는 것이 능사가 아니다. 오히려 크게 하려다가 재정적인 고통을 더 당할 수가 있다. 장소가 좁은 곳에 성도가 20명 앉아서 예배를 드리는 것하고, 장소가 넓은 곳에서 20명이 예배를 드리는 것은 다르다. 장소가 좁은 곳에서 예배를 드리고 간 성도들이 밖에 가서 말하기를 성도들이 자리가 부족할 정도로 꽉 차있더라고 말할 것이다. 그러나 장소가 넓은 곳에서 예배를 드리고 간 성도들은 가보니 썰렁하더라고 할 것이다. 그러므로 개척초기에는 너무 넓은 장소를 고집하지 말아야 한다. 쓸데없는 재정적인 고통만 당한다.

## 6. 선조들의 신앙과 교회 개척의 상관관계

모든 목사의 경우가 아닐지 모른다. 그러나 분명한 것은 믿음의 부모나 조부모의 하나님에 대한 충성과 헌신이 자식들에게 그대로 반영된다는 것은 조금도 거짓이 아니라는 것이다. 어느 목사님이 저에게 이런 말을 했다. 자신과 같이 목회하는 세 친구가 있다는 것이다. 첫 번 친구는 그 부친이 시골 교회 장로인데 아주 충성스럽고 헌신적인 모범 장로라고 했다. 그 장로는 그 아들인 목사를 위해 평생 기도를 했을 것이고, 아들의 목회에 어떤 어려움이 있을 때는 적극적으로 도왔다. 친구가 교회를 개척한 후 얼마 되지 아니하여 땅을 사서 성전을 건축할 때에도 아버지의 도움을 크게 받았다.

둘 째 친구도 다소간의 도움을 받았다. 그러나 고생을 많이 한 세 번째 친구나 나는 전혀 그런 양질의 도움을 받지 못했다. 우리 부모들은 우리들 보다 훨씬 후에서 주님을 영접했으며 아버지는 일찍 세상을 떠나셨기 때문에 전혀 뿌려진 씨가 있을 수 없었다. 나는 우리나라의 경우에 목회에 크게 성공한 목사들의 행적 속에 반드시 선친들의 충성스러움과 아름다운 헌신이 있었다는 것을 발견할 수 있었다.

셋째 친구 목사의 아버지는 50세가 넘어 신학교를 졸업하고 목사가 되어 15여년 정도 목회를 하셨다. 너무 가난하고 어려운 교회만 시무하셨기 때문에 경제적으로 전혀 여유가 없어서 친구의 공부를 제대로 뒷받침 할 수가 없었고 딸들도 대학을 보내지 못했다. 그리고 나이 60이 조금 넘어 병이 들어 88세에 세상을 떠나실 때까지 많은 병을 앓으며 고생을 하셨다. 그러나 그 아들인 친구의 목회는 내가 옆에서 볼 때에 정말 형통했다고 한다. 아주 헌신적인 장로를 맞이하여 아름다운 성전을 건축하고 함께 대학을 다니던 친구가 장로가 되어 온갖 충성을 다하며 목회를 뒷받침했다. 뿐만 아니라, 그 친구는 차분한 성격으로 치밀하게 목회를 아주 잘했다고 한다. 나는 그 친구에게 부러운 것이 한 가지 있다. 평생 기도로 뒷바라지를 해 주신 부모님들이 그에게는 계셨다는 점이다.

그렇게 여러 가지 다른 조건 속에서 교회를 개척하여 지금은 모두 안정된 목회를 하고 있다. 우리가 젊었을 때는 잘 몰랐으나 지난 세월들을 생각하며 오늘에 와 주신 하나님의 은혜를 생각해 보니, (고후9:6)"이것이 곧 적게 심는 자는 적게 거두고 많이 심는 자는 많이 거둔다 하는 말이로다" (갈6:7)"스스로 속이지 말라 하나님은 만홀히 여김을 받지 아니하시나니 사람이 무엇으로 심든지 그대로 거두리라"라는 말씀들이 모두 만고에 빛나는 진리의 말씀이라는 것이다. 그러나 우리는 부모 탓을 하지 말고 오로지 하나님에게 기도하여 개척목회를 해야 한다.

# 8장  개척자 부부가 한 팀이 되도록 하라.

(벧전 3:5-7)"전에 하나님께 소망을 두었던 거룩한 부녀들도 이와 같이 자기 남편에게 순종함으로 자기를 단장하였나니, 사라가 아브라함을 주라 칭하여 순종한 것 같이 너희는 선을 행하고 아무 두려운 일에도 놀라지 아니하면 그의 딸이 된 것이니라. 남편들아 이와 같이 지식을 따라 너희 아내와 동거하고 그를 더 연약한 그릇이요 또 생명의 은혜를 함께 이어받을 자로 알아 귀히 여기라 이는 너희 기도가 막히지 아니하게 하려 함이라 또는 그 아내를 더 연약한 그릇 같이 여겨 지식을 따라 동거하고"

필자는 교회개척 자립성장 세미나를 안도할 때마다 이렇게 말한다. 목사와 사모가 하나가 되지 않으면 개척하지 말라고 한다. 마음과 추구하는 목회방향이 하나가 될 때까지 기다리라고 한다. 교회성장에는 부부가 하나되는 것이 중요하기 때문이다. 교회 성장에 사모가 절대적인 역할을 한다. 사모님들은 하나님의 지상교회에서 아내와 어머니로서 뿐만 아니라 목회자인 남편을 묵묵히 내조하며 그림자처럼 살아가고 있는 목회자의 아내이다.

우리 모두는 남편이 존경받는 목회자가 되길 소망한다. 훌륭한 설교자가 되기를 소망한다. 하나님께 크게 쓰임받기를 간절히 원한다. 교회의 모든 부분을 기도로 교회를 성장시키는데 절대적인 역할을 감당하는 교회의 숨은 봉사자들이다.

우리나라에 사모들이 십만 명이 된다고 한다. 한국교회 초기에는 목사님 곁에 표 나지 않게 그림자처럼 함께 하는 전통적인 사모상이 요구됐었고 묵묵히 십자가를 지고 비난하는 자들 앞에서도 변명하지 않으며 품어주며 사랑하며 얌전하고 부드러워야 한다는 사모 상을 가지고 있었다. 그러나 요즈음은 목회 조력자, 동역자로서의 역할을 교회들도 기대하고 있다고 한다.

절대적으로 사모님들이 목사님과 함께 동역해야한다고 이야기하고 있다. 시골교회나 개척교회 사모는 대개 피아노 반주자, 교회학교 교사, 상담자, 성경공부 인도자 또는 부엌일 봉고 운전까지 해야 하는 일인 다역을 해야만 하는 교회도 있다.

반면 교회가 성도수가 많이 모이고 대형 중형교회가 되면 대개 개척교회 시절 사모가 했던 일을 성도들이 하게 돼 사모는 할 일이 없어서 오히려 우울해하고 허전함을 느끼는 사모도 있지만 전문가들은 이때 사모는 방황하지 말고 교회 일꾼들을 키우어 내는데 그 역할을 담당해야 한다고도 말들 한다.

필수로 능력전도나 일대일 양육은 꼭 배워두면 아주 유용하게 쓰인다. 제자 훈련도 받으면 좋고. 성경적인 상담학도 좋고. 교회규모와 관계없이 새 신자 양육은 사모님이 하시면 아주 좋을 것이다. 나는 사모는 개성과 달란트에 따라 사역할 수 있다고 생각한다. 특히 성도들의 가정생활 상담은 목회자보다 여성도 들의 문제는 사모가 더 섬세하게 접근할 수 있고 실제로 훨씬 더 상담을 잘해 줄 수 있다고 생각한다.

사모님의 인격이 믿을만하고 말을 옮기지 않고 영혼을 사랑하며 진심으로 위하는 마음이 성도들이 느껴지는 사모라면 목사님보다도 더 효과적으로 상담하여 줄 수 있다. 실제로 성도들이 교회에서 말하지 못하는 고민을 사모님들에게 상담해서 도움을 받는 경우가 많다. 가정생활 상담도 목회자보다 사모에게 더 많이 상담을 요청해오는 경우가 많다. 또 혼전상담, 신혼부부 멘토링 사역을 통해 사모는 청장년 목회의 성숙과 부흥에 기여할 수 있다. 그러나 우리나라 사모들은 교회에서 사모로서의 역할이 명확하지 않고 교회 형편에 따라 사역하는 경우가 더 많은 것으로 나타나고 교회가 전임 사모가 어떻게 하느냐에 따라서 사모에게 요구하는 스타일이 다르다.

아무튼 교회마다 사모님들이 하는 일이 다르다. 또 사모의 역할에 대해서는 내조자(38%),부분적 협력자(32%), 일부 동역자(30%)라는 인식을 갖고 있는 것으로 교회마다 인식이 다르다.

모 기독 신문 설문조사에서 또 성도들이 좋아하는 사모상은 기도를 많이 하는 사모(53%)조용하고 현숙한 사모(26%)라고 응답해 사모들이 스스로 자신의 활동을 제약하는 것을 본 일이 있다.

또 결혼 전부터 사모의 길을 준비한 사모는 그리 많지 않다. 따라서 사모님들을 부교역자 시절부터 준비하는 프로그램 등을 많이 만들어 공급하는 사모전문기관이 있으면 하는 바램이다.

우리 스스로가 사모는 이러면 안 돼 라는 스스로의 사역을 제한시키지는 말았으면 좋겠다. 철저히 자신의 은사를 개발하여 목회의 조력자로서 위치에 선다면 좋을듯하다. 최근 이런 요구를 반증하듯 사모의 역할을 가르치는 학과도 있다고 한다.

뿐만 아니라 목회자 사모들은 인터넷 카페들도 바람직하다고 생각한다. "철이 철을 날카롭게 하는 것 같이 사람이 그 친구의 얼굴을 빛나게 하느니라"(잠 27:17)는 말씀처럼 서로에게 힘이 되고 교회를 더욱 잘 섬기며 목사님을 잘 내조하기 위해 동우회나 사모 관련 인터넷 사이트를 통해 정보를 얻고 마음을 나누고 서로를 위해 기도도 해주고 서로 치유하며 아픔을 나누다 보면 교회성장에도 도움이 된다고 생각한다.

실제로 많은 도움을 얻고 있으면 은혜도 받으며 사역에 큰 도움을 받는다고 진심으로 메일을 주시는 분들이 많다. 건강한 사모의 자아상과 확실한 사명감을 심어주는 꼭 필요한 곳이라고 메일을 주시는 분들도 많다. 우리 교회에 오셔서 성령치유를 받고 예언 사역자 훈련을 받아 교회에서 사역활동을 하니 우울증이 치유되고 남편을 더 사랑하게 되었다는 사모님도 있다. 또 인간관계가 어려워 많은 문제를 만났었는데, 이제는 사람을 대하는 게 어렵게 느껴지지 않는다고 고백을 하는 분들도 계신다. 요즘은 사모로 세움을 받았다는 것이 큰 은혜로 알게 됐다고 말하는 분들도 많다. 사랑하는 사모님들 우리는 끊임없이 배우면서 사명을 감당해야할 것이다.

우리 교회 사모는 다양한 은사가 있다. 예언의 은사가 있다. 성령치유 은사가 있다. 찬양을 잘 하는 달란트도 있다. 평신도 생활을 많이 하여 여러 가지 교회의 운영을 잘 이해한다. 그래서 나는 사모를 최대한 목회에 활용한다. 찬양을 인도하게 한다. 예언 사역을 한다. 치유 사역 사역자로 활용을 한다. 우리 교회에서 사모가 두 사람의 일을 담당하고 있다. 요즈음은 여 목사님들이 많이 계신다. 그래서 나는 항상 이렇게 말한다. 여 목사님의 남편은 남편 사모님이라고 한다. 남 편 사모님들이 목회를 잘 도와야 목회를 할 수가 있다. 개척 목회는 절대로 목사 혼자서 할 수가 없다. 옆에서 사모님이 남편 사모님이 헌신적으로 도와야 감당할 수가 있다.

그래서 남녀 사모님들이 영성을 갖추어야 한다. 목사님과 같은 영적인 수준이 되어야 도울 수 있기 때문이다. 교회를 개척할 목회 후보생들은 부부가 한 팀이 되어 목회할 수 있도록 영성을 준비하라. 그래야 어려운 개척목회를 할 수가 있다. 이를 위하여 무엇이든지 같이 하려고 하라. 집회도 같이 다녀야 한다. 세미나도 같이 다녀야 한다. 그래서 각자 잠재력을 개발하여 목회에 사용할 수가 있다. 사모님들도 목회를 하여 하늘의 상급을 쌓을 수 있도록 해주어야 한다. 교회에서 사모님들이 활동할 수 있는 마당을 만들어 드려야 한다는 것이다.

그래야 자신이 담당한 부분을 감당하기 위하여 노력하고 기도할 수가 있는 것이다. 개척교회는 일꾼 한 사람이 정말로 소중하다. 이혼하기 전에는 떠나지 않는 사모님들을 목회에 전폭적으로 사용하여 개척교회가 성장하기를 바란다. 한번 생각해보라. 요즈음 부교역자들을 데려오려면 사례비부터 물어 본다. 와서도 조금만 마음에 맞지 않으면 나가버린다.

그러나 사모는 아무리 목회자가 마음에 들지 않아도 이혼하기 전에는 나가지 않는다. 개척 초기에는 사모를 적극적으로 활용해야 한다. 사모님들이 든든한 동역 자가 되어주면 그 교회는 성장한다. 그러나 반대가 되면 교회는 문을 닫아야 한다. 주변을 한번 잘 둘러보라. 사모하고 목사하고 하나가 되지 못하여 목회를 못하는 경우가 너무나 많이 있다.

필자가 작은 교회를 시작하여 성장시키다가 체험한 바로는 작은 교회는 사모의 역활이 아주 중요하다. 나는 치유 사역을 오랫동안 했다. 치유 사역을 하다가 보면 사모가 일이 없어서 우울증에 걸려서 사람 노릇을 못하는 경우도 종종 있다.

사모가 영육으로 강건하여 목회를 도우면 교회에 참으로 유익하다. 작은 교회 목회자는 사모를 잘 활용해야 한다. 사모와 목회자가 하나가 되도록 해야 한다. 사모와 목회자가 마음이 하나가 되지 않았다면 될 때까지 기다려야 한다.

# 9장 개척 목회 간 찾아오는 고통이 있다.

(고후 11:23-28)"그들이 그리스도의 일꾼이냐 정신 없는 말을 하거니와 나는 더욱 그러하도다 내가 수고를 넘치도록 하고 옥에 갇히기도 더 많이 하고 매도 수없이 맞고 여러 번 죽을 뻔 하였으니, 유대인들에게 사십에서 하나 감한 매를 다섯 번 맞았으며, 세 번 태장으로 맞고 한 번 돌로 맞고 세 번 파선하고 일 주야를 깊은 바다에서 지냈으며, 여러 번 여행하면서 강의 위험과 강도의 위험과 동족의 위험과 이방인의 위험과 시내의 위험과 광야의 위험과 바다의 위험과 거짓 형제 중의 위험을 당하고, 또 수고하며 애쓰고 여러 번 자지 못하고 주리며 목마르고 여러 번 굶고 춥고 헐벗었노라. 이 외의 일은 고사하고 아직도 날마다 내 속에 눌리는 일이 있으니 곧 모든 교회를 위하여 염려하는 것이라"

필자가 지난 세월동안 개척 목회 체험담이다. 여기에 기록하는 것은 교회를 개척하기 전에 알고 대비해야 하기 때문에 기록하는 것이다. 교회를 개척한다는 것은 어렵다. 힘들다. 피눈물 나는 고통을 감수해야 한다. 이것이 개척자의 현실이다. 그런데 교회를 개척하는 분들 가운데 다수는 이런 진리를 받아들일 준비를 하지 않은 채 시작한다. 혹 머리로는 알더라도 가슴으로는 받아들이지 않은 채 시작한다. 개척할 때 상가 건물을 임대하여 예배를 드리기 위하여 그 건물 주인인 장로를 만났다. 그 자리에서 장로가 내게 물었다. "무슨 각오를 가지고 교회를 개척하십니까?" 나는 짧게 대답했다. "죽으면 죽으리라" 그런데 그토록 죽음까지 각오하고 시작한 개척이었지만 막상 개척교회의 어려운 현실 앞에 부딪쳤을 때에는 그런 다짐이 별 의미가 없었다. 나의 짐이 결코 가벼워지지는 않았다. 정말로 할 수 만 있으면 피하고 싶은 때가 한두번이 아니었다.

### 1.꿈의 좌절을 경험해야 했다.

개척자가 가진 것이 있다면 꿈이다. 희망이다. 모험정신이다. 새로운 일을 시도한다는 선구정신이다. 사람도 없고, 물질도 없고, 배경도 없이 다만 복음을 손에 들고 시작하는 것이 개척이다. 젊은 신학 도나 목회자들에게는 개척자가 멋있게 보일 수 있다. 그렇지만 멋만으로 살 수 없고, 정신만으로 살 수 없다. 꿈이란 그렇게 쉽게 성취되는 것은 아니다. 개척자의 꿈이 클수록 더 많은 어려움이 있다. 꿈을 성취하기 위해서는 반드시 치러야 할 대가가 있고, 통과해야 할 과정이 있다.

개척자가 치러야 할 대가 중에서 가장 먼저 치러야 할 것은 꿈이 좌절되는 경험이다. 나는 교회만 개척하면 구름 떼와 같이, 메추라기 떼와 같이 사람들이 모여들 것이라고 확신했다. 그런데 교회를 개척하고 한 주일, 두 주일 지나면서 낙담과 좌절이 찾아오기 시작했다. 방문객들이 끊기고 몇 명 안 되는 교인들 앞에 섰을 때 침체의 그림자가 나를 엄습했다. 개척한 지 4개월 만에 불안 장애가 찾아왔다. 손이 부들부들 떨리는 것이다. 사모에게 이야기를 하지 못했다. 약국에 가서 청심환을 많이 사서 먹었다. 무슨 이유인지를 알지를 못했다. 나중에 발견한 사실이지만 그것은 영적 침체였다. 침체와 함께 두려움, 염려와 근심이 찾아왔다. 불안이 가슴에 차고, 좌절감에 사로 잡혔다. 무력감이 찾아 왔다. 삶의 의욕을 상실했다. 좋아하던 책도 보기 싫고, 교회 개척도 의미를 못 느꼈다. 믿음이 상실되고, 누구든 나를 괴롭히는 사람으로 보였다. 피해의식이 나를 괴롭혔다. 비전을 잃기 시작했다. 포기하고 싶었다. 죽고 싶었다. 그런데 문제는 돌이킬 수 없는 환경이었다. 피할래야 피할 수 없는 현실이 나를 더욱 괴롭혔다. 힘들어하는 모습을 지켜보고 있는 가족들에게 더욱 심한 죄책감을 느꼈다. 필자가 처음 말하는 것인데 전철에 뛰어들고 싶은 생각이 한두번이 아니었다.

영적 침체를 통과하면서 개척교회 목회자로서 치른 또 하나의 대가는 열등의식이었다. 개척할 때보다 개척하고 나서 더 많은 열등의식을 가졌다. 개척교회를 시작하고, 담임목사가 되었을 때 가장 큰 문제는 비교할 대상이 없다는 것이었다. 스스로 탁월함을 추구하지 않으면 아무도 이야기하는 사람이 없었다. 개척한 지 1,2 년 동안은 조금 부족해도 개척교회라는 이름 때문에 별로 비난을 받지 않았지만, 3년이 지나면서는 교회가 생각보다 성장하지 않으면서 실력에 대한 평가를 받는 것을 느꼈다. 또한 새롭게 일어나면서 급성장하는 교회의 목회자들과 나를 비교하면서 별 생각 없이 이야기하는 교인들의 말을 듣고 있으면 심한 열등의식으로 고통을 받아야 했다.

담임목사가 된 이후에 내게 주어진 상급이 있다면 무거운 책임감이었다. 부목사로 있을 때는 책임감을 별로 느끼지 못했다. 아무리 교회가 어려워도 매달 사례비를 받았고, 중요한 결정을 내릴 때 고민할 필요가 없었다. 그것은 담임목사님의 몫이었기 때문이다. 그런데 개척자가 된 이후에는 재정에 대한 부담, 교회에서 일어나는 모든 문제에 대한 책임을 감당해야 했다. 순간순간 내려야 할 결정들이 많았다. 설교하는 것을 배웠고, 목양하는 것을 배웠지만 리더십에 대하여 공부를 별로 해 본 적이 없었던 내가 사람들을 인도한다는 것은 대단히 힘든 과업 중 하나였다. 개척자가 받는 압박 중에서 하나는 돈이다. 돈을 우습게 알고 시작한 개척, 돈이 인생의 전부가 아니라면서, 돈으로 목회하는 것이 아니라고 생각하면서 시작한 개척 현장에서 정말 현실적으로 부딪치는 것은 재정문제였다. 솔직하게 개척교회는 성도가 없어서 못하는 것이 아니고 돈이 없어서 못하고 포기한다.

## 2.개척자의 과제는 하나님만 의지하는 것

개척자에게 어려운 문제는 밖에 있기보다는 자신의 의식구조에 있는 것을 본다. 그것은 핍절 의식이다. 가난 의식이다. 하나님은 부요하시고 풍부하시다. 그런데 개척 현장에서 부딪치는 것은 가난이다. 한 달을 살아가는 것이 막연하다. 일을 시작할 때 우선 생각되는 것이 재정적인 문제다. 개척교회를 시작하면서 느끼는 것은 환경적으로 부요한 사람들이 찾아오지 않는다는 것이다. 가끔 그런 사람들이 찾아오지만 목회자가 너무 지나친 기대를 하는 것을 느끼면 쉽게 교회를 떠나는 것을 경험했다. 개척교회를 찾아 온 사람들을 보면 다윗이 아둘람 굴에 있을 때 찾아온 사람들 같다. 다윗이 아둘람 굴에 있을 때에 "환난 당한 모든 자와 빚진 자와 마음이 원통한 자"(삼상22:2)들이 모였다. 개척교회를 찾아 온 사람들은 큰 교회가 부담스럽고, 또한 작은 교회에서 인정받고 싶고, 사랑 받고 싶은 사람들이 대부분이다. 인생에서 실패했고, 꿈이 좌절된 사람들이 사랑 받고 싶어서 찾아오는 곳이 개척교회이다. 때문에 핍절 의식이 가중되면서 더욱 괴로움을 겪게 된다.

하나님이 개척자에게 부과하시는 훈련은 사람을 의지하지 못하게 하는 것이다. 특별히 자신이 아주 신뢰했던 사람들이 도와주지 않는 것이다. 교회를 개척할 때 평소에 내가 사랑하고 신뢰했던 사람들의 목록을 적어놓고 기도를 드렸다. 그런데, 내가 생각할 때 가장 믿음직스러웠던 몇 가정은 교회를 시작할 때 오지 않았다. 아니 친척들도 아예 발을 뚝 끊었다. 한명도 나타나지 않았다. 또한 내가 특정한 사람을 의지하게 되면 그 사람이 어떤 이

유든지 교회에서 떠나는 것을 경험했다. 심방을 많이 한 가정일수록 교회를 일찍 떠나는 것도 경험했다. 너무 많은 부담을 느끼거나, 직분을 준다거나, 어떤 일을 맡기겠다는 약속을 하고 지키지 못하기 때문이라고 생각한다. 어느 한 집사님이 교회를 떠나면서 3가정이 줄줄이 떠나는 모습도 보았다. 그럴 때 경험하는 것은 무력감이다. 사람에 대한 회의다. 패배의식이다. 하나님은 이렇게 여러 가지 인간관계의 어려움을 통해 하나님만 철저히 바라보도록 훈련시키셨다.

인간관계의 어려움을 통해서 부딪친 문제는 인간에 대한 실망이었다. 또한 분노였다. 상처를 받은 만큼 보복하고 싶은 상한 마음이었다. 상처를 주지 않은 신자라 할지라도 재정이 어려울 때 십일조를 하지 않거나, 마땅히 헌신해야 할 때 헌신하지 않을 때에는 마음에 분노가 있었다. 몇 명 되지 않은 교인들 가운데 주일 예배에 참석하지 않아 섭섭함과 원망이 마음에 있었다. 더 무서운 것은 목회자로서 그런 생각을 하고 있는 나 자신에 대한 실망감이었다. 그 실망은 위로 하나님을 향한 원망으로 연결되곤 했다. 자연스럽게 건강에 문제가 생기기 시작을 했다.

개척과 함께 치른 대가는 컸다. 몸도 많이 상했고, 마음도 약해지는 경험을 했다. 신경쇠약과 우울증을 경험했다. 예언가나 상담자를 찾아가기도 했다. 우울증을 극복하기 위하여 처방약을 먹어보기도 했다. 이런 고통의 과정에서 하나님은 신실하셨고, 선하셨다. 하나님은 고통의 대가를 지불하는 과정에서 나를 변화시키셨고, 성장시키셨다. 또 해결책을 찾는 지혜를 주셨다. 그것이 바로 성령으로 치유하는 치유목회이다. 먼저 내가 내적치유를 받으니 평안해져서 좋았다. 사모가 영육의 안정을 찾으니 좋았다. 내가 교회를 개척하기 전에 모든 문제들을 알았다면 모두 준비를 하고 개척을 시작했을 것이다. 그래서 여기에 적는 것이다. 준비하고 시작을 하라. 자기가 영적으로 바뀌어야 성도를 바꿀 수 있다.

### 3.개척 13년을 통해 배운 교훈

첫째, 하나님은 개척자가 가진 꿈의 성취보다 개척자를 변화시키는데 관심이 있으시다. 하나님은 개척자의 환경을 변화시키기 전에 개척자를 변화시키신다. 하나님의 사람은 꿈을 통하여 변화되는 것이 아니라, 시련의 물을 마시면서 변화된다. 꿈과 열정만으로 하나님의 일을 이룰 수 없다. 원숙한 인격과 덕성을 갖추어야 한다. 지성과 영성과 야성을 갖춘 목회자가 되는 것은 저절로 되는 것이 아니다. 그래서 하나님은 많은 실패와 좌절을 통과하게 하시는 것이다. 하나님이 주신 꿈과 비전은 분명 성취된다. 꿈꾸는 사람은 좌절해도, 하나님의 꿈은 좌절될 수 없다. 하나님은 결국 하나님의 꿈을 이루신다.

둘째, 복음으로 세상을 정복하기 전에 자신을 정복해야 한다. 개척자에게 가장 큰 위기는 포기하고 싶은 마음이다. 목회자는 마라토너가 되어야 한다. 마라토너의 위기는 2/3지점을 넘어서서 결승점을 얼마 두지 않을 때 찾아온다고 한다. 그것은 그만 두고 싶은 마음이다. 개척자는 자신을 정복하고, 자신을 다스릴 줄 알아야 한다. 절망하는 나, 포기하고 싶어 하는 나, 도피하고 싶은 나를 정복할 수 있어야 한다.

**셋째, 개척자는 자신의 영육관리를 잘해야 한다.** 영육관리를 잘하는 것은 마음을 잘 관리하는 것이다. 의식을 잘 관리하는 것이다. 에머슨은 "우리 뒤에 무엇이 있느냐, 우리 앞에 무엇이 있느냐는 우리 안에 무엇이 있느냐에 비하면 아주 작은 문제이다"라고 했다. 결국 개척자의 문제는 열등의식, 핍절의식, 패배의식 그리고 마음의 상처와 분노에서 오는 것을 보았다. 영적 침체도 결국 마음 관리를 잘못한 데서 온 것이다. 이런 쓰라린 경험을 통하여 영육 관리에 대한 관심을 갖기 시작했다. 생각의 중요성을 간파했다. 말씀을 깊이 묵상하고, 깊은 영의기도를 하며 긍정적이고 적극적인 생각으로 자신을 매일 채우지 않으면 안 된다는 사실을 경험했다.

건강한 교회를 세워나가고, 탁월한 영성을 소유한 목회자들을 관찰하면 그들의 태도가 보통 목회자들과 다르다는 것이다. 의식구조가 달랐다. 결국 중요한 것은 마음에 있었고, 생각에 있었다. 내면의 세계를 잘 관리하는데 목회 승리의 비결이 있었다."무릇 지킬만한 것보다 네 마음을 지키라 생명의 근원이 이에서 남이니라"(잠4:23) 목회자는 영혼, 마음, 생각에 대한 전문가가 되어야 한다. 또한 영혼, 마음, 육체가 전체로 연결되어 있음을 깊이 인식해야 한다. 마음을 관리하는데 "말씀 묵상"과 "깊은 영의기도"가 가장 도움이 되었다. 사건과 인간관계를 하나님의 안목에서 보고, 하나님의 인도하심을 받았다. 내 자신의 존재가 넉넉해지는 축복을 받았다. 많은 어려움을 기회로 변화시킬 수 있는 기술을 터득했다. 핍절의식을 풍부의식으로, 패배의식을 승리의식으로 변화시킬 수 있는 축복을 경험했다. 환경을 초월하고, 자신을 초월하는 지혜를 얻는 경험을 했다.

**넷째, 학습을 통해서 리더십을 개발해야 한다.** 목회자는 목양을 하면서 동시에 리더십을 발휘해야 한다. 개척자는 목회자이면서 동시에 지도자이다. 우리가 대하는 사람이 다 다르고, 독특하기 때문에 과학적인 접근보다는 한 사람, 한 사람을 사랑으로 접근해야 한다. 개척하면서 가장 문제가 되었던 것은 목회 리더십이었다. 리더는 지식과 정보에 밝아야 한다. 시대를 읽을 수 있고, 시대를 개조시킬 수 있는 영적인 능력이 있어야 한다. 리더는 길을 보여주는 사람이다. 때문에 풍부한 경험이 필요하다. 리더는 자신을 표현할 줄 알아야 한다. 리더는 자신을 알아야 한다. 자신을 아는 길은 배움을 통해서이다. 배움은 자기를 발견하는 것이다. 영적 독서는 배움에 이르는 길이다.

리더십을 개발하는 가장 좋은 길은 한마디로 말하면 학습이다. 그래서 교회를 개척한 후에 독서량을 계속해서 늘려갔다. 학위보다 더 중요한 것은 실력이다. 실력은 과업을 성취할 수 있는 능력이다. 어떤 과업이 주어졌을 때 그 과업을 잘 완수할 수 있는 사람을 실력자라고 한다. 체험을 많이 해야 하나님으로부터 과업이 주어졌을 때 당황하지 않고 해결할 수가 있다. 학습은 누구나 할 수 있다. 명심해야 할 것은 노력과 훈련을 통해서 누구나 배움의 경지에 도달할 수가 있다. 특별히 목회자들은 공부를 한 사람들이다. 그 안에 성령님이 계시고, 부활의 능력이 함께 하고 있다. 그렇기 때문에 주님 안에서 실력을 쌓을 수 있고, 그 결과 열등의식도 자연스럽게 극복된다. 열등의식은 자신의 가치를 깨달을 때, 또는 자신이 성장하고 있을 때 극복된다. 지속적인 성장은 우리 존재의 부요함을 느끼도록 돕는다. 독서를 통해서 지속적으로 성장할 때 자신감이 생기게 된다.

**다섯째,** 사람은 사랑의 대상이지 신뢰의 대상이 아니라는 것이다. 목회자에게 필요한 것은 인간이해이다. 사람을 이해하지 못하는 목회자는 양을 알지 못하는 목자와 같다. 사람을 잘 이해하면 관계에 정통하게 된다. 목회는 결과다. 결국 목회는 하나님과의 관계, 이웃과의 관계, 그리고 자신과의 관계이다. 개척자가 제일 많이 겪는 것이 사람에 대한 실망이다. 사람에게서 받는 상처이다. 사람을 깊이 이해하면 실망대신 사랑하게 된다. 상처를 적게 받을 수 있다.

사람을 너무 신뢰하지 않는 것이 지혜다. 다만 사랑하기로 선택하라. 한 사람에게 너무 집착하지 말고, 느슨한 끈으로 붙잡고 있는 것이 지혜다. 목회자는 다양한 사람을 사랑하는 지혜가 필요하다. 다른 것을 다른 것으로 보아야 하지, 틀린 것으로 보면 안 된다. 목회자의 능력은 얼마나 많은 사람을 품을 수 있느냐에 달려있다. 그러기 위해서는 넓은 마음을 가져야 한다. 포용력이 있어야 한다. 다양한 사람을 좋아하라. 또한 사람을 좋아하기로 선택하라. 사람은 영적 존재이다. 성도들은 자신을 좋아하는 목회자를 마음으로 감지한다. 사람에게서 장점을 발견하고 그것을 개발시켜주는 목회자가 되라.

**여섯째, 어느 정도의 문제를 안고 사는 기술을 터득해야 한다.** 목회는 어떤 의미에서 문제를 해결하는 것이다. 사람들의 인생 문제를 해결해 주는 것이 목회다. 복음의 말씀으로, 인생의 문제의 열쇠가 되시는 예수님을 통해서 그들의 문제가 되시는 예수님을 통해서 그들의 문제를 해결해 주는 것이 목회다. 그러므로 목회자는 문제를 두려워해서는 안 된다. 문제를 당연시해야 한다. 문제 속에서 해결책을 보아야 하고, 문제 속에서 기회를 보아야 한다. 문제를 잘 품으면 축복으로 변한다. 상처를 품은 조개가 상처를 진주로 변화시키는 것과 같다. 개척자는 수많은 문제를 직면하게 된다. 그러므로 문제 해결의 기술을 터득해야 한다. 리더십에 관한 책들을 읽으라. 그 안에 문제 해결의 기술을 익힐 수 있는 내용들이 많이 나와 있다.

**끝으로, 한 우물을 파야 한다.** 예수 그리스도의 복음으로 한 우물을 파라. 하나님의 꿈은 예수님이시다. 예수님은 하나님의 비밀이다. 하나님의 능력이요, 하나님의 지혜다. 우리의 목표는 복음 전파이다. 목회는 전문성이 있어야 한다. 한가지의 전문성을 개발하라. 개척자는 숫자에 연연하지 말아야 한다. 오히려 한 영혼이 천하보다 귀하다는 사실을 기억해야 한다. 한 영혼을 사랑하고, 예수님을 존귀하게 여기고, 피 묻은 복음을 전파하면 숫자는 따라오게 되어있다. 어떻게 하면 한 영혼을 치유하여 하나님의 복을 받는 영의 사람을 만들까? 여기에 집중하면 전문성은 따라온다고 생각한다. 개척자에게 필요한 것은 인내이다. 농작의 법칙을 기억하라. 농부에게 중요한 것은 부지런히 심고, 가꾸는 것이다. 또한 소망을 가지고 기다리는 것이다. 차고 넘치는 저수지 목회를 꿈꾸라. 빨리 핀 꽃이 먼저 지고, 오래 엎드린 새가 높이 난다. 조급함을 적으로 삼고, 하루하루를 성실히 살아가라. 성공보다 중요한 것은 성실이다. 개척자의 자부심을 잃지 말라. 개척자의 고고함과 멋을 상실치 말라.

어려울 때일수록 요셉처럼 하나님이 주신 꿈을 기억하라. 반드시 승리한다는 믿음을 가지라. 하나님은 종국에는 나를 좋게 만든다는 것을 한 시간도 잊지 말아라. 종국에 축복받는 사람을 만들기 위하여 성령으로 훈련하고 계신다는 것을 믿어라. 하나님이 함께 하시니 반드시 교회가 성장한다고 믿어라. 그리고 최후 승리를 얻을 때까지, 생명의 면류관을 얻을 때까지 죽도록 충성하되 성령으로 하자.

# 3부 치유와 양육과 성장

## 10장 전도한 영혼은 양육하여 정착시켜라.

(엡 4:13)"우리가 다 하나님의 아들을 믿는 것과 아는 일에 하
나가 되어 온전한 사람을 이루어 그리스도의 장성한 분량이 충
만한 데까지 이르리니"

성도는 천하보다 귀한 영혼을 구령하는 데 힘써야 하며, 교회로
인도된 영혼을 건강하고 성숙한 그리스도인으로 양육시켜야 할
책임이 있다. 새신자 양육 없는 구령사역은 교회 성장을 기대하기
가 어렵다. 그러므로 영혼을 구령하는 일과 함께 새신자를 관리하
며 양육하는 일도 매우 중요하다.

새신자 양육이란 성숙한 그리스도인이 새로운 그리스도인을 양
육하며 영적 성장을 돕는 것으로서 부모가 자녀를 키우듯이 새로
태어난 신자를 하나님 말씀으로 양육하여 그리스도의 장성한 분
량에까지 이르도록 하는 것이다.

### 1. 전도한 영혼 교회 인도시 유의점 및 양육지침

#### 1) 전도한 영혼 교회 인도시 유의점

① 교회에 출석하기로 약속된 영혼일지라도 악한 영들의 역사,
예기치 못한 상황에 의해 약속을 파기할 수도 있다. 그러므로 원

수의 세력이 방해하지 못하도록 하나님의 도우심을 위해 기도한
다.

② 토요일 오후 주일 예배 시간과 만나는 장소를 재확인한다.

③ 전도자가 전도대상자를 주일에 모시러 가는 것이 좋다. 약속
장소에서 만나기로 한 경우에는 약속시간 5-10분 정도 미리 도착
하여 전도 받은 자의 마음이 변하지 않도록 기도로 준비한다.

④ 새신자에게 교회 생활에 잘 적응할 수 있도록 설명해 주고
예배시에는 함께 동석하여 새신자가 어색한 분위기로 마음을 닫
지 않도록 세심한 주의를 기울인다.

⑤ 예배 후에는 교역자나 목사님을 만나 뵙고 기도를 받도록 하
며 귀가 시에는 설교내용을 요약하여 생명을 얻도록 간결하게 설
명해 준다.

⑥ 교회와 성도들에 대하여 긍정적인 생각을 갖도록 인도하고
성도와의 교제의 유익함을 설명해 준다.

⑦ 다음 주일예배를 위해 만나야 할 시간과 장소를 약속한다.


## 2) 전도한 영혼 양육 지침

① 새신자가 영적으로 성장할 때까지 지속적으로 돌보아 주어
야 하며 주일 예배시에는 함께 동석하여 잘 적응할 수 있도록 인도
해야 한다.

② 새신자에게 교회의 각종 예배, 프로그램을 세심하게 안내해
주고 교회생활에 잘 적응할 수 있도록 인도해야 한다.

③ 새신자의 영적 상태와 가정의 형편과 삶의 문제를 파악하고

어려움이 있을 때는 함께 염려하고 문제 해결을 위해 기도해 주어야 한다.

④ 새신자가 신앙생활에 대한 문제를 상담해 올 때 적절하게 대처하여 바른 성장을 도와야 한다.

⑤ 새신자가 구역예배에 참석할 수 있도록 인도해야 하며, 집으로 초대하여 식사 대접 등 관심을 갖고 양육해야 한다.

⑥ 새신자에게 매주 토요일 안부전화를 함으로써 주일에 결석하지 않도록 인도해야 한다.

⑦ 새신자가 주일에 결석했을 경우 즉시 심방해야 하며 질병에 걸렸거나 사고 발생시에는 직접 심방을 해야 한다.

⑧ 새신자 성경교육(새신자 양육교재 활용)을 개인적으로 실시하든지 아니면 전담 양육교사 및 새신자 교육기관을 통해 교육받도록 인도해야 한다. 새신자 교육기관에서 교육받도록 인도할 때는 함께 참석함으로 새신자를 배려하는 것이 좋다

⑨ 새신자가 신앙생활을 잘 할수 있도록 적어도 6개월 이상 관리해야 하며 새신자가 홀로 설 때까지 전적으로 책임을 져야 한다.

## 2.새신자 양육

### 1) 양육자의 자세
① 영혼을 뜨겁게 사랑하는 마음이 있어야 한다(요 13:1, 고전 4:15). 전도자는 자기 영혼과 구원받아야 할 영혼을 동일한 수준

에 놓고 일해야 하며 자기 자식들과 구원받은 영혼들을 같은 심정으로 받아 들여야 한다. 새신자에 대한 진정한 양육은 관심과 사랑이다.

② 젖을 먹이는 어미의 마음이 있어야 한다(살전 2:7).

(a) 양육자는 영적으로 신생아와 같은 새신자를 어미의 심정으로 세심하게 돌봐 주어야 한다.

(b) 새신자의 수준에 맞추어서 단계적으로 말씀으로 잘 양육해야 하며 양육자의 수준에서 보지 말고 그들의 수준에서 돌보아야 한다.

(c) 새신자는 신앙적으로 아직 미숙하기 때문에 때로는 무리한 반응을 보일 수도 있다. 양육자는 그들의 모습에 즉각적으로 반응하여 좌절할 것이 아니라 모든 것을 용납하고 수용하여 끝까지 사랑하는 마음으로 보살펴야 한다. 또한 새신자가 믿음이 없다 하여 정죄하거나 비판해서는 안 된다(롬14:1-3)).

③ 끝까지 포기하지 말고 돌보는 목자의 심정이 있어야 한다(눅 15:4-7). 어린아이는 부모가 곁에서 항상 돌보아 주어야 하듯 새신자들은 영적인 보호자가 곁에서 항상 돌보아 주어야 한다. 또한 양육자는 새신자를 대할 때 한 마리 양이라도 잃지 않으려는 목자의 심정으로 양육해야 한다.

④ 기다리는 농부의 인내가 있어야 한다(약 5:7). 양육자는 새신자가 영적으로 방황하지 않고 성장 자립할 수 있을 때까지 인내

하며 열매를 기다리는 농부의 심정으로 양육해야 한다.

## 2) 새신자 양육지침

마치 갓난아이가 어머니의 품안에 있으면 편안히 잠들 듯이 새신자에게 가장 편안함을 줄 수 있는 대상은 자기를 전도한 자이다. 그러므로 새신자가 어느 정도 발육궤도에 오르기까지 전도한 자가 잘 양육해야 한다.

① 하나님의 말씀으로 양육해야 한다(마 4:4, 딤후 3:15-17). 하나님의 말씀은 영혼의 양식이다. 그러므로 새신자가 정상적인 신앙생활을 하기 위해서는 성경을 읽도록 인도해야 하며 성경교육을 통하여 말씀을 깨닫도록 해야 한다.

② 기도로 양육해야 한다(요 17:9, 골 1:9-12). 기도는 예수님의 전도사역에 있어서 본질적인 부분이었다. 전도자 역시 기도 없이는 새신자를 제대로 양육할 수 없고 새신자의 문제를 위해 간절히 기도하는 것은 양육에 필수적인 요소이다.

③ 모임에 참여시킴으로 양육해야 한다(히 10:25). 예배 및 성경 교육은 새신자의 영적 성장에 절대적인 영향력을 주며 성도 상호간의 친밀한 교제는 새신자 양육에 필수적인 요소이다.

④ 전도를 통해 양육해야 한다(눅 10:1,2). 전도는 성도의 삶에 매우 필수적인 요소다. 성도는 전도할 때 담력을 얻게 되고 기쁨과 자신감을 얻게 된다. 그러므로 새신자가 성장하여 전도의 열매를 맺을 수 있도록 양육해야 한다.

⑤ 모범을 보임으로 양육해야 한다(벧전 5:3). 아무리 성경을 잘 가르치고 기도를 잘한다 할지라도 매사에 덕이 되지 못하면 좋은 제자로 양육하기 어렵다. 따라서 전도자는 신앙과 인격이 모범적이어야 한다.

⑥ 그리스도의 장성한 분량에 이르기까지 양육해야 한다(엡 4:13). 양육의 목표는 그리스도의 장성한 분량에까지 이르는 것이며 그리스도만이 모든 교육의 궁극적인 목표이다.

⑦ 성령을 체험하게 하여 양육한다(행2:37-47). 성령을 체험하면 사람이 영적으로 변해가기 시작을 한다. 영적인 눈이 떠지므로 영적인 것을 사모하게 된다. 말씀의 비밀을 알게 된다. 그러므로 무엇보다 전도된 초신자는 성령을 체험하게 하므로 영적성장에 많은 도움이 될 것이다.

## 3. 능력 전도하여 치유하며 정착시키는 비결

하나님은 전도하여 교회에 들어온 사람을 치유하고 교회에 동화되게 하여 하나님나라 영적 군사가 되기를 원하신다.

**어떻게 치유하고 정착시킬 것인가?** 교회에 오면 일단은 치유하여 세속적인 것을 뽑아내야 한다. 알파코리아에서 만든 교재를 준비하여 치유하고 정착시키는 것도 좋다. 그러나 사람 사람마다 문제가 다르므로 그 사람의 문제를 먼저 치유해야 하므로 교재 없이 성경과 임상 경험과 사례를 가지고 말씀을 전하고 치유하도록 준비하는 것도 좋다. 알파코리아에서 사용하는 교재와 절차를 적용해도 좋다. 무엇보다 인도자의 영성이 중요하다. 말씀을 전하는 대로 역사가 일어나야 한다.

① 능력전도 된 성도를 정착시키는 치유는 1:1 이 가장 좋다. 말씀을 전하면서 치유해야한다. 정규 예배 시간을 활용하여서도 치유를 하라.

② 교회 내에 친구를 만들어 주라. 처지 동일인이 좋다. 외톨이는 떠난다.

③ 일을 시키라. 전단지라도 돌리게 하라는 것이다. 자신의 존재가 중요하다는 것을 인정하게 하라.

④ 관심을 가지고 표명하라는 것이다. 전화나 심방을 통하여 자주 연락을 하라.

⑤ 말씀과 기도와 성령체험과 치유로 은혜를 받게 해야 한다.

⑥ 성령의 은혜를 체험하게 해야 한다. 세심한 기술이 필요하다. 잘못하면 해가된다.

⑦ 문제를 가지고 오게 하라. 일정 기간 동안. 꿈, 음성, 환경, 가정문제 등등. 사무엘도 처음은 엘리 제사장에게 문제를 가지고 왔다(삼상3장).

⑧ 어느정도 신앙이 자라면 직접 하나님에게 기도하여 응답을 받도록 훈련한다. 영적 자립할 수 있도록 훈련해야 한다. 자신 안에 임하신 성령님과 친밀하게 지내도록 음성듣는 훈련을 시켜야 한다. 직접 성령하나님과 친밀하게 통하도록 해야 성도가 자란다.

## 4. 치유하고 정착시키기 위해 준비할 영적사항.

치유하고 정착시키는데 필요하니 다음을 준비하는 것이 좋다. 이미 앞에서 설명했다. 충만한 교회에 교재가 많이 있다.

① 상처로 온 문제의 진단과 치유의 능력

② 우상숭배 문제의 진단과 치유의 능력

③ 물질문제의 원인 진단과 치유의 능력

④ 정신적인 문제의 진단과 치유의 능력

⑤ 영적인 음란 문제 진단과 치유의 능력

⑥ 부부 문제의 원인 진단과 치유의 능력

⑦ 악의 유전 문제의 진단과 치유의 능력

⑧ 꿈과 관련된 문제 진단과 치유의 능력

⑨ 사업문제의 원인 진단과 치유의 능력

⑩ 자녀결혼 막히는 문제 진단과 치유의 능력

⑪ 여러 질병과 불치병의 원인 진단과 치유의 능력

### 1)치유하며 정착시키는 법: 최초 교회에 등록한 인원

① 기존신자가 등록 했을 경우는 면담 후 신앙상태를 진단한다. 영분별을 잘하고, 개인의 상처여부를 확인한다. 잘못하면 교회의 분위기를 망쳐버릴 수가 있으니 잘 분별해야 한다. 작은 교회에 오는 인원은 문제가 있거나 개인의 상처가 많은 성도가 있을 수 있다. 1:1로 만나서 성경 공부를 하면서 개인의 애로사항과 상처를 치유하면서 하나님의 자녀로 만들어간다. 시간 여유를 가지고

치유는 단번이 아니라, 여러날 동안 말씀으로 치유가 되도록 해야 한다. 될 수 있으면 남자와 여자를 구분하여(목사님과 사모님이) 하는 것이 좋다. 개인 비밀을 보장하고 깊은 이야기는 절제시키는 것이 좋다. 깊은 이야기나 비밀은 나중에 그것이 올무와 문제가 될 수 있다. 그 성도가 앞으로 필요한 것은 말씀으로 알려준다(하나님이 주신 말씀).

② 최초 교회에 발을 들여 놓은 새 신자는 하나하나 말씀을 가르치면서 정착을 시킨다. 주 1회 1시간 정도 1:1로 하는 것이 좋다. 성급하게 생각하지 말고 여유를 가지고 말씀을 나눈다. 말씀으로 은혜를 받게 해야 한다. 성령체험을 하게 해야 한다. 그리고 성령으로 치유를 받게 해야 한다. 개인의 성향에 따라 일정한 말씀 공부 교재가 아니라, 목사님의 영성과 성령의 역사하심에 따라 말씀 속에서 진리를 찾아가면서 가르친다.

이 사람 중에 하나님의 일을 열심히 할 사명자가 있다는 것을 알아야 한다. 전도는 평신도가 하고, 말씀으로 양육은 사모님이나 목사님이 하고, 관리는 담당평신도가 한다. 이원화 되게 하는 것이 좋다. 한 사람 중심으로 뭉치는 것 방지하기 위해서이다. 영이 통하는 성도끼리 잘 모인다. 영이 통하니까? 절대로 교회는 성도 한 사람을 중심으로 운영이 되면 안 된다. 불평과 불만 있는 성도를 잘 구별해야 한다. 하나님의 일꾼(사명자)은 기존신자에게 있는 것이 아니다. 처음 예수 믿고 교회에 들어온 새신자 속에 있으니 말씀을 가르치면서 보화를 발견하기를 바란다.

**새신자를 1:1 치유하며 정착시키는 순서 "예"**

① 대화를 나눈다. 상담을 한다. 지식의 말씀, 영분별 은사를 활용한다. 영적인 상태를 확인한다. 영육의 문제를 찾아낸다.

② 찬양을 한다. 쉬운 찬송으로 하는 것이 좋다.

③ 말씀을 나눈다. 성도가 읽고, 목회자가 설명하고 하는 식으로 진행한다.

④ 기도를 한다. 서로 함께 통성으로 기도를 하라. 통성으로 기도를 못하면 "주여!" "주여!" "주여!" 하게 한다.

⑤ 치유 안수기도를 해준다. 너무 깊게 말고 은혜만 받게. 울면 울게 가만히 두기를 바란다.

⑥ 치유 후 조치사항을 설명한다. 기도, 말씀, 자진하여 예배생활 잘할 수 있도록 알려준다.

⑦ 다음 만날 날을 약속하고 보낸다. 일지를 기록한다(다음 교육에 참고하기 위해서). 지속적으로 영적인 말씀을 전하면서 스스로 기도할 수 있도록 해야 한다. 기도해야 성령이 충만하고 하나님과 친밀하게 지낼 수 있다. 만날 때마다 말씀전하고 기도를 하라. 최소한 30분이상 기도를 많이 해야 성도가 군사가 된다.

막연하게 기도하자고 하지말고 기도는 어떻게 하는 것이라고 알려주고 기도하게 해야 한다.

# 11장 전인치유를 목회에 접목하라.

(롬8:26)"이와 같이 성령도 우리의 연약함을 도우시나니 우
리는 마땅히 기도할 바를 알지 못하나 오직 성령이 말할 수 없
는 탄식으로 우리를 위하여 친히 간구하시느니라"

하나님은 성령으로 치유하는 교회를 성장시키신다. 성령으로
치유하는 교회라고 하니까, 병든자를 치유하는 것으로 이해하면
곤란하다. 말씀과 성령으로 육적인 성도를 영적으로 바꾸는 것을
치유라고 하는 것이다. 성령의 역사가 일어나는 교회는 병든자도
자연스럽게 치유가 된다. 성도들이 원하는 목회자는 성도들의 영
적 육적 고통을 해결해 줄 수 있는 사도 바울 같은 목회자를 원한
다. 언제든지 달려가서 목사님을 만나면 질병이든 문제이든 막힘
없이 예수님처럼 상담과 해결책을 내놓고 말씀과 성령으로 해결
하는 목회자를 원한다. 기도 한 마디, 말씀 한 마디에 귀신과 사
단이 벌벌 떨며 나가는 능력 있는 초대교회 목회자상을 원한다.
말만 잘하는 설교자, 능력 없는 설교자는 이 시대가 원하지 않는
다는 사실을 명심해야 할 것이다. 성도들은 다 알고 있다. 목회자
의 영적인 수준을 말이다. 개척교회는 문제가 있는 성도가 찾아
온다.

그러므로 말씀과 성령으로 문제를 해결할 수가 없다면 개척교
회를 자립시킬 수가 없다. 교회개척을 하려는 목회자는 먼저 성

도들의 인생살이의 문제를 말씀과 성령으로 해결하여 영적인 군사가 되게 하는 권능을 개발해야 할 것이다.

다음에 제시되는 내용은 어디까지나 본인의 의견임을 밝혀둔다. 14년간의 담임 목회를 통해 체득된 목회현장의 경험을 토대로 하여 구성된 것이다. 전폭적으로 나 개인의 의견이라는 것을 이해하기 바란다.

1. **기존 전통의 틀을 유지하며 성령치유 사역하라.** 전통적인 현재의 목회를 잘 유지하면서 강력한 성령의 기름 부으심과 임재가 충만하도록 갈망하고 애쓰라는 것이다. 성령의 역사로 성도들이 변화되도록 하라는 것이다. 교회가 치유에 초점을 두면 환자들만 모이게 되어 다양한 공동체의 교회가 되지 못하게 된다. 부산 풍성한 교회도 치유목회에서 전통적이며 셀 교회로 방향을 바꾸었다. 나는 기존 예배의 틀을 유지하며 영의 말씀을 전하면서 성령의 기름부음과 역사가 있는 예배를 인도하면서 스스로 치유가 이루어지도록 인도한다. 성령의 역사가 일어나면 치유는 자동으로 되게 되어 있다. 구태여 환자를 구분하지 말고 생명의 말씀을 전하여 성령의 역사를 일으키는 것이다. 그러면 환자도 성령의 역사로 치유가 되고, 일반 성도들도 성령으로 충만하여 은혜를 받게 된다. 나는 절대로 예배 시간에 환자를 구분하여 안수하지 않는다. 모두 동일하게 안수한다. 보통 주일 오전예배 때는 2회에 걸쳐서 안수한다. 오후 예배에는 3번에 걸쳐서 안수한다. 성령의 역사가 일어나면 환자가 자동으로 치유된다. 환자는 안수

하면서 관심을 두고 기도를 해준다. 절대로 환자를 구분하여 특별하게 하지 않는다. 그래야 교회가 정상적으로 성장한다.

2. **설교에 최고의 비중을 두라.** 치유에 관련된 말씀만 전하면 성도들의 영이 자라지를 않는다. 치유 말씀만 듣는 성도는 영적인 전쟁을 하지 못한다. 치유사역이 목회의 전부는 아니다. 목회는 통합적 시각에서 통전적으로 이루어져야 한다. 신약과 구약을 골고루 전하여 성도들의 영을 깨워야 한다. 치유는 꼭 치유 말씀을 전해야 치유된다는 생각을 버려야 한다. 성령의 역사만 일어나면 어떤 말씀을 전해도 치유가 된다. 문제는 말씀을 전하는 목회자가 성령이 함께 하느냐 안 하느냐가 중요한 것이다. 치유 목회에만 집중하면 균형이 없는 기능적 목회로 치우칠 수 있다. 교회는 예수 그리스도의 몸이다. 그래서 주님의 목양이 이루어져야 한다. 주님이 하신 사역을 그대로 대행하는 주님의 교회가 되어야 한다. 예배, 양육(교육), 교제, 봉사, 전도(선교) 사역이 통합적으로 이루어지는 통전적인 목회가 되는 곳이다.

그런 의미에서 치유 목회가 잘 되려면 먼저 설교에서 성령의 은혜와 감동이 넘쳐나야 한다. 설교는 교회의 출입문이다. 설교에서 은혜 받으면 치유목회의 접목도 자연스럽게 이루어지며 목회자의 리더십도 강화된다. 성령이 역사하는 영적인 말씀을 전하려고 노력하라. 성령이 역사하는 생명의 말씀이 증거 되면 치유는 자동적으로 따라온다. 성령이 역사하는 생명의 말씀을 전하려고 노력하라. 성령이 역사하는 생명의 말씀을 전하려면 목회자가 기도를 많이 하여 성령으로 전해야 한다. 설교가 그렇게 말과 같이 쉬운 것이 아니다. 설교는 많은 체험이 있어야 살아있는 생명의 말씀을 전할 수 있다. 물론 성경 말씀에 박식한 것은 물론이다. 설교를 잘하려면 말씀에 박식하고 체험을 많이 해야 한다. 체험이 많으면 설교가 실증이 있어서 은혜가 되는 설교를 할 수가 있을 것이다.

**3.예배에 성령의 임재로 충만케 하라.** 예배에는 항상 성령의 역사가 일어나야 한다. 우리 교회의 잘못된 전통이 꼭 철야에만 성령의 역사가 일어나야 한다는 생각이다. 모든 예배에 성령의 역사가 일어나야 성도를 살리는 교회가 된다.

1) 설교자 자신이 성령 충만으로 무장하고 예수의 보혈로 자신을 정결케 하라. 나는 예배를 인도하러가기 전에 깊은 영의기도를 충분하게 하여 성령으로 충만한 상태에서 편안하게 예배를 인도한다. 기도 시간을 두어 내가 터득한 성령의 깊은 임재가 있는 방법으로 찬송과 기도를 인도한다.

2) 예배를 위해 목회자 자신이 성령의 인도하심에 민감 하라. 절대로 그 교회 성령 충만의 정도는 목회자 수준을 능가하지 못한다. 할 수 있으면 중보기도 팀을 활용해도 좋을 것이다. 성령의 인도와 역사는 다양하다. 그러므로 예배 인도자는 성령의 역사와 인도를 영안으로 보고 따라가야 한다. 절대로 성령의 임재와 역사를 앞서려고 하지마라.

3) 예배를 주보순서에 너무 얽매이지 말라. 자연스럽게 하라.

그래야 성령이 역사한다. 인도자가 편안해야 성령이 역사한다.

4) 찬양을 순수하게 하나님께 올려드리라. 찬양을 뜨거운 열정으로 하라. 찬양은 모든 성도가 쉽게 따라 부를 수 있는 곡을 선택하여 하라. 찬양이 교회의 성장을 좌우 한다.

5) 예배 시작 전에 찬양으로 성령의 충만함을 이끌어내어 회중의 심정을 토해내게 하라. 모두 잘 부를 수 있는 찬양 곡을 선택하라.

6) 예배분위기를 항상 밝고 힘차며 긍정적이고 희망이 넘치게, 축제의 분위기로 설교자의 얼굴 표정이 교회의 분위기이다. 유머를 개발하라. 자신의 동영상 얼굴을 보라.

**4.설교 후 영접기도와 치유기도를 하라.** 주일 예배시간에도 치유사역이 이루어지게 하라. 나는 주일을 제일 중요하게 생각한다. 지금 성도들이 먹고 살기가 버겁다. 자연스럽게 주일 신자가 많아진다. 주일날에 성령을 체험하며 치유가 되게 하라는 것이다. 나는 주일날 성령의 역사가 일어나는 집회 형식으로 예배를 인도한다. 주일 하루 교회에 나오는 성도가 언제 성령을 체험하고 성령 충만을 받을 수 있겠는가 한번 깊게 생각해보라. 주일 밖에 없다. 주일날 성령으로 충만 받는 예배를 인도해야 한다. 내가 그동안 목회를 하면서 체험한 바로는 영적으로 깊은 생명의 말씀을 전하면 말씀을 듣는 중에도 성령의 임재로 치유가 일어나더라는 것이다. 성령의 역사가 일어나 흐느끼고 눈물을 흘리기도 한다. 설교 후에는 필히 성령의 임재가 있는 찬양을 부르고 모두 기

도하게 한다. 나는 기도하는 방법을 알려주고 개인이 기도를 하게하고 돌아다니면서 안수를 한다. 기도 후에는 영접기도와 치유기도를 한다.

5. 목회의 방향을 뜨거운 가슴의 계발에 두라. 목회의 방향을 지성적이고 이성적이기보다 심령, 뜨거운 가슴과 영성의 개발에 두라. 하나님은 우리의 지성을 보시기보다 마음과 심령, 중심을 살피신다. (겔3:10)"하나님의 말씀을 너는 마음으로 받으며." (렘31:33)"나의 법을 그들의 마음속에 두며" (잠23:26)"내 아들아 네 마음을 내게 주며," (롬12:2)"너희는 이 세대를 본받지 말고 오직 마음을 새롭게 함으로 변화를 받아 하나님의 선하시고 기뻐하시고 온전하신 뜻이 무엇인지 분별하도록 하라." 마음이 옥토가 되게 하라. 가르치려하지 말고 성령의 역사가 일어나 성령을 체험하며 기도하게 하라. 하나님의 임재를 경험케 하라. 선생이 되려고 하지 말고 스승이 되라. 스승의 마음으로 성도들을 돌보라.

지성의 한계를 이어령은 말한다. "빙산을 깨뜨리는데 망치로 될까요? 햇빛이 비치면 빙산은 소리 없이 녹아버린다. 언어의 기교와 현란한 말들로 하나님의 진리를 깨뜨릴 수 있는가? 성령으로 하나님의 사랑의 빛이 내게 비추일 때 내 영혼이 소리 없이 녹아 내렸다." 성령으로 가슴을 뜨겁게, 감동이 있게, 그리고 육신의 감각으로도 하나님을 체험하도록 간구하라.

6. 설교를 통해 마음을 기경하라. 목회 비젼, 양육, 치유 등 어떤 프로그램이든 먼저 설교를 통해 마음을 기경하라. 한국 사람

들은 보수성이 강하다. 아무리 좋은 것이라도 새로운 것은 거부하는 경향이 있다. 무조건 도입하려 하지 말고 설교를 통해 먼저 인식 작업이 이루어지면 자연스럽게 사역을 접목할 수 있다. 나는 기존 설교 시간을 이용하여 성령과 영성, 치유 말씀을 전한다. 주일만 제대로 참석해도 영적으로 깊어질 수 있도록 다양한 말씀으로 교재를 준비하여 전한다. 말씀을 듣고 자동적으로 치유가 일어나게 한다. 설교자가 머리로 전하면 성도들도 머리로 듣게 된다. 성령이 충만한 영으로 전해야 영으로 말씀을 받아 영이 깨어난다. 내적치유, 가정치유, 깊은 영의기도, 질병치유, 영안 열림, 영분별, 영의전이, 가계치유, 성령의 기름 부으심, 귀신축사, 하나님의 음성듣기 등 목회자가 조금만 관심을 가지면 할 수 있다.

**7. 치유를 활성화하라.** 한마디로 개척교회는 치유가 항상 있어야 한다. 지금 성도들이 개척교회에 오는 이유는 자신의 문제를 해결하기 위해서 오는 경우가 많다. 개척 목회자가 이런 성도들을 치유할 수 있는 능력이 없으면 교회성장이 어렵다. 내면치유, 축사사역을 주일 낮과 밤, 금요 기도회 때 활성화하면 자연스럽다. 이때는 집단적으로 실행이 된다. 기도 시간에 집단적으로 치유가 되고 축사가 된다는 말이다. 성령의 기름 부으심 사역도 활발히 할 수 있다. 나는 이 시간을 치유하는 시간으로 삼고 있다. 말씀을 전하고 강단에서 내려가서 개인별로 안수하면서 치유와 축사를 한다. 필자의 교회는 주일 예배시에도 40분 이상을 기도한다. 목회자의 영성 개발이 무엇보다도 중요하다. 무엇보다

도 축사는 모든 분야에 해당이 된다. 작은 교회 목회자는 축사는 필수적인 사역이다. 영적인 전문가가 되려고 해야 한다. 한 가지 강조한다면 다른 목회자를 통하여 자기 교회를 치유하거나 부흥시키려고 하지 말라. 담임목사가 능력을 받아서 하는 것이 제일 좋은 방법이다. 자기가 능력을 받으라. 그래서 성령의 역사와 치유가 항상 있게 하라. 목회자는 성도를 말씀과 성령으로 영을 깨워서 살려야 한다. 성도가 영적으로 변해야 상처도 치유되고, 질병도 치유되고, 물질문제도 해결이 된다. 성도들의 영을 깨우는 성령이 역사하는 말씀을 전해야 한다.

8. 개인, 소그룹 집중 치유 사역을 하라. 개인, 소그룹 치유사역은 영성훈련 때 적용하면 자연스럽다. 영성훈련의 꽃은 나눔의 시간인데 그 나눔을 통해 나오는 얘기를 듣고 칭찬, 지지, 축복과 더불어 치유로 이어지면 매우 감동적인 시간이 될 것이다. 이런 시간을 통해 교회 내에서도 치유 사역자가 재생산될 수 있다. 치유사역자는 반드시 자신이 영육으로 고통을 당하다가 치유 받은 성도를 임명해야 한다. 나는 성도들을 사역자로 세우는 일은 권장하고 싶지 않다. 왜냐하면 영적인 것을 알면 알수록 위험한 것이 영적인 사역자이다. 성도가 자신과 가정이 완전하게 치유되지 않았는데 사역자로 세우면 오히려 성도에게 고난이 찾아 올 수 있기 때문이다. 왜 고난이 찾아오는 지는 영적인 체험을 하여 영의 세계를 아는 목회자만이 이해를 할 수가 있다. 아무나 사역자를 세우는 것이 아니다. 정말로 신중해야 한다. 일반 교회에서 조금

열심이 있다고 사역자를 세우는데 정말로 주의해야 한다. 영적인 것을 바르게 알면 아무나 사역자를 세우지 않을 것이다. 성도 역시도 사역자의 임무를 받는 것에 신중을 기해야 한다. 영적인 체험이 없는 성도들은 자신이 치유사역에 쓰임 받는 것을 굉장한 긍지와 자부심을 느낀다. 그러나 성도의 영육의 상태를 파악하고 관찰한 다음에 임명하여 활용해야 한다. 잘못하면 잘못된 치유사역자로 인하여 성도들이 상처를 받을 수 있다. 그러므로 치유사역자 임명은 신중을 기해야 한다. 아무나 사역자가 될 수가 없다. 광야의 시험을 통과한 사람만이 치유사역자가 될 수가 있기 때문이다. 광야의 시험이 무엇인지 모르면 사역자가 되지 말아야 한다. 한국 교회의 문제는 광야의 시험을 통과하지 않은 사람들이 지도자가 되었기 때문이다.

9. 회의는 말고 중보기도 중심으로 모이게 하라. 모든 회의를 회의 중심으로 모이지 말고, 중보기도 중심으로 모이게 하라는 것이다. 기도, 찬양, 간증을 통한 나눔, 서로를 위한 중보기도, 자신과 가정, 사업을 위하여, 나라와 한국교회, 본 교회와 성도들을 위한 중보기도 후에 회의를 하면 훨씬 영적으로 성장하는 회의가 될 것이다. 회의가 많은 교회치고 성장하는 교회는 없다. 회의보다 기도회로 모이는 것이 훨씬 좋다. 성도들의 심령이 변하여 아브라함의 축복을 받게 하라. 심령이 치유되어 평안해야 복을 받는다. 솔직하게 말하면 영적으로 깨어있는 성도는 교회 회의에 관심이 없다. 육적이고 세상적인 교인들이 회의를 좋아한

다. 교회가 말씀과 성령으로 치유되어 영적인 교회가 되면 모든 성도가 자신의 영성관리에 관심을 기우리지 회의하는데 관심을 두지 않는다. 교회가 차가워 은혜가 없으니 이것저것 육적인 것 가지고 따지면서 회의하는 것이다. 말씀과 성령으로 충만하여 영 안이 열리면 자신의 심령관리에 관심을 기우리게 되어 있다. 성 령께서 자신의 부족한 면을 보게 하니까, 자신의 부족한 것을 고 치는 데도 시간이 부족하다. 이렇게 자신을 고치는 시간도 부족 한 성도에게 회의하자고하면 오히려 역효과가 될 수가 있다. 그 러므로 말씀과 성령으로 충만하여 영적으로 바꾸는 목회를 하라. 회의나 하는 인간적인 교회가 되게 하지 말고…. 개척교회가 이 런 회의하는 교회가 되면 교회는 얼마 가지 못해서 문을 닫아야 할 것이다.

10. **수평적 구조가 되게 하라.** 개척교회가 장을 임명하는 것은 신중을 기해야 한다. 교회의 행정체제를 수직적 구조에서 수평적 구조가 되게 하라 이다. 이를 위해서 가능하다면 사역위원회별로 운영하라. 이마에 계급장을 달지 않게 해야 한다. 직분은 섬기라 고 준 것이다. 바르게 알아야 한다. 직분은 절대로 계급장이 아니 며, 군림하라고 준 것도 아니다. 개척 초기에는 담임목사가 직접 솔선수범을 해야 한다. 내적치유, 가문치유, 신유, 축사, 예언위 원회 등등. 교회의 분위기가 영적이 되게 하자는 것이다.

11. **교회가 긍정적이 되게 하라.** 교회의 모든 분위기를 항상 긍정적인 끌어당김이 있게 하라. 비판, 책망, 훈계보다 긍정과

희망과 비전을 주라. 다른 교회나 목회자를 비판하지 말라. 절대 긍정, 절대희망, 절대 믿음, 절대사랑이 사람을 감동시키고 변화를 준다. 나쁜 영은 성령의 역사가 강하게 일어나면 떠나가는 것이다. 지적하지 말고 성령의 역사를 일으키라. 그러면 변하게 되어 있다. 성령의 역사가 일어나야 성도들이 변한다. 절대로 말씀만으로는 성도가 변하지 않는다. 성령의 역사가 일어나면 변하게 되어있다. 이는 영적인 원리이다. 인간의 모든 문제 뒤에는 마귀가 있기 때문이다. 좌우지간 예수를 믿고 교회에 들어온 성도는 변해야 한다. 변하지 않는다면 문제가 있다. 문제를 찾아서 고쳐야 한다. 치유는 병을 고치는 것에 한정하면 안 된다. 치유는 에덴동산에서 아담이 죄를 짓기 전의 영성으로 돌아가는 것이다. 영적으로 변하게 하는 것이 치유이다.

12. 동역자와 노회와의 관계를 평소에 잘 쌓아두라. 평소의 친분이 어려움을 극복하는데 좋은 동역자가 된다. 수평적인 관계가 좋아야 수직적인 관계도 좋아진다는 것을 명심해야 한다. (히 12:14) "모든 사람과 더불어 화평함과 거룩함을 따르라 이것이 없이는 아무도 주를 보지 못하리라." 이 말씀의 뜻을 바르게 알아야 한다.

13. 주는 목회를 하라. 일꾼을 잘 활용하는 교회에 하나님은 일꾼을 보내주신다. 성도들을 최대한 활용하라. 성도를 활용하는 데 제약을 두지마라. 세례를 받아야 한다. 교회에 얼마동안 다녀야 한다. 이런 제약을 두지 말고 열심 있는 사람은 바로 사용하

라. 예) 주일봉사, 물질지원 하기, 재능 자원봉사

**14. 한 영혼을 온전한 사람으로 세우라**(골1:28). 하나님은 사역자의 그런 중심을 보신다. 숫자에 연연하지 말라는 것이다. 숫자가 많은 큰 교회를 보고 낙심하지 말라는 것이다. 나는 항상 이렇게 말한다. 성도들 많이 모아서 MBC 앞에 데모하러 가려고 하느냐 말이다. 한 영혼이 천하보다 귀하다. 한 영혼이라도 바른 하나님의 사람으로 만들려고 하라. 그것이 하늘나라 상급을 쌓는 일이다. 하나님은 한 영혼을 천하보다 귀하게 여기신다. 하나님은 보이는 교회보다 성도 한사람 한사람의 심령이 하나님의 소유가 되기 원하신다.

**15. 목회자는 사역과 주님에게 빠져야 한다.** 목회자는 사역과 교인들에게 빠지지 말고 주님에게 빠져야 한다. 하나님과의 친밀함을 이루는데 소홀히 하지 않도록 늘 깨어있어야 한다. 목회의 주체는 주님이시다. 깊은 기도로 주님과 교통하라. 주님이 무엇을 원하시는지 항상 주목하라. 목회의 주인은 주님이시다. 나는 항상 물어본다. 예수님 어떻게 해야 합니까? 제가 부족한 부분이 무엇입니까? 어떻게 해야 예수님을 기쁘시게 해드릴 수 있습니까? 이일을 해야 합니까? 하지 말아야 합니까? 이렇게 항상 주님과 교통하며 살고 있다. 항상 하나님에게 주목하라. 그분이 목회의 주인이시기 때문이다. 성령이 주인이 되도록 항상 물어보아 음성을 듣고, 보증의 역사를 보고 따라가라. 그러면 성령께서 친히 교회를 이끌어 가신다.

# 12장 치유하는 개척교회는 성장한다.

(행8:4-8)"그 흩어진 사람들이 두루 다니며 복음의 말씀을 전할새 빌립이 사마리아 성에 내려가 그리스도를 백성에게 전파하니, 무리가 빌립의 말도 듣고 행하는 표적도 보고 한마음으로 그가 하는 말을 따르더라. 많은 사람에게 붙었던 더러운 귀신들이 크게 소리를 지르며 나가고 또 많은 중풍병자와 못 걷는 사람이 나으니, 그 성에 큰 기쁨이 있더라"

나는 개인적으로 개척 목회자에게 가장 필요한 능력은 치유 능력이라고 생각한다. 주의 종은 하나님의 말씀으로 사람들의 영혼의 병을 고치고, 마음의 병을 고치고, 육체의 병을 고쳐주어야 한다. 조용기 목사님께서 세계 최대교회의 목회를 하실 수 있었던 것은 하나님 말씀으로 사람들의 병을 고치는 능력이 탁월하였기 때문이다. 예수님의 3대 사역은 설교 사역, 가르침 사역, 그리고 신유 사역이었다. 예수님께서는 신유 사역이 하나님의 나라가 임한 표적이라고 말씀하셨다.

성령의 능력이 있는 교회는 사람들의 육체의 병을 치유한다. 하늘나라의 치유의 전기는 우리가 이 땅에서 믿음의 스위치를 올릴 때 공급된다. 치유의 약속에 대한 말씀(예, 사 53:5, 막 16:18)을 믿고 기도해야만 치유에 대한 하늘의 능력이 공급이 되는 것이다. 이미 하늘의 전기는 와 있지만 믿음의 스위치를 올리지 않으면 그 전기를 사용할 수 없다. 육체적 질병을 위해 기도하는 사람이나 기도를 받는 사람이나 하나님의 치유의 능력과 약속의 말씀에 대한 믿음의 스위치를 올려야 한다.

열두 해를 혈루증으로 앓던 여인이 예수님 옷자락에 손을 대었을 때 주님께서는 "누가 내게 손을 대었느냐"고 물어보셨다. 이 말을 들은 제자들은 매우 의아하게 생각하였다. 무리들이 예수님을 에워싸고 있고 수많은 사람들이 예수님 옷을 만지고 있었는데 왜 주님이 그 말씀을 하시는지 이해하지 못한 것이다. 예수님의 치유의 능력은 주님 옷자락에 손만 대어도 치유하실 것이라는 그 여인의 믿음 때문에 나타난 것이었다.

우리가 기도할 때 언제 어떻게 응답하실 것이라는 시한은 없지만 믿고 구하는 것은 이미 받은 줄로 계속 믿어야 한다(막 11:24). 치유에 대한 하나님의 말씀을 있는 그대로 믿어야 한다. 하나님의 말씀과 영적 원리는 역사하고 있다. 개척교회가 성장하려면 각 소그룹마다 육체적인 치유의 기적과 간증이 넘쳐야 한다.

성장하는 교회는 또 사람들의 마음의 병도 치유한다. 오늘날 마음에 병든 사람들이 너무나 많다. 우리나라에도 우울증으로 고통을 겪고 있는 사람이 300만 명이 넘는다. 2008년도에 자살을 시도할 마음이 있었던 사람이 155만 명이라고 한다. 사람들은 또 관계의 파괴 때문에 마음의 고통을 겪고 있다. 2008년도에 이혼한 커플이 거의 13만 쌍에 이를 정도로 부부간 관계도 파괴되고 있다. 오늘날 재물이나 사회적 환경에 관계없이 사람들에게 필요한 것은 마음의 평안과 희망이다. 돈으로도, 학식으로도, 환경의 조건으로도 해결되지 못하는 것이 사람들의 마음의 병이다.

교회가 하나님 말씀과 복음의 메시지로 사람들의 마음에 사랑과 희망을 주어야만 사람들의 마음을 치유할 수 있다. 역동적으로 성장하는 교회들은 모두 다 사람들의 병을 치유하고 있는 교회이다. 치유를 통해 우리는 하나님의 임재와 능력을 경험하고 그분께 영광을 돌릴 수 있다. 당신은 육체와 마음에 어떤 질병을 가지고 있는가? 하늘을 향해 믿음의 스위치를 올리라. 그러면 하늘로부터 치유의 능력의 전기가 통하게 될 것이다. 교회 안에 치유의 전기가 임해야 성장하고 부흥할 수 있다.

## 1.왜 치유하는 교회가 성장하는 가?

1) 여러 가지 영적인 문제들이 있다. 하나님에게 속했을 때는 없었던 여러 가지 영적인 문제들이 인간을 덮치기 시작했다. 마귀에게서는 좋은 것이 나오지 않는다. 그래서 가위 눌림을 당하기도 하고 밤에 잠을 자지 못해서 고통당하는 자들도 많다.

2) 그런가하면 정신적인 문제로 고통 받는 자들도 많다. 지금 지구는 거대한 정신병동과 같다. 이상한 사건, 이상한 일들, 인간의 머리로 이해가 안 되는 이상한 것들이 너무나 많고, 비정상적인 것들이 정상적으로 통하고 비인간적인 것들이 인간적인 것으로 통하는 시대가 현 시대이다. 정신병원은 계속 늘어나고 정신문제로 고통 받는 사람들은 집집마다 아우성이고, 어떤 사람은 자기가 정신병자인줄도 모르고 사람을 돕는다고 나서는 사람도 있다.

표시 나는 정신병자보다 표시가 나지 않는 정신병자가 더 많은 세상이 지금의 세상이다. 지금 정신질환으로 직장을 그만두고 있는 사람들이 많이 있다. 지금 정신질환으로 이혼을 하고 병원에 입원하고 있는 사람들이 많이 있다. 지금 불안에 떨고 초조한 가운데 남모르는 고통 속에서 밤을 지새우는 사람들이 늘어나고 있다. 이것이 전부 하나님을 떠난 인간들이 영적인 문제로 고통을 당하고 있는 증거들이다.

3) **육신의 질병이 많다.** 정신적인 문제로 시달려 육신의 병이 오는가하면 영적인 문제로 시달려 육신의 병들이 지금 많이 오고 있다. 이상하게 몸이 아프다. 심지어 병명도 없이 몸이 아프다.

약을 계속 지어먹어도 끝이 나지 않는다. 한군데가 나으면 또 다른 곳이 아프다.

그래서 약과 병원이 진절머리가 나는 사람들도 많다. 그러면서 또 병원에 가고 약을 먹을 수밖에 없었던 것이 몸이 계속 아프기 때문이다.

4) **마음에 안식이 없다.** 솔직히 마음이라도 편하면 몸이 아파도 견딜 수 있다. 그런데 마음마저도 괴롭다. 평안이 없다. 불안하고 초조하고 두려움과 공포로 시달린다. 어디서 들어 온지도 모르겠는데 "불안해서 미치겠다.", "불안해서 못살겠다."는 사람들이 많다. 나는 분명히 말할 수 있다. 인간의 불행은 인간의 노력으로 해결할 수 없다.

니이체는 '신은 죽었다'라고 했다. 그러나 신은 죽지 않았고 나중에 니이체가 죽었다. 그것도 정신병원에서 하나님을 찾으며 좁은 방에서 돌다가 죽었다. 모파상은 글만 쓰면 하나님을 욕하다가 그 역시 정신병원에서 죽었다. 휘밍웨이는 총으로 자살을 했다. 마를린 먼로는 수면제를 먹고 자다가 죽었는데 자살했다고 보는 사람들도 많이 있다. 지금도 자살로 인생을 끝내는 사람들이 많다.

5) 미신이나 종교에 빠져있는 사람들도 많다. 무당에게 가서 점을 치는 집사가 있다고 한다. 아니 권사도 있다고 한다. 사람은 모두 장래를 알고 싶어 하기 때문이다. 하나님은 내일일을 염려하지 말라고 했다. 사람은 육적인 존재인 동시에 영적인 존재이다. 그런가 하면 무당이 딸을 고치기 위하여 개종한 경우도 있다.

## 2.개척 교회가 성장하기 위해 성령으로 치유하라.

1) 우리들이 구원받고 난 후 치유를 받아야 하는 이유는 이렇다.
(1) 우리가 예수를 믿을 때(새신자) - 영적으로나, 정신적으로나, 육신적으로 건강한 상태에서 예수님을 영접한 것이 아니라 이미 병들대로 병들어있는 상태에서 예수를 믿었기 때문이다.

① 영적인 문제: 영적문제가 이미 올만큼 온 상태에서 예수를 믿은 것이다. 정신과 의사와 심리학자를 찾아가도 안 되었고 많은

약을 먹어도 치유가 안 된 상태에서 마지막으로 누군가가 "예수 한 번 믿어봐라!"고 권해서 예수를 믿은 분들도 있을 것이다. 예수 믿는 순간에 우리가 하나님의 자녀가 되고 성령이 내주하는 것은 사실이지만 우리의 잘못된 습관이 하루아침에 바뀌는 것이 아니기에 우리에게는 치유되어져야 할 것들이 많이 있다. 다시 말해서 우리는 예수님을 믿을 당시에는 완전 병든 상태였다. 심각한 영적인 문제. 심지어는 악몽에 시달리거나 불면증에 시달리거나 불안과 두려움과 공포 속에 잡혀있는 상태에서 예수를 믿은 것이다.

② 심각한 정신적인 문제: 이미 판단력이 흐려져서, 무엇이 옳고 그른지 구별 할 수도 없고, 정신이 혼미해져 무엇이 진리고 비진린지?, 무엇이 참 하나님이고, 거짓 신인지 이것을 구별할 힘이 없다. 우리가 예수님을 믿기 전에 정신적인 부분에도 많은 문제가 왔다. 그래서 여러 병원을 찾아가 보기도 하고 이 사람 저 사람 찾아가기도 하고 자신의 정신적인 문제를 해결하기 위하여 약도 먹어보고, 유명하다는 사람을 만나서 상담도 하고 치유도 받기도 하고 또 최면술에 빠져서 전생을 왔다 갔다 하는 이런 사람들이 많이 있다. 이런 가운데 우리가 예수를 믿었다.

③ 육신의 질병: 육신의 질병도 마찬가지 이다. 그렇기 때문에 예수님을 믿자마자 반드시 되어져야 할 것이 치유다. 치유가 되지 않으면 우리는 계속 실패 할 수밖에 없다.

(2)기존신자들이 가지고 있는 문제들이 많다.

① 기존신자들은 고집이 세다. 교회 오래 다녔으면 많은 치유가 되어져야 되고, 하나님의 평안을 더 많이 누려야 되고 그리스도의 비밀을 더 풍성히 누려야 하지만 그 반대로 기존 신자들은 이상한 고집이 많다. 교회를 오래 다닌 사람들이 고집이 세다. 새신자보다 10년 교회 다닌 사람들이 고집이 세고, 10년 다닌 신자보단 20년 교회 다닌 신자가 고집이 더 세다. 미안한 얘기지만 권사님의 고집과 장로님의 고집을 보면 비슷한 고집인데 고함소리는 장로님이 더 크다.

또한 장로님 고집과 목사님 고집을 보면 목사님의 고집은 하나님도 변화시키기 어려운 고집이다. 이렇게 교회에 오래 다니면 다닐수록 이상한 고집들이 굉장히 많다.

② 교회를 오래 다닌 사람일 수 록 잘못된 편견이 많다. 편견을 가지고 있으니깐 사람을 보아도 제대로 보지를 못하는 것이다. 편견 속에 빠져 있으니깐 일꾼을 보고도 제대로 된 일꾼을 판단하지 못하는 것이다. 편견을 가지고 있으니깐 사람들과의 대인관계가 어렵고 편견 속에서 사람들을 접하기 때문에 사람을 밀어내고 사람과 대화가 되지 않는다. 그러니 교회의 일이 안 되는 것이다. 교회 오래 다닌 분들이 복음적으로 성경적으로 말씀 중심적으로 가야 되는데 도리어 이상한 고집을 가지고 있으며 목사님들이 이런 사람들을 붙잡고 일을 하려고 하니 속이 터지는 것이다.

목사님들의 고집은 이런 사람들을 붙잡고 일을 하다 보니 당연하게 생기게 된다. 고집을 피우다보면 나중에는 비 복음적인 고집만 남고 옳은 일은 사라져 버린다. 지금 빨리 기존신자들이 치유되어져야 한다. 지금 빨리 우리가 변화되어져야 한다. 우리가 진정 그리스도 안에 있는 평안을 누려야 한다.

③ 잘못된 신앙이 사상화 되어 있는 사람들이 많이 있다. 성경적인 신앙도 아니고 복음적인 신앙도 아니며 이상하게 어디서 듣고 배운, 전혀 말씀 중심적인 신앙도 아닌 잘못된 신앙관을 성경적인 신앙관으로 오해하고 붙잡고 있는 사람들이 많다.

참 복음을 전해도 참 복음이 들어가지를 않는데 이는 잘못된 고집과 잘못된 편견이 먼저 들어가 있기 때문이다. 그러니 참 복음을 전하여 예수가 그리스도라고 말을 해도 알아듣지를 못하는 것이다. 지금 기존신자들 중에서는 잘못된 신앙관을 가진 사람들이 굉장히 많다. 복음적이지 못하고 성경적이지 못하며 하나님의 말씀과는 너무 동 떨어져 있으면서도 자기들의 신앙이 옳다고 말하는 사람들이 굉장히 많이 있다.

④ 자기중심적인 신앙사상을 가진 사람도 있다. 과거부터 들어오고 자기 신앙화된 것 외에는 받아들이지를 않는다. 자신이 하지 못하는 은사 같은 것은 아예 다 잘못된 것이라고 접근도 안 한다.

그러니 성령의 역사가 일어나자도 않고, 또 받아들이지도 않으니, 문제가 해결되지 않고, 더 묶여만 가는 것이다. 치유에 대하여 바르게 알고 싶은 분은 **"기적치유"**를 읽어보시라.

(3)치유에 눈을 떠야하는 이유

① 우리가 치유되지 않으면 실패한다. 언약의 백성이 되었지만 우리의 삶이 바꿔지지 않고 우리의 불신앙적인 체질이 바꿔지 않으면 우리는 성공할 수가 없고, 하나님의 자녀가 되었지만 실패하는 삶을 살수밖에 없다.

성공하고 싶은 욕망만 있을 뿐이지 우리의 삶이 성공이 되지를 않는다. 위대한 기독교 교육학자 루이스 쉐리는 '날이면 날마다 하나님의 말씀 앞에 자신을 직면시켜야 된다.'고 말했다.

사람을 의식하는 것이 아니라 하나님의 말씀을 내 마음에 들여야 한다는 뜻으로, 하나님의 말씀이 내 삶을 바꾸고, 하나님의 말씀을 통하여 나의 생각을 바꾸고, 하나님의 말씀이 내 몸속에 들어오므로 인하여 내 행동이 바꿔져야한다는 것이다. 우리는 날마다 말씀에 직면해야 하고 말씀가운데 살아야 된다. 그것이 성공할 수 있는 비결이다. 우리에게는 많은 영적인 문제, 정신적인 문제, 육신의 문제로 인하여 고민하는 사람들이 있을 것이다.

치유 받는 길은 간단한데 그것은 말씀이 우리 안에 받아들여지고 성령이 역사하면 영. 육이 치유 받게 된다. 그런데 말씀이 받아들여지지 않으니까 치유가 안 되고, 치유가 안 되니까 실패하는 것이다. 어떤 분이 "그리스도가 다 치유하셨는데 치유사역이 무슨 필요가 있는가?"라고 하셨는데 아마 그 분은 늘 하늘나라에서 사시는 것 같다. 내 자신이 비록 하나님의 자녀가 되었지만 아직 남아있는 영적인 문제, 남아있는 습관적인 문제, 세상적인 문화에 이기지 못한 여러 가지 이상한 사상과 생각들, 이것이 치유되어지기 위해서 지금 그리스도가 필요하다.

우리에겐 죽을 때까지 그리스도가 필요하다. 주님이 말씀하시기를 '건강한 사람에게는 의원이 쓸데없다'고 하셨다. 우리는 하나님의 자녀가 되었지만 나는 병든 사람이다. 나는 정말 그리스도가 필요하다. 병든 나에겐 천지를 창조하신 하나님 그분의 독생자 예수그리스도, 지금도 말씀가운데 역사하는 그 하나님의 아들 예수그리스도가 오늘 나에게 필요하다.

② 치유 받지 않는 사람은 하나님의 영광을 위하여 살 수 없다.

(히6:7-8)"땅이 그 위에 자주 내리는 비를 흡수하여 밭가는 자들의 쓰기에 합당한 채소를 내면 하나님께 복을 받고 만일 가시와 엉겅퀴를 내면 버림을 당하고 저주함에 가까와 그 마지막은 불사름이 되리라."

치유 받고 변화된 삶을 사는 사람이 삶을 통하여 하나님께 영광을 돌리는 것이다. 내 삶을 통하여, 나의 생각을 통하여, 나의 육신을 통하여, 나의 몸을 통하여 주님 홀로 영광 받게 하시기 위해서 치유 받아야 한다.

③ 사단의 종노릇하기 때문에 꼭 치유 받아야 한다. (롬6:16)너희 자신을 종으로 드려 누구에게 순종하든지 그 순종함을 받는 자의 종이 되는 줄을 너희가 알지 못하느냐 혹은 죄의 종으로 사망에 이르고 혹은 순종의 종으로 의에 이르느니라

하나님의 종인 우리가 왜 사단의 종노릇하느냐? 우리는 사단의 종이 아니다. 예수 믿는 우리가 사단의 종이 될 수가 없다. 그런데 가끔 우리는 사단의 종노릇 할 때가 있다.

종하고 종노릇하는 것은 다르다. 우리는 하나님의 종이다. 더 좋은 말로 하나님의 백성이고 하나님의 자녀다. 그런데 하나님의 종인 우리가 사단의 종노릇을 하는 것은 자신의 삶이

바꿔지지 않고, 나의 고정관념이 바꿔지지가 않으며 내 삶을 털어내지 못하니깐 사단의 종노릇하게 되는 것이다. 이것을 빨리 바꿔야 한다. 사단의 종노릇하고 계신 분이 있다면, 그 부분을 붙잡고 기도하기 바라고 그 부분에 응답받기를 바란다. 우리는 하나님의 자녀임에도 가끔 사단의 종노릇하고 그래서 우리는 반드시 치유 받아야 되는 것이다.

## 3. 치유사역에 있어서 중요한 것

1)치유가 될 수 있는 메시지, 즉 말씀이다.

① 복음적인 메시지여야 한다. 신유에는 신유의 말씀을 전해야 한다.

② 메신저가 확신을 가지고 전해야 한다. 체험이 있어 확신하며 전하는 말씀에 역사가 나타난다.

③ 영적인 분위기가 중요하다. 성령의 임재가 있어야 한다. 성령의 임재를 유지하라.

메시지를 계속 들을 수 있는 분위기가 준비되지 않으면 치유가

안 된다.

### 2)지속해야한다. 하루 이틀에 되지를 안는다.

① 환자와 보호자와 사역자가 함께 노력을 해야 한다.

② 환자보다 더 중요한 것은 사역자다. 사역자의 열성과 의지가 중요하다.

사역자가 가지고 있는 개인적인 문제로 인하여 사역이 된다.

### 3)사역할 때 관찰해야 할 것

① 환자의 문제가 무엇인지 발견해야 한다. 원인이 무엇인지 알아야 한다. 원인 없는 문제는 없다.

② 인격적인 문제를 도와주면서 사단의 세력을 꺾어야 한다. 문제의 뒤에는 반드시 귀신이 있다.

③ 그러면서 마16:13-20 "18절 또 내가 네게 이르노니 너는 베드로라 내가 이 반석 위에 내 교회를 세우리니 음부의 권세가 이기지 못하리라"의 답이 나와야 한다.

④ 그리고 분명한 믿음이 있어야 한다. 하나님이 하신다는 믿음이 있어야 한다.

⑤ 이때 그리스도의 능력으로 변화의 역사가 일어난다.

### 4.개인 치유사역: 1) 영적인 질병의 치유  2) 마음의 상처치유 3) 병든자 치유를망라해야 한다.

## 5. 근본 치유를 위한 활동

1) **개척목회자 자신이 먼저 치유**: 치유 받은 치유 사역자가 되어야 한다. 반드시 개척 목회자는 치유가 되어야 한다.

2) **1:1 말씀 교육 후 치유**: 전도된 인원 양육할 때 치유를 병행하라. 성도가 치유되어야 자신을 자랑하며 전도할 수 있다.

3) **예배 후 잔류하여 치유**: 치유를 하되 다른 사람들이 보는 앞에서 사역하지 마라. 수치심이 생긴다. 그래서 교회를 떠날 수도 있다. 정말 명심해야 한다. 아무도 모르게 살짝 치유하라.

4) **정기 치유 집회로 치유**: 주중 한 날을 정하여 치유집회를 열어라. 밤도 좋고 낮도 좋다. 일주일에 하루라도 정기적으로 하라.

5) **새벽 예배 때에 안수 기도**: 안수를 받고자 하는 분은 앞으로 나와 앉게 하라. 나온 인원들을 치유를 간구하며 가볍게 안수하라. 치유 받겠다는 사모함과 믿음으로 나왔으니 치유가 잘된다.

6) **필요하면 주일 낮 예배시도** 앞으로 나오라고 해서 간단하게 안수하라. 교인이 150명까지는 일일이 안수할 수 있다. 필자는 200명이 되더라도 주일날 일일이 안수 할 것이다.

7) **필요하면 전문 치유기관에 보내라.** 자기가 치유하려다가 치유시기를 놓칠 수도 있다.

개척교회가 성령치유집회 치유 안수기도를 하면 재정이 풀어져서 유리하다. 필자의 교회개척 체험은 개척교회는 성령으로 영적인 전쟁을 해야 재정이 풀어진다. 교회 성장을 위하여 개인을 치유하라. 세상이 병들고 가정이 병들었다. 이러니 치유가 시급하다. 이런 현장을 위하여 하나님이 우리를 치유 사역자로 부르셨다. 준비를 잘하여 이 부름에 잘 응답하는 우리가 되기를 바란다.

## 6. 개척교회 성장 효자 전인치유

서울 송파구 가락동 48의 2 예본 교회(김○○ 목사)도 비슷한 사례이다. 김○○ 목사는 2007년 11월 10여명의 성도로 지하실에서 교회를 개척한 후 4명의 전인 치유 사들과 치유사역에 나섰다. 말씀 중심으로 예배를 인도하고 각종 수기 치료법으로 환자들을 보살핀 결과 치유되는 성령이 역사가 일어나면서 개척 18개월 만에 출석 성도가 120여명에 이르렀다. 김 목사는 "성령의 역사는 어느 곳에서도 일어나지만 말씀 중심의 치유사역이 우리 교회 성장에 큰 도움이 됐다"고 말했다.

전인치유사역에 앞장서고 있는 송○○ 목사는 "성경 마태복음 9장 35절에 '예수께서 모든 성과 촌에 두루 다니사 저희 회당에서 가르치시며 천국 복음을 전파하시며 모든 병과 모든 약한 것을 고치시니라'고 기록된 것처럼 전인치유사역은 초대교회로 돌아가는 것"이라고 설명했다.

결론적으로 개척교회는 치유가 있어야 성장한다. 그래서 목회자가 중요하다. 교회를 개척하려면 자신을 준비하라. 자신이 성령의 사람으로 바뀌어야 한다. 그래야 성도들을 치유하여 하늘의 사람으로 바꿀 수 있다. 부단하게 자기를 개발해야 한다. 성도들을 치유하여 하나님의 군사가 되게 하려면 목회자가 노력해야 한다.

# 13장 재정을 자립하며 성장하는 비결

(행 16:13-15)"안식일에 우리가 기도처가 있는가 하여 문밖 강가에 나가 거기 앉아서 모인 여자들에게 말하더니 두아디라 성의 자주 장사로서 하나님을 공경하는 루디아라 하는 한 여자가 들었는데 주께서 그 마음을 열어 바울의 말을 청종하게 하신 지라. 저와 그 집이 다 세례를 받고 우리에게 청하여 가로되 만일 나를 주 믿는 자로 알거든 내 집에 들어와 유하라 하고 강권하여 있게 하니라"

개척 교회는 무엇보다 재정이 중요한 부분을 차지한다. 우리 교회에 오셔서 훈련받는 목회자분들의 말을 빌리자면 개척 교회는 성도가 없어도 재정적인 문제만 없으면 얼마든지 할 수 있다고 한다. 나도 직접 교회를 개척하여 교회를 해보니 재정의 중요성을 느낀다. 특별히 임대교회의 재정적인 자립이야말로 가장 중요한 과제이다. 한 달이 하루 같이 다가온다. 어제 임대료와 관리비를 낸 것 같은데 바로 다가 온다.

그래서 개척 교회는 재정적인 자립만 되면 교회가 성장한다. 재정적인 자립이야 말로 교회성장과 직결이 된다. 내가 교회를 개척하려하니 교회를 개척한 선배 한분이 나에게 이렇게 충고를 했다. 교회를 개척하여 시작하려면 ① 일 년 동안 한사람의 교인이 오지 않아도 견딜 수 있으며, ② 일 년 동안 한 푼의 헌금이 들어오지 않아도 교회 문을 닫지 않을 경제력이 있으면 시작하라고 했다. 사실 나에게는 그런 충고가 부담스러울 수밖에 없었다. 그러나 그 분이 충고한 일 년보다 두 배로 늘려서 2년으로 잡고 시작하니 우선 마음이 편했다. 특히 교인 숫자에 대해 욕심 부리지 않으니 2년 되기까지 우리 교회에 등록한 모든 사람은 그렇게 반가워 할 수 밖에 없었다. 좌우지간 믿음으로 재정을 충당하기로 했다. 그래서 무엇보다도 중요한 것이 재정적인 자립이다.

우리는 재정 자립을 위해 초대교회에 사도바울의 행적을 보고 교훈을 얻어야한다. 사도행전 16장은 사도 바울이 기적적으로 빌립보 교회를 개척한 장면의 기록이다. 처음부터 불신자를 한 사람씩 전도하여 교회를 개척하는 것도 보람된 일이지만, 보다 효과적인 열매를 위해서는 하나님이 보내주신 기존신자를 활용하는 것도 한 방법이다. 사도행전 16장 13절과 14절에 보면 바울의 교회 개척 팀은 하나님을 벌써부터 공경하는 경건한 사람들, 그 중에서 특히 자주장사 루디아를 만남으로 빌립보 교회를 위한 획기적인 개척동조자를 얻게 되었다. 바울의 경험을 통해 개척 교회의 초기 활용한 방법은 이렇다.

### 1.사도행전에 나온 개척 교회 초기 재정 확보 방법

1) 기도하는 사람을 찾으라. 루디아 그룹은 바울이 찾은 기도

처에 있던 사람들이다.

2) **여자를 찾으라.** 은사와 열심은 여성들이 남성보다 훨씬 더 강하다. 대다수의 목회 성공자들은 루디아나 브리스길라와 같은 여성 신자들의 인정과 인기를 받고 얻은 자들이다.

3) **이왕이면 재력이 있는 자를 찾으라.** 루디아는 당시 여성 사업가로 성공한 자이다. 개척교회에 건전한 믿음을 가진 부자가 있다면 큰 힘이 될 것이다.

4) **성령의 감동이 함께 하는 자를 찾으라.** 14절에 보면 루디아는 "주께서 마음을 열어 놓은 자"라고 기록되어 있다.

5) **영적으로 갈급한 자를 찾으라.** 루디아는 바울의 말을 청종한 자였다. 주의 종의 말씀에 은혜를 받은 자가 개척 교회를 돕는 자이다.

6). **적극적인 자를 찾으라.** 15절에 보니 은혜 받은 루디아는 바울 일행을 강권하여 자신의 집에 들이고 대접했을 뿐만 아니라 그 처소를 교회 장소로 제공하였다.


## 2. 재정의 확보를 위한 적극적인 방법

1) **성령의 인도를 받으라**(행16:6-10). 교회는 성령의 피조물이다. 오순절 마가 요한의 다락방이 그랬듯이 모든 지역 교회는 성령이 사람을 통해서 세우시는 신적 작업이다. 초대교회의 교회 개척자는 사람이 아닌 성령이었다. 교회성장의 주체도 성령이셨

다. 모든 회의의 당회장 또한 성령이셨다. "성령과 우리는" 이라는 말은 모든 사도의 영적 권위를 대표하는 표현이었다.

2) 기도 후원이 있어야한다. "모든 교회는 기도에 의해 잉태되고 기도에 의해 태어나야 한다." 그러므로 지금부터 시작되는 개척 교회의 영적 전쟁을 위한 중보기도 후원자들을 반드시 모집해야 한다. 또한 이것은 재정 후원자를 확보하는 예비 단계로서 필요하다. 누구든지 사람은 자기에게 도와달라고 손 내미는 것을 좋아하지 않는다. 아무리 좋은 일이라 할지라도 재정 후원을 요청하는 일에는 누구나 부담을 느끼기 때문이다.

그러나 기도후원을 요청 받는 것은 큰 부담을 느끼지 않는다. 그런데 사람이란 기도로 꾸준히 후원하게 되면 그것에 대해서 관심도가 더욱 높아지게 되는 법이다. 그럴 때 재정적 후원은 크든 작든 자연스럽게 이루어질 수 있다.

기도 후원자는 어떻게 모집하면 좋을까? 그저 막연하게 해서는 안 된다. 자기의 친척, 자기가 알고 있는 모든 친분 관계, 그리고 친구나 친척을 통한 또 다른 관계를 동원하여 후원 대상자를 선정하고 기도 후원을 설득해야 한다. 이때 자기 자신에 대한 소개, 교회 개척의 동기, 자기 목회의 차별성(독특성), 교회의 비전, 기도 후원의 필요성들을 쓴 호소문을 서면화해서 방문하여 기도를 부탁하고 기도약정 카드를 받아 두는 것이 좋을 것이다.

그래서 개척 교회 목회자는 그 카드를 보며 기도를 해 줄 뿐 아니라 기도 후원자 관리를 효과적으로 할 수 있다. 이 후원자들은 개척 후에도 계속 서신을 발송하거나 주보 및 교회 소식지를 보내고 일정한 때의 심방이나 모임 등을 통하여 지속 관리를 해야 한다.

기도 후원자 그룹도 A. B. C 부류로 나누는 것이 좋을 것이다. 예컨대 ⓐ 매일 정한 시간에 1시간 이상을 작정하여 기도하는 그룹, ⓑ 매주 몇 시간 기도하는 그룹, ⓒ 매월 몇 시간 기도하는 그룹 등이다.

**3) 재정 후원(교회, 성도, 친척).** 대부분의 개척 교회는 열악한 재정으로 시작한다. 그래서 얼마를 못 견디고 문을 닫거나 다른 곳, 즉 더 낙후된 지역으로 이사를 하게 된다. 그러므로 재정 후원자 모집은 필수적이다. 더구나 교회 학교나 전도 심방에 있어서 최소한 준 교역자급을 채용해서 처음부터 팀 목회를 하는 것을 위해서라도 재정 후원자 모집은 필수적이다.

적어도 매월 지불해야 하는 교회의 월세나 관리비 및 전도비나 홍보비 등의 지속적인 공급이 있어야 마음 놓고 1년 동안은 소신껏 목회 사역을 할 수 있다. 재정 후원자 모집은 다음과 같이 하는 것이 효과적일 것이다.

① 재정 후원자 대상을 먼저 선정해야 한다. 웬만한 사람이면 250-300명 정도의 인간관계를 가지고 살아간다고 한다. 물론 더 사회적이고 활동적인 사람은 더 많겠지만 우선 가까운 형제나 친척, 친구에서부터 대상자를 선정한다. 물론 이 대상자 선정에는 반드시 신자일 필요만은 없다. 불신자도 가까운 친구나 친척

이면 가능하다. 큰 후원이 아닐 바에야 불신 친구나 친척도 얼마든지 재정 후원자가 될 수 있다. 다만 많이 선정하는 것이 과제일 것이다.

② 선정된 대상자에게 열정적으로 접근해야 한다. 자신의 비전과 목회소신이 독창적으로 잘 나타난 호소문을 가지고 열의 있게 접근해 보라, 적어도 이때는 자기와 예수를 알리는 프로 세일즈맨의 자세로 다가가 보라. 큰 것을 요구하지 않은 만큼 많은 열매를 맺게 될 것이다. 매월 1-2만원, 그것도 딱 1년만이라고 하면 수월하게 여러분들이 후원자로 약속해 줄 것이다.

③ 성실한 후원자 관리가 필요하다. 1만원 후원자 100명만 되어도 매월 100만 원의 후원금이 들어온다. 더구나 절기 때나 큰 행사(성경학교, 감사주일, 전도 잔치)등에는 몇 배의 후원금이 들어올 수 있다. 그러므로 전화, 서신, 주보, 교회소식지, 감사편지 발송 등으로 후원자 관리를 해야 한다. 다만 이것은 언제나 목회 윤리의 울타리 안에서 해야 한다. 교회가 빨리 재정자립을 하려고 해야 한다. 많은 목회자가 자기 친척(본가, 처가)에게 한 달에 몇 백씩 헌금이 오는 목회자일수록 게으르고 교회성장을 못시킨다. 명심해야 할 것이다.

④ 채무관계를 분명히 하고 추가소요를 준비한다. 새로운 교회를 개척하는 동안에 목회자의 가족을 부양할 수 있는 최선의 방법이 있어야 하고, 교회 임대료와 운영비들의 관계와 재정지원자가 있다면 지원금을 차용인지, 기부인지, 헌금인지를 분명히 해

야 한다. 교회가 성장해가면서 추가적인 소요가 많이 생긴다. (인건비, 차량유지비, 교회운영비 등)이에 대한 사전 검토와 준비가 있어야 한다.

⑤ 개척 멤버를 활용하라. 예컨대 부모, 형제, 친척, 처가쪽 식구 친구 등 어떻게 해서든지 개척 멤버는 많으면 많을수록 좋다. 처음엔 족벌 교회니, 가족 교회니 하는 소리를 듣는 한이 있더라도 사람이 전혀 없는 것보다 훨씬 낫다. 그러므로 혈연, 지연을 통해서 또 어떻게든지 많은 개척 멤버를 확보해야 한다. 6개월 후, 혹 1년 후, 아니 3개월 후라도 어느 정도 순수한 새 교인이 교회의 멤버가 될 때에는 교회를 나가도 좋다는 조건을 걸어놓고라도 개척 멤버는 확보되어야 한다.

물론 정말 겸손하고 교회봉사의 바른 자세가 되어 있는 사람이 아니고서는 가까운 형제나 친척이 도리어 목회에 걸림돌이 될 때가 많이 있기도 하다. 그러나 잘 조화를 이루면 끝까지 남아서 봉사하는 것도 유익한 점이 된다.

⑥ 개척교회 선호형 교인을 활용하라. 아무리 현대 교인들이 개척교회를 꺼려하고 개척교회에 대한 부담감을 갖고 있다 할지라도 적어도 통계상 현대 교인의 10%정도는 개척교회에 대한 사명감을 갖고 있거나 관심을 가지고 있다는 사실이다. 모든 성도 중에 10%정도가 중보기도 사명자가 있는 것처럼 개척교회의 사명도 마찬가지이다.

어느 목사님은 일산 신도시 생길 때 무조건 돌아다니면서 사람을 찾았다. 멀리 이사 와서 교회를 하나 세우려는 믿음을 가진 직분자가 있다. 기도하며 돌아다녀야 만난다.

그러므로 개척교회의 목회자에겐 무엇보다 10% 개척 사명자 평신도들을 노려야 한다. 현대 중산층 교인들의 특징과는 달리 이들은 의외로 개척교회를 선호한다. 꼭 개척교회가 아니더라도 큰 교회보다는 개척 교회를, 부유한 교회보다는 가난하고 어려운 교회에 가서 봉사하기를 원한다.

⑦ 교회의 후원을 받아라. 될 수 있으면 받는 것이 유리하다. 인간관계나 부교역자 생활을 한 교회에서 받을 수가 있을 것이다. 필자는 교회로부터 한 푼도 후원을 받지 못했다.

4) 다른 부가적인 일(직장, 선교 원, 영어 등). 정 충당할 수 없으면 일정 기간을 하는 것이 유리하다. 목회자가 물질에 고통을 당하면 기도고 무엇이고 아무것도 안 된다. 명심하시되 그러나 길어지면 곤란할 것이다. 다니는 아이들에게 치유에 대한 홍보를 하여 부모님을 오게 하라. 절대로 이런 일이 본업이 되지 않게 하라. 일정 기간만 하고 목회에 중점을 두어라. 이것은 본인은 권장할만한 것이 못된다. 목회에 전념하지를 못한다. 치매와 무의탁 노인들을 돌보는 일도 권장할 만하다. 앞으로 유망한 목회이다. 노인이 많아진다. 시골에서 집하나 얻어서 할 수 있을 것이다.

5) 지속적인 영적인 싸움을 하라. 여리고 성 전투를 끝내고 나니 노획물이 많았다. 고로 교회가 영적인 전투를 해야 물질이 풀린다. 공격적인 기도를 하라는 말이다. 지역과 장소를 장악해야

한다. 밤마다 집회를 하던지 기도회를 열던지 해서 지역을 장악하라. 만약에 집회를 한다면 한 명이라도 오게 하여 치유집회를 여는 것이 효과적이다. 소문이 나면 늘어난다. 처음부터 잘되리라는 생각은 버리라. 일단은 잔치를 열어야한다. 그러면 성령이 역사하여 사람이 온다. 개척 교회를 시작하기 전에 가정에서 예배를 드리는 분은 전도된 성도를 무리하게 집으로 데리고 오려고 하지 마라. 그 사람의 집에서 은혜 받게 하라. 집을 찾아다니면서 은혜 받게 하라는 것이다. 한 명이라도 집을 돌아다니며 말씀을 전하고 성령을 체험하게 하고 치유하라. 무엇을 바라고 하지 말고 그냥 하나님의 사랑으로 하라. 그렇게 하다가 어느 정도 숫자가 되면 나와야 한다. 절대로 무리하게 장소를 임대하여 나오려고 하지마라. 때가 되면 하나님이 사람(천사)을 보내서 집에서 나오게 장소를 허락 하신다. 절대 억지로 장소를 얻어서 나오려고 하지 마라. 월세를 7-8달 못 내고 그냥 보증금 주고 나오는 목회자가 많이 있다. 꼭 장소가 있다고 교회가 성장하는 것이 아니다. 목회자의 능력에 따라 교회가 성장하는 것이다. 그러므로 무엇보다 자신의 영성을 준비하라. 자신이 준비되면 하나님이 사람을 보내신다. 보증의 역사가 나타나기를 기다리라.

6) **치유목회**: 일대일 치유, 환자치유. 일정한 시간을 정해서 홍보하고 하던지 개별 접촉하여 하던지 시작하라. 개척해서 성장한 교회 모두가 야간에 성령이 역사하는 집회를 했다. 힘이 들고 고통스러워도 시작하시라. 능력을 받고 하다가 보면 열린다. 필

자도 집회를 통해서 임대료와 관리비를 많이 충당하면서 교회를 유지하여 갔다. 그러므로 목회자의 영성이 중요하다. 영성은 기본이다. 목회자의 영성이 되어있지 않으면 국민일보 광고를 해도 사람이 안 온다. 광고비만 나간다는 것을 명심해야 한다. 목회자의 영성만 되면 광고를 안 해도 하나님이 사람을 보낸다.

**7) 치유 집회를 통한 충족.** 어느 정도 자신이 생기면 공개적으로 치유집회를 열어서 재정을 확보할 수가 있다. 그러나 주의해야한다. 잘못하다가 광고비도 나오지 않을 수가 있다. 자신의 영적인 능력을 확실히 알고 하시라. 마음만 급하다고 되는 것이 아니다. 필자는 집회를 많이 했다. 40일 치유집회, 일주일 치유집회를 많이 했다. 이 집회를 통해서 하나님이 물질을 공급하셨다. 집회를 하는 것은 여러모로 유익하다. 장소를 장악하는데도 유익하다. 개척 교회는 장소를 성령으로 장악해야 성장한다. 장소에 역사하는 마귀를 이겨야 교회가 성장하는 것이다. 성령이 역사하는 집회를 할 때 장소에 역사하는 악귀들이 물러가니 교회가 성장하는 것이다. 교회는 영적인 전쟁을 해야 물질이 풀린다. 다윗 시대에 이스라엘 나라가 부강했다. 이유는 영적인 전쟁을 많이 했기 때문이다. 영적인 전쟁을 하니 마귀가 물질을 놓고 도망을 가는 것이다. 전쟁에 승리하면 노획물이 있는 것이다. 교회도 영적인 전쟁을 하니 마귀가 두고 간 노획물이 있는 것이다. 다윗은 영적인 전쟁을 많이 한 왕이다. 그래서 성경은 이렇게 말한다. 역대상 29장 26-28절 "이새의 아들 다윗이 온 이스라엘의 왕이 되어

이스라엘을 다스린 기간은 사십 년이라 헤브론에서 칠 년간 다스렸고 예루살렘에서 삼십삼 년을 다스렸더라. 그가 나이 많아 늙도록 부하고 존귀를 누리다가 죽으매 그의 아들 솔로몬이 대신하여 왕이 되니라"고 말씀한다. 필자도 집회를 통하여 영적인 전쟁을 하니 물질이 풀렸다. 영적인 전쟁을 승리할 수 있는 영성을 준비하라. 그러면 재정은 풀린다.

### 8) 엘리야가 식생활을 해결한 산 교훈을 보라(왕상17-18장)

① 까마귀가 주는 것을 가지고 식생활을 하였다. 까마귀는 영적으로 혼탁한 사람이다.

② 전도해서 사람이 주는 것을 가지고 식생활을 하였다. 사람이 주는 것이다.

③ 천사가 주는 것을 가지고 식생활을 하였다. 하나님이 주시는 것이다. 우리는 최소한 전도한 사람이 주는 것으로 재정을 충당해야한다. 믿지 않는 사람에게 받는 도움을 빨리 청산하는 것이 좋다. 명심해야 한다. 하나님은 우리를 사랑하신다. 믿음을 가지시고 어려움이 오더라도 결코 포기하지 말고 지속하시기를 바란다. 필자도 많은 어려움이 있었지만 포기하지 않고 주님만 바라보고 달려가니 하나님이 여기까지 오게 하셨다. 성령이 역사하는 교회는 재정을 자립하게 하신다. 성령이 운행하는 교회를 만들라. 최대한 기도모임과 성령치유집회를 열어 교회가 성령으로 장악이 되도록 하라. 성령이 교회를 장악하면 재정자립은 따라서 오게 된다.

# 14장 1명에서 200명이상 성장시키는 비결

(행2:40-42)"또 여러 말로 확증하며 권하여 가로되 너희가 이 패역한 세대에서 구원을 받으라 하니 그 말을 받는 사람들은 세례를 받으매 이 날에 제자의 수가 삼천이나 더하더라. 저희가 사도의 가르침을 받아 서로 교제하며 떡을 떼며 기도하기를 전혀 힘쓰니라."

하나님이 성장하기 원하시는 교회는 성령이 역사하는 교회이다. 성령의 역사가 일어나는 개척교회라야 성장한다는 말이다. 교회의 주인은 성령이시기 때문이다. 많은 목회자들과 성도들이 예수를 믿고 교회에 들어오면 자신의 문제를 해결받기를 원한다. 그러나 하나님의 입장에서는 문제의 해결이 우선이 아니다. 교회에 들어와 예배드리고 기도하며 성령으로 세례를 받고 심령을 치유하여 영적으로 바뀌어 하나님과 관계를 열기를 원하신다. 하나님과 관계가 열려야 자신의 문제가 성령의 역사로 해결이 되는 것이다. 개척교회역시 목회자가 하나님과의 관계가 열려 있어야 교회가 성장한다는 것이다.

교회는 바꾸는 곳이다. 땅의 사람을 하늘나라에 소망을 가진 사람으로 바꾸는 곳이다. 육의 사람을 영의 사람으로 바꾸는 곳이다. 영육의 고통을 당하는 사람을 성령 체험하게 하고 치유하여 하나님의 사람으로 바꾸는 곳이다. 그러므로 교회를 개척하려면 목회자 먼저 자신이 영적으로 바뀌어야 한다. 예수를 믿고 신학을 하여 목사가 되었다고 영적으로 바뀐 것이 아니다.

물과 성령으로 다시 태어나야 한다. 하나님은 요한복음 3장 5-7절에서 "예수께서 대답하시되 진실로 진실로 네게 이르노니 사람이 물과 성령으로 나지 아니하면 하나님의 나라에 들어갈 수 없느니라. 육으로 난 것은 육이요 영으로 난 것은 영이니, 내가 네게 거듭나야 하겠다 하는 말을 놀랍게 여기지 말라" 개척목회자가 말씀과 성령으로 거듭나, 하나님과의 관계가 열려야 한다는 말이다. 성령으로 세례를 받아 하늘의 사람으로 바뀌어져야 한다는 말이기도 하다.

개척교회는 영육의 문제가 있는 분들이 주로 찾는다. 개척교회에 개척 멤버가 되려고 찾아오는 사람이 드물다는 것을 알아야 한다. 모두 영육의 문제 있어 개척교회를 통하여 문제를 해결 받으려고 찾아온다는 말이다. 그렇기 때문에 개척교회 목회자는 문제 있는 사람을 치유하여 하나님의 사람으로 바꿀 수 있는 성령의 권능이 있어야 한다. 이러한 성령의 권능이 함께하지 않는 다면 애당초 교회개척을 하지 말아야 한다. 목사 안수 받았으니 교회 개척해야 한다는 막연한 생각을 가지고 개척하지 말라는 말이다.

먼저 자신을 준비해야 한다. 그것도 사모와 함께 준비해야 한다. 어느분들은 은혜와 권능을 받으러 가는 것도 각각 다른 곳으로 가는 데, 이런 부부가 개척하면 100% 실패한다. 같이 한 장소에 가서 치유 받고 능력을 받고, 상대방이 변화되기를 바라지 말고, 자신이 먼저 변화되려고 노력을 해야 한다.

　필자가 교회를 개척하여 목회를 해보니 주일이 가장 중요한 날이다. 요즈음 성도들이 먹고살기가 힘이 들어 주일밖에 교회에 나오지 못하는 성도가 80%이상이다. 기성 교회 주일 예배드리는 것과 같이 하지 말고 주일을 이용하여 성령을 체험하게 하고 치유하라는 말이다. 개척교회는 기성 교회에서 하지 못하는 사역을 해야 살아남을 수가 있다는 것을 명심해야 한다. 주일을 이용하여 성령 충만한 예배를 드리면서 치유하는 것이다. 말씀은 영이 깨어나 영적으로 변하고 성령의 역사가 일어나는 깊은 말씀을 전해야 한다. 그리고 기도를 하게하고 목회자가 돌아다니면서 안수하며 치유하는 방식이다. 잘 모르겠으면 필자의 교회 주일예배에 참석하여 터득하면 될 것이다. 이렇게 하려면 목회자의 영성이 아주 중요하다. 그래서 자신을 준비하는 시간을 갖아야 한다는 것이다. 다음은 200명 이상 성장하는 방법들이다. 교회를 개척하여 부흥시키고 싶으신 분들은 이렇게 하기를 바란다.

　**첫째, 교회에서 매일 철야기도를 하라.** 목사와 사모가 매일 교회에서 철야기도를 하는 것이다. 9시에서 10시 정도에 교회에 가서 12까지는 간절히 능력을 달라고 기도하라. 졸리지 않으면 더하라. 졸리면 강단에서 잠을 자다가 중간에 깨면 기도하라. 그리고 새벽 예배를 드리고 또 기도하라. 이렇게 기도를 많이 하는 목회자에게 은혜와 능력을 주신다. 본인도 교회 강단 앞 의자 위에서 많은 날을 기도하였다. 능력을 받을 때가지 기도해야 한다. 능력을 받은 다음에는 성도들과 함께 기도하라, 이렇게 일 년쯤 하면 교회가 부흥하는 모습을 보게 될 것이다.

교회부흥은 목사가 하는 것이 아니다. 하나님이 하시는 것이다. 그런데 목회자의 교만함은 자신이 좋은 프로그램을 가지고 적용하면 되는 줄 안다. 그 프로그램에 하나님의 능력이 임해야 성공하는 것이다. 하나님의 능력이 임하게 하려면 목회자가 하나님께 인정을 받아야한다. 목회자가 성결해야한다. 영육이 깨끗해야 하나님이 능력을 주신다. 이렇게 열심히 기도한 목회자는 지금도 개척하여 성장시키고 있다.

**둘째, 목회자가 영적인 능력을 받아야한다.** 하나님을 중심으로 섬기는 목회자들이 영적인 것을 모르고 목회를 한다는 것은 잘못된 일이다. 그들은 말하기를 영적인 것을 잘 안다고 하나 사실은 모른다. 하나님은 영이시다. 그리고 우주를 창조하시며 영계에서 사는 생명체들도 창조하셨다. 그 생명체 중에 인간도 포함되어 있다. 인간에게는 영이 있다. 그러므로 영적인 세계를 알아야한다. 영적인 세계에는 천사와 마귀도 있다, 마귀는 인간이 영적인 것을 알고 유혹하여 하나님의 말씀을 의심하게 하였다. 마귀의 이러한 계획은 성공했다, 그 결과로 인간이 하나님의 말씀을 불순종하게 되었고 죄를 범하게 된 것이다.

지금도 마귀는 목회자들을 찾아가 하와를 속인 것과 똑 같이 미혹을 한다. 죄를 범하라고 하지 않는다. 하나님의 말씀을 불순종하라고도 하지 않는 다. 기도하는 것이 너무 힘드니 프로그램으로 하라. 프로그램으로 해보아라. 성공할 수 있다. 너도 대 교회에서 하는 프로그램으로 목회하면 성공한다.

니가 누구인데 이렇게 힘들게 목회를 하느냐, 대 교회 목회자는 기도를 하지 않고 프로그램으로 해도 교회만 잘 부흥된다. 힘든 기도를 많이 하라고 했는데 조금만 해도 된다고 한다. 많은 목회자들이 하나님의 말씀이 옳은 줄 안다. 그런데 명령대로 안 한다. 기도는 안 해도 프로그램으로 하면 된다. 배운 지식으로 하면 된다고 생각한다. 하나님이 주신 능력 없이 일하려 한다.

목회자가 기도가 없다면 자신을 의지하는 것이 된다. 아니면 지식을 의지하는 것이다. 마귀에게 속고 있는 것이다. 이런 목회자는 마귀를 이기지 못한다. 예수님이 제자들에게 하신 말씀이 있다(막9:29). 우리는 기도 외에는 다른 것으로는 하나님의 능력을 받을 수 없다. 그래서 승천하시면서 말씀하셨다(눅24:49). 하나님의 능력이 입히울 때까지 예루살렘을 떠나지 말고 기도하라고 하신 것이다. 목회자는 하나님의 능력이 입히울 때까지 성전 강단의 자리를 떠나지 말고 기도해야 한다.

**셋째, 영적전쟁을 하라.** 교회 내와 지역의 사단의 세력을 이겨야 부흥한다. 교회는 영적인 곳이다. 사단의 세력이 교회를 부흥 못하게 강력하게 역사 한다. 이것을 알고 이기지 못하면 부흥이 안 된다. 만약 영적 승리 없이 교회가 성장했다면 언젠가 다시 무너진다. 그러므로 교회는 반드시 영적 전투를 하여 사단의 방해 세력을 이겨야한다. 사단의 방해 세력을 이기는 길은 목회자와 성도가 합심하여 매일 기도의 불이 꺼지지 않도록 하는 것이다. 먼저 목회자는 많은 기도를 해야 한다, 하루 3시간 이상 기도하면 그 교회는 사단의 세력을 이기고 부흥하는 교회가 된다. 그다음에 성도들이 기도를 많이 하도록 만들어야 한다, 이러한 교회는 지금도 계속 부흥하고 있다. 사단의 세력을 이기는 길이 없이 프로그램만 진행하면 효과가 미미하게 나타난다. 그래서 부흥이 안 된다. 교회는 반드시 사단의 방해를 이기며 목회를 해야 부흥한다, 기존 교회도 사단의 방해를 받으면 시험이 온다. 그러므로 교회는 사단의 권세를 기도로 이겨야한다. 마귀는 예수님도 넘어뜨리려고 출생부터 십자가에서 죽으실 때까지 따라 다녔음을 명심하시라. 목회자들은 마귀의 궤계를 이기기 위해서 기도해야 한다. 그리고 마귀를 물리치는 능력을 받기까지 기도해야한다. 그것은 예수님의 명령이다. 모든 목회자는 능력을 받아야한다. 능력이 있어야 목회를 잘한다. 능력이 있어야 힘 있는 설교를한다. 능력이 있어야 마귀를 이긴다. 마귀를 이겨야 교회 부흥이있다. 목회자가 마귀를 이기지 못하면 부흥이 안 된다.

**넷째, 능력과 프로그램.** 능력과 프로그램 어떤 것이 더 중요할 까? 당연히 능력이다. 그런데 목회자들은 능력을 얻는데 힘을 써야 하는 데, 프로그램 배우는 데 힘쓴다. 능력을 받는 것은 힘이 들고 프로그램을 배우는 것은 힘이 덜 들기 때문이다. 그래서 교회에서 많은 프로그램을 진행해본다. 그런데 이론처럼 안 된다. 목회 능력을 받은 목사는 프로그램을 진행하면 80% 이상의 효과를 거둔다. 그러나 목회 능력이 없는 목사가 프로그램을 진행하면 효과가 없다. 말쟁이가 된다.

목회 능력이 있는 목사는 성도들이 알고 믿고 신뢰하고 따른다. 반대로 능력이 없는 목사는 성도들이 따르지 않거나 아니면 하는 척하고 만다. 또 무시하기도 한다. 그래서 효과가 없는 것이다. 어떤 세미나에서 다른 목사님의 노하우를 배웠어도 자신이 목회 능력이 없으면 안 된다. 목회자들은 능력을 받기 위해 하나님께 바짝 엎드려야한다.

**다섯째, 교인들을 기도하고 전도하게 하라.** 성도가 기도하다가 성령 체험을 하면 그 사람은 자신과 주변의 사람들을 뜨겁게 하며 전도한다. 기도회를 하는 목적은 성령 충만하여 하나님의 능력을 받게 하기 위함이다. 그러므로 성령의 역사를 직접 체험하도록 기도를 시켜야 한다. 성도가 하나님의 능력을 경험하면 열심히 충성하며 전도하여 교회부흥의 원동력이 된다. 성도를 성령으로 뜨겁게 하라. 성령의 발동기를 달아 주라.

**여섯째, 사단의 역사와 싸워 이겨야 한다.** 교회가 성장하려면 교회장소와 지역의 사단의 역사와 싸워 이겨야 한다. 교회를 단독으로 개척 성장시킨 대부분의 목회자들은 교회와 지역을 장악하기 위해서 집회와 기도, 전도를 했다. 교회가 성장하기 위해서는 먼저 교회를 성령으로 장악해야 한다.

교회를 장악하는 최고 좋은 방법은 성령 충만한 집회와 기도회를 하는 것이다. 될 수 있으면 성도들이 많이 모일 수 있는 시간을 택하라. 치유집회도 좋고 기도회를 열어도 좋다. 좌우지간 교회가 성령으로 충만하게 되어야 한다.

**일곱째, 성령으로 영적인 목회를 하라.** 교회는 성령의 역사가 일어나야 성장한다. 성령이 교회를 부흥시키는 것이다.

1) 성령으로 시작한다. 성령으로 마치라.

2) 성령을 초월하면 쓸 데 없는 시험에 빠질 수 있다.

3) 영적인 말씀을 증거 해야 한다. 준비를 잘하라. 영적인 목사님의 설교를 활용하는 것도 유익하다.

4) 교회는 깊은 영적 치유로 영육의 병을 고치는 역사가 항상 있게 하라. 필수사항이다. 치유능력이 없으면 시작하지 말라.

5) 핍박을 두려워 말라. 영적인 사역과 성령의 역사에는 핍박이 오게 되어있다. 하나님외, 사람들의 소리에 신경을 쓰지마라.

6) 성도들을 치유하여 전도하게 하라. 간증하며 전도하게 하라.

**여덟째, 중형이상의 기존 교회가 하지 못하는 영적인 목회를 하라.** 대부분의 성도는 개척교회에 자신의 필요를 채우기 위해서 온다. 이 사람들을 교회에 정착시키기 위해서는 영적 전인치유 능력이 필요하다. 어렵고 고통 하는 사람들이 왔을 때 그들을 만질 수 있는 하나님이 함께하는 영적 목회 능력이 있으면 어디에 교회를 세워도 교회는 성장한다.

**아홉째, 1명에서 200이상 성장시키는 비결.** 편의 상 이미 개척을 하여 교회를 성장시키고 있는 교회와 개척을 하기 위해 준비 중인 교회로 나누어 설명한다.

1) 이미 개척을 하였으나 성도는 없고 식구들이 예배를 드리거나 성도가 5명이내인 교회는 어떻게 해야 하는가? 내 생각과 욕심을 가지고 무조건 교회에 데려다가 앉혀 놓으려고 생각하지 말아야 한다. 왜냐하면 한 명이 와서 앉아 예배를 드리면서 앞, 뒤를 다 본다. 그러면서 성도들의 숫자를 세는 사람도 있다. 그러다가 숫자가 적으면 다음에 오지 않을 확률이 많다. 그럼 어떻게 해야 하는가 일단은 계속 치유와 말씀과 성령의 은혜로 일대일 인간관계를 어느 시점까지 맺어 가는 것이다.

그 사람의 집에서 예배를 드리면서 깨뜨리는 것이다. 왜냐고 물으면 처음에 믿는 분은 주일 날 참석하여 예배를 드리면서 말씀을 들으면 잘 알 듣지를 못할 수도 있고 주일날은 이렇게 개인기도도 못해드리니 어느 정도 치유가 될 때까지 개인의 집에서 치유하며 관리하는 것이라고 하시기를 바란다. 그리고 인원이 10 여 명 이상 어느 정도 되고, 인간관계가 이루어지고 치유가 되면 어느 주일을 택하여 교회로 인도하여 예배를 드리는 것이다. 그 날은 아주 설교도 은혜롭게 준비하고 중식도 준비하고 하여 잔치하는 가정 같은 기분이 들게 한다. 그리고 될 수 있으면 예배 시간에 간증이 있으면 더욱 좋다. 간증을 하도록 만드는 것이 좋다.

간증은 될 수 있는 한 개인의 삶이 변화가 일어나 치유와 축복을 계속 받고 있다는 내용이면 아주 좋다. 저는 시흥 시화에서 개척하여 한 삼 개월 동안 아무도 오지를 않았다. 그러나 포기하지 않고 계속 전도하고 사람을 만났다 어느 날을 택하여 사람들을 끌어 모으니 12명이 되었다. 그래서 데려다가 예배를 드리고 중식을 대접하고 치유를 해드려서 보냈다. 다음 주에 그 분들 중에 8명이 저희 교인이 되어 계속 다녀서 교회가 문을 닫지 않고 예배 때마다 15-20명 정도가 예배를 드리니 교회를 할 수 있었다. 중요한 것은 토요일 날 정신을 차리고 한 사람 한 사람을 만나든지 전화를 하여 내일 주일날 꼭 나오도록 신경을 써야 한다. 토요일이 가장 중요하다. 토요일 날 신경을 쓰지 않으면 주일 날 나오지 않는 성도가 생긴다. 그래서 10-15명 또는 20여 명이 예배만 드리게 되면 그 다음은 웬 만큼 인간관계와 일대일 치유를 하고 데려다가 예배에 참석시켜도 문제가 없다. 이단계가 지난 다음에 성도들의 숫자가 늘어나는 것은 얼마만큼 목사님과 사모님이 열심히 하느냐에 달려 있다. 절대로 나약한 생각을 마시고 성도들에게 주변에 어렵고 힘들고 병들어 있는 사람들이나 새로 이사 오는 사람들을 알려 달라고 하고 또 자신들이 직접 전도를 하라고 강조하고 훈련해야한다.

또 중요한 것은 10명이상을 데리고 올 때 주변의 인척이든지 먼 곳에 교회를 다니는 사람이라도 대려다가 당분간 일단은 앉혀 놓고 예배를 드리라는 것이다. 친척도 좋다. 멀리 있어도 주일 하루쯤은 올 수가 있으니 일단은 숫자를 늘어나게 하는 것이 유리하다. 그러고 나서 숫자가 늘어나면 어느 시점에서 빠지는 것이다. 그리고 계속 교회를 성장시키는 데 열린 예배나 열린 모임을 활용하라. 주변에 어렵고 힘든 분들을 구역이나 셀 모임에 초청하여 은혜를 받게 하는 것이다. 그때는 반드시 간증과 치유가 있어야한다. 치유도 강한 치유가 아니라 마음에 평안과 은혜가 임하는 치유이다. 그래서 목회자가 능력이 있어야한다. 능력도 대강이 아니라 전문적인 능력, 사람의 문제를 풀고 다룰 수 있는 능력이 있어야한다. 그러면서 교회에서 저녁마다 치유집회나 기도 모임을 가지면서 은혜를 받게 한다. 절대로 조급하게 생각하여 등록하라고 하면 다음날 오지 않을 수 있으니 본인들이 갈급 해 하거나 마음이 열려 등록하겠다고 할 때까지 기다리기를 바란다. 이때 성도들이나 사모를 바람잡이로 활용하면 효과적이다. 성도가 20명을 지나 30명만 되면 그 다음에 50명되기는 쉽다. 그리고 기초가 단단하게 잡히면 100명, 200명, 300명으로 가는 것이 용이하다. 단 목회에 전념할 때의 말이다. 저같이 다른 부수적인 일을 하면 당연히 교회성장은 지연이 된다는 것을 명심하기를 바란다.

숫자가 늘어가면서 교회 인원들의 관리가 중요하다. 첫 단추가 중요하다. 기초가 단단하게 서 있어야하니 양육을 게을리 해서는 안 될 것이다. 교회가 커질수록 작은 구역 셀 관리가 중요하다. 목회자가 전체를 일일이 다 장악하기란 그리 쉽지 않다. 그래서 교회를 개척하여 크게 성장을 하신 목사님들이 이구동성으로 양육을 잘하라, 교회가 클수록 작게 편성하라고 소그룹의 활동을 강조한다. 구역이나 셀을 편성하되 일정기간 동안 관리는 목사님과 사모님이 직접 해야 한다. 구역이나 셀의 예배도 직접 드리는 것이 옳다. 다른 성도나 전도사 등 교역자들을 사용하는 것은 신중해야한다. 잘못하면 교회가 망가질 수도 있다. 양육도 사모님이 직접 하거나 목사님이 하는 것이 좋다.

개척교회가 양육을 다른 사람을 통해서 한다. 이것은 문제의 소지를 낳기가 쉽다. 나중에 후회할 일이 생기는 것이다. 그래서 영분별을 잘해야 한다. 작은 교회가 성장하고 있다고 소문이 나면 마귀의 하수인들이 와서 이상한 소리를 퍼뜨려서 교회를 잘못되게 할 수도 있다. 특히 돌아다니는 권사나 장로 안수 집사들을 주의하기를 바란다. 이들 중에 자격이 전혀 없는 데 기도원 같은 데에서 안수를 받은 사람도 있다. 임직을 주는 것도 100 명이 넘으면 하는 것이 좋다. 100명까지는 서리 집사가 좋다. 안수 집사가 되려면 전도해서 100명이 되게 하라고 하기를 바란다.

2) 지금 개척을 하기 위해 준비 중인 교회는 어떻게 해야 하는가? 무조건 장소를 준비하는 것보다 우선 당분간 가정에서 예배를 드리면서 준비하는 것도 생각해 볼 문제이다. 어느 정도 숫자가 될 때까지 가정에서 예배를 드리면서 내 사람을 만드는 것이다. 그래서 확실한 사람이라고 생각이 된 인원이 10 여명이 되면, 그 때 장소를 물색하고 교회를 열어도 늦지 않다. 이때 주의할 것은 물질에 무리가 없어야한다.

성도들은 물질에 문제가 생기면 그냥 간다. 지금 성도들은 짐을 지지 않으려고 한다. 은혜만 받으려고 한다. 그리고 가정에서 예배를 드리면 주변에서 시끄럽다고 항의를 한다. 융통성 있게 대처해야한다. 좌우지간 시간을 가지고 치유하며 성령의 능력과 말씀의 은혜를 체험하게 한다. 목회자가 추구하는 목회의 방향에 맞추어 예배나 집회나 치유를 하며 양성하여 간다.

그래야 목회자의 목회방향과 영성을 추구하는 성도들이 되고 교회에 남아서 기둥이 된다. 또 이렇게 되어야 나중에 반발이 안 생긴다. 이때는 그냥 대충 지나가다 나중에 교회를 하면서 만들어 가야지 이것은 위험하다. 반발이 생긴다. 그리고 교회 장소를 준바하는 것도 절대 서두르지 말고 하나님이 하시도록 해야 한다. 하나님이 성도들의 마음을 감동시켜서 물질로도 봉사하게 해야 한다. 절대로 목회자가 혼자 감당하는 것은 금물이다. 교회는 하나님의 교회이다. 목회자가 돈에 쪼들리면 말씀준비고 영력이고 기도고 아무 것도 안 된다.

여러 가지를 준비하기를 바란다. 특히 개척목회를 하려고 하시는 목회자는 성령의 능력, 즉 영적인 무기가 확실해야한다. 무기 없이 안일하게 되겠지 하는 생각으로 교회를 시작하면 98%는 망한다. 서서히 시간을 가지고 준비하기를 바란다. 말씀, 인간이 살아가면서 생기는 문제가 무엇인가? 내가 추구할 목회방향은 어떤 것인가? 내가 교회를 개척하려는 곳의 지방 정보를 수집하고 그 지방 사람들이 교회에 무엇을 요구하며 무엇이 필요한가? 생존 대책 등 다양하게 준비를 해야 한다. 교회를 구멍가게 하는 식으로 생각하면 오산이다. 교회는 하나님의 전이다. 고로 영적인 싸움이 있다. 영적인 싸움을 어떻게 할 것 인가도 준비 해야 한다. 영적 싸움 없이는 교회가 설 수가 없다.

① 장소 준비: 학원이나 어린이 집을 빌려서 일정기간 사용하는 방법도 있다. 교회장소를 막아서 주거시설을 만들고 숙식을 하면서 해결하는 방법이 있다. 예산을 절약할 수 있다. 산본에 어느 교회 목사님은 200명이 될 때까지 교회 뒤에서 살았다고 한다. 그러나 건강관리에 신경을 써야한다. 시시 때때로 성도들이 찾아오니 자기 관리를 못할 수도 있다.

장소를 준비하는데 특별히 주의할 사항은 망해서 나간 교회가 싸다고 잡지 말고 주의하라. 영적 전쟁을 많이 해야 하니 자신이 있으면 잡고 그렇지 않으면 부흥해서 이전한 교회를 잡아라. 망해서 나간 교회는 소문이 잘 못나서 한동안 고생을 한다. 그리고 악한 영의 역사가 강하게 일어난다. 이점을 명심하시라.

### 3) 지금 개척하여 목회중인데 성도가 없으니 어떻게 하나?

1번을 응용하여 사용하시고 밤마다 새벽마다 영적 전투를 하라. 좌우지간 돌아다니면서 사람을 만나라. 분명히 전도 대상자가 있다. 저녁, 새벽기도를 하되 교회 홍보 전단지를 잘 만들어서 돌려야 한다. 교회 장소와 지역을 성령께서 장악하면 분명히 보증의 역사가 있다. 사람들이 몰려온다는 것이다. 교회는 하나님의 전이다. 하나님이 교회의 주인이므로 하나님이 하신다.

"예" 서울 어느 교회 목사님은 교회에 빚이 있어서 문을 닫아야 하느냐, 계속해야 하느냐 하는 시기에 암 환자가 와서 안수 기도 해주고 고치니 교회 빚을 다 청산해주었다. 인천에 목사님은 시화에 우리 충만한 교회 12주 과정 다닐 때 전주에서 올라와 성도가 한 명이었다. 계속 다니면서 은혜와 능력을 받고 저녁마다 집회하여 지금은 주일날 40-50명이 예배를 드린다고 한다. 몇 년 전에 오셔서 점심을 사주시며 자랑을 대단히 많이 했다.

서울 목사님은 성도의 귀가 어려서부터 들리지 않아 고생하다가 본 교회 치유집회에 참석하여 귀가 열렸다. 그 이야기를 듣고 담임목사가 사모하고 전도사를 데리고 와서 12주 과정을 거치면서 은혜를 많이 받았다. 병원에 전도 갔다가 생명이 3일 남긴 시한부 장로를 만나 기도하여 하나님이 치유되게 하므로 담대함도 얻고 크게 헌금도 했다고 한다.

수원에 개척했던 어떤 목사님은 개척을 담대함으로 했는데 목회 영적 능력이 없어서 도저히 할 수가 없어서 도중에 그만 두고 지금 부교역자를 한다고 한다. 부교역자 하면서 목회의 여러 영적인 것을 터득하고 다시 개척한다고 본 교회의 여러 교재를 가지고 공부하고 있다. 개척교회를 빨리 하는 것이 능사가 아니라, 영적 능력을 갖추는 것이 최우선이다. 개척 목회가 말같이 쉽게 되는 것이 아니다. 목회는 영적인 싸움이다. 하나님의 일이다. 하나님이 보증하여 주어야 한다. 하나님과 인격적인 관계가 되려고 해야 한다. 인격적인 관계가 어떻게 되느냐, 내가 죽고, 예수로 다시 태어나는 것이다. 교회는 땅의 사람을 하늘의 사람으로 바꾸는 곳이다. 목회자가 먼저 바뀌어야 한다. 하나님을 주인으로 모시고 모든 것을 하나님의 승인 하에 해야 한다. 하나님이 주인이 되시니 하나님이 일하시는 것이다.

치유를 통한 능력 전도할 때 주의 사항은 치유만 해주고 양육을 하지 않으면 교회가 성장이 안 된다. 양육 프로그램을 만들어서 성도를 말씀으로 양육하여 능력전도 사역자로 만들어야 한다. 이를 위하여 목사님과 사모님은 생명을 걸어야한다. 어느 목사님은 사모님은 가만히 앉아 있는 분으로 생각하는 분도 있는데 이는 잘못된 생각이다. 개척초기에는 사모님하고 같이 해야 한다. 사모를 적극적으로 활용해야 한다. 목사님과 사모님은 영적인 능력과 말씀의 능력이 있어야 한다.

**열째, 작은 교회의 예배장소 준비 착안사항**

1) 물질에 무리가 없도록 적합한 예배 처를 마련해야 한다. 물질의 문제로 나중에 교회를 못하게 되는 수도 있다. 가정, 창고, 천막에서 했어도 부흥했다.

2) 물질을 많이 들여 의자와 강대상과 마이크를 준비하지 마라.

① 깨끗하게 앉아서(장의자 말고 접의자를 사용 필요시 이동용이)

② 보면대 하나면 족하다. 시간이 지나면 성물 할 성도가 있다.

③ 엠프 없이 음성으로 설교 듣는 것이 더 은혜롭다.

3) 반드시 종탑 세우려 하지마라. 물질(200-300만원)이 많이 들고 관리에 신경을 써야 하고 임대 교회는 건물주가 반대하기도 한다. ① 종탑 보고 찾아오는 사람은 드물다. ② 성도들이 은혜받고 소문내서 데려오게 해야 한다. ③ 개척 교회는 그냥 걸어 들어오지 않는다. 전도해서 데리고 와야 한다.

4) 반드시 넓고 반듯한 장소만을 고집 마라. 장소를 항상 비좁게 만들어라. 예: 100명 들어갈 곳에 50명이 앉아 있으면 쓸쓸해

보인다. 50명 앉을 공간에 70-100명이 앉아 있으면 훈훈해 보인다. 예배당을 항상 비좁게 하라. 새로 개척한 충만한 교회에 갔더니 앉을 자리가 없게 찼더라.

5) 설교 단상을 넓게 하지 말고 보면대 만 놓아라. 성도들이 최대한 많이 들어가게 하라.

6) 피아노 같은 악기를 구입하지 마라. 성물을 할 사람이 있다. 성도가 해서 축복을 받게 하라.

7) 예배당을 잡다한 물건으로 복잡하게 만들지 말아라. 간단하게 순수하게 하라. 교회 와서 쓸쓸하면 성물을 봉헌할 사람이 분명 있다. 설교단상 화분으로 가리지 말라.

8) 밖에서 볼 때 예배 당 들어오는 입구를 깨끗하게 하라.

① 첫인상이 중요하다. 밖에서 보는 이미지가 중요하다.

② 간판은 깔끔하게 하라. 우리교회도 문제가 있어 다시 고치고 단장했다. 교회개척 너무 두렵고 무서워하지 말라. 교회는 하나님이 하신다. 하나님이 함께 하면 된다. 저는 시화에서 소돔과 고모라 성 한 가운데에서도 이상 없이 목회하고 이곳으로 와서도 잘하고 있다.

너무 교인 숫자에 관심을 두지 말고 질적인 성도에 관심을 두기를 바란다. 교회는 숫자가 많다고 하는 것이 아니고 능력 있는 소수의 성도들을 통하여 하나님이 하신다. 소망과 비전을 가지고 준비를 잘하여 출발하기를 바란다. 그러면 주의 지팡이와 막대기가 당신을 안내할 것이다. 기도하며 주의 지팡이와 막대기가 안내할 때까지 기다리기를 바란다. 꼭 기다리는 시간이 필요하다.

# 15장 개척 성장하는 과정에 발생하는 난관

(행2:40-41)"또 여러 말로 확증하며 권하여 이르되 너희가
이 패역한 세대에서 구원을 받으라 하니, 그 말을 받은 사람들은
세례를 받으매 이 날에 신도의 수가 삼천이나 더하더라"

1.기존 성도들의 비협조: 영적 사역에 대한 거부. 이는 너무 급
하게 적용시키려다가 보면 당연히 거부가 온다. 서서히 시간의 여
유를 가지고 젖어들게 해야 한다. 또 환자를 싫어하는 성도들도
있다. 냄새 나고 보기 싫고 해서, 또 그 환자 때문에 자신들이 관
심을 못 받으니까? 예수님의 사랑에 대한 말씀을 자주 전해야한
다.

2.새로 들어온 성도와 기존 성도들 간에 분란(영적, 육적). 새
로 들어온 성도들이 더 열심일 수가 있다. 왜냐하면 위치를 확보
하려고 그러나 중립적인 입장에서 대처해야한다. 하나님의 말씀
으로 이해가 가도록 하게하고, 기도를 많이 하고 악한 영의 역사
를 잠식시켜야한다.

3.치유기도 받고 더 심해질 수가 있다. 이는 그 사람 자신 속에
있는 악한 영의 역사가 나타나서 그렇다. 그러므로 적당히 은혜
받는 수준에서 조절을 잘 해야 한다. 그래서 목회자가 분별하도록

영적인 수준을 높이라는 것이다. 영적인 전문가가 되어야 한다.

4.치유 받으면 다른 교회로 간다. 교육을 잘 해야 한다. 우리에게 주어진 십자가는 피할 수가 없다. 바울도 자신의 가시를 제거해 달라고 세 번이나 기도했으나 은혜가 족하다고 했다. 어디를 가도 그 시련은 오게 된다. 자신이 이겨야한다. 그리고 치유 받은 것을 유지를 잘못하면 또 재발하여 치유가 상당히 어려워질 수도 있다. 저는 이런 성도를 많이 봤다. 우리 충만한 교회에서 치유 받고 다른 곳으로 가서 치유 받지 못하여 목숨을 잃는 성도도 봤다.

다른 교회로 가는 이유는 영의 만족을 누리지 못하니까 가는 것이다. 목회자는 부단하게 노력하여 성도들이 영의 만족을 누릴 수 있도록 말씀을 전하고 성령으로 충만하게 해야 한다.

5.치유 받은 성도가 수치심으로 떠난다. 나는 절대로 개인적인 사역은 하지 않는다. 예배 시간에 아무도 모르게 치유사역을 한다. 전체 기도를 시키고 기도할 때 치유사역을 한다. 그런데 경험이 적은 목회자들이 실수를 한다. 성도들이 보는 앞에서 사역을 하므로 수치를 느끼게 한다. 될 수 있는 데로 구분하여 사역을 하면 좋은 데 형편상 또는 시간상 그렇게 못한다. 이는 교육을 잘 이해하도록 해야 한다. 하나님이 사랑하기 때문에 치유하여 주는 것이다. 절대 수치심은 마귀가 주는 것이다. 더 드러내놓고 자랑해야 악한 것들은 떠나간다. 교육을 잘하기를 바란다. 그렇지 않으

면 영원히 치유 받지 못하고 마귀의 종이 된다.

6. 이단이나 사이비라고 오해받을 수도 있다. 그러나 절대로 두려워하지 말기를 바란다. 성경적으로 조직신학에 어긋나지 않게 사역하면 된다. 원래 성령이 역사하면 자연히 일어나는 현상이다. 누가 무어라고 해도 기도하시면서 바르게 사역을 하면 된다. 그리고 홍보기회이다. 지금 영성과 전인치유사역이 상당히 보편화되었다. 성경적으로 누가 보더라도 공감하게 하면 흠을 잡지 못한다. 그리고 성도들은 오히려 이렇게 성령의 역사가 일어나는 교회를 더 좋아한다. 그러니 걱정하지 마시고 정확하게 하기를 바란다. 하나님은 성령 사역자를 보호하여 주신다. 사람의 눈치를 보면 성령의 역사는 반감하여 하나님의 인도를 받지 못한다. 전폭적으로 성령께 의지하기 바란다.

7.치유 받고 헌금한 물질을 돌려달라고 한다. 일부 사람들이 치유 받기 전에 목회자가 관심을 가지고 치유를 하게 하려고 거금을 헌금한다. 그러다가 마음이 변하여 돌려달라고 하는 경우가 많다. 그러니까 미리 기부금 확인서를 작성하여 주어야 한다. 또 이런 물질 문제로 이단 연구소에 신고를 하면 여기서 조사가 나온다. 잘 처리하기를 바란다. 법정에 간 목회자도 있다. 저는 주변에서 많이 봤다. 집중치유 받기 위하여 등록하여 놓고 치유되면 도망가는 경우도 있다. 좌우지간 성령의 역사를 따라가야 한다.

8.예언이나 상담 후 자신의 마음에 맞지 않으면 항의하는 경우도 있다. 대적하지 마라. 믿음의 수준이 문제이다. 이는 그 사람이 마음의 문이 열리지를 못한 이유이다. 마음의 상처로 인하여 그 말씀을 받아들일 공간이 없어서이다. 조금 지나면 이해를 한다.

9.목회자(사역자)자신의 몸에 이상이 올 수가 있다. 자신이 기침, 토함, 피로, 우울 등⋯. 이는 자신이 상처가 있어서 더러운 영들의 전이 현상이니 자신이 치유를 받아야한다. 나이가 들면 몸에 질병이 생길 수도 있어 사역을 하지 못하는 경우도 있다. 치유목회를 지금 하고 계시다면 일주일에 하루라도 치유를 받으면서 사역을 하기를 바란다. 내가 살고 다른 사람 살려야 되는 것이다. 다른 사람 치유해주고 내가 몸이 아프고 죽으면 무엇 하나? 이런 목회자가 종종 있다.

목회자는 반드시 영들의 전이와 영적인 손상에 대해서 바르게 알고 대처해야 한다. 영들의 전이와 영적인 손상에 대해서는 "하나님의 복을 전이 받는 법"을 읽어보기 바란다. 이 책에는 하나님의 축복을 전이 받는 법과 능력 받는 법, 영들의 전이와 영적인 손상에 대하여 상세하게 설명되어 있다.

10.목회자가 영적 피로가 온다. 예배 시간에만 하시라. 작은 교회에는 악한 영이 보내는 사주 받은 영들이 있다. 즉 영적인 사역을 하는 목회자를 피곤하게 하여 사역을 못하게 하는 것들이다.

잘 분별하시고 한두 시간에 끝내든지 그렇지 않으면 예배 시간에만 하든지 하라. 새벽 예배를 못하고 다음날 활동을 못하는 경우도 있다.

11. 영안이 열렸다고 하는 성도들을 잘 관리해야 한다. 한마디로 잘 분별해야 한다. 성령은 남의 허물을 덮어주시는 분이다. 악영(귀신)은 남의 수치를 드러내어 수치스럽게 한다(마8:28-34). 영안을 열고 분별력을 길러야 한다.

12. 전도사가 교인의 1/3를 데리고 나가는 사건을 사전에 예방을 하라. 영적으로 진단을 잘 해야 한다. 그 전도사가 다른 교회에서 어떻게 생활을 하였는지, 또 가정생활을 어떻게 하는 지, 영적인 수준은 얼마나 되는 지 등 여러 면을 살펴본 후 일을 적절하게 맡겨야 한다. 한 교회에서 한꺼번에 많은 인원이 들어오면 주의해야한다. 나중에 나가면서 배로 불려서 나갈 수가 있다. 받아들이는 것을 심각하게 판단해야한다.

13. 성도가 목사님보고 설교 본문을 음성으로 받았다고 설교하라고 하는 경우도 있다. 이것은 전적으로 잘못된 것이다. 강하게 다루면 교회를 떠나니 잘 알아듣게 이야기하여 이해를 시키기를 바란다. 치유를 하면 없어진다. 성령치유 사역을 오래하다가 보니 여러 가지 이해하지 못할 일로 고생을 하는 목회자가 많다는 것이

다. 목회자는 하나님의 음성을 듣고 목회를 해야 한다. 목자가 양의 말을 듣고 양을 인도하는 목자는 없다. 주인의 말을 듣고 양을 인도하는 것이다.

**14. 사모와 목사님의 영적인 밸런스가 맞지 않아 고생하기도 한다.** 부부가 서로 영적인 수준을 맞추어야한다. 맞지 않으면 쉬는 것이 낫다. 개척교회는 안된다. 그래서 부부가 함께 치유 받고 영적인 사역을 해야 한다. 악한 영의 방해가 심하다.

**15. 상처가 있는 성도의 관리에 신경을 쓰라.**

① 상처가 있으면 눈치가 빠르다. 고로 관심이 필요하다. ② 지속적으로 교회 예배에 참석하게 하라. 예배를 통해서 치유가 된다. ③ 본인이 말씀을 통성으로 읽도록 하는 것이 효과적이다. ④ 본인이 치유 받으려는 의지가 발동이 되도록 믿음을 심어야 한다. ⑤ 문제가 있을 때 본인이 하나님을 찾아 나서도록 하라. ⑥ 환자 자신의 일에 지나치게 개입하지 말라. 너무 감정적이 되지 말라는 것이다. 상대방이 지나치게 당신을 의지하게 하지 말아야 한다. 다른 사람들의 문제를 자기의 것으로 삼지 않도록 조심하라는 것이다. ⑦ 상담을 통해 알게 된 비밀의 보장: 우리는 사역을 하면서 많은 사적인 정보를 듣게 된다. 이 문제로 도움을 받으려는 사람들은 이 점을 두려워한다. 그들이 비밀을 지켜 줄 것이라고 그들이 신뢰할 수 있어야 한다. 꼭 비밀을 지켜야 하고, 될 수 있는 데

로 비밀을 하나님께 고하라고 하는 것이 좋다. 문제를 예수님에게 자신이 직접 드리라고 하라.

16.돌아다니는 장로들을 조심하라. 돌아다니는 장로가 교회를 장악하여 목회자를 몰아내는 경우도 있다. 확실하게 신분확인을 하고 장로 안수를 어디서 받았는지 알아보고 확실하면 받아들여야 한다. 기도원에서 장로안수를 받은 사람도 있다. 나는 그런 장로들에게 당한 목회자들을 다수를 치유 하였다. 특히 다수가 한 교회에서 왔을 때 조심하라, 30명이 왔다가 세를 불려서 50명이 나갈 수 도 있다. 철저하게 분리 단절 작업을 해야 한다. 안 받아드릴 수는 없을 것이다. 잘 관리를 하라. 자기 버릇 개 못 준다. 이런 성도들은 성령으로 충만한 상태에서 안수 사역을 강하게 하면 귀신이 떠나가니 정상으로 돌아올 수도 있다. 좌우지간 관리를 잘 해야 당하지 않는다. 인간적인 관리가 아니라 영권으로 장악해야 한다.

한마디로 개척목회자는 부지런해야 한다. 하나님과 관계가 열려야 한다. 교회 성도들 한사람 한사람에게서 마음과 눈이 떠나서는 안된다. 성령으로 기도하며 하나님의 음성에 집중해야 한다. 개척교회는 성령하나님이 하신다. 그러므로 성령하나님과 관계가 항상 열려 있어야 한다.

# 4부 개척교회의 전도 양육활동

## 16장 능력전도의 영육의 원칙을 적용하라.

(막 1:38~39)"이르시되 우리가 다른 가까운 마을들로 가자 거기서도 전도하리니 내가 이를 위하여 왔노라 하시고 이에 온 갈릴리에 다니시며 저희 여러 회당에서 전도하시고 또 귀신들을 내어 쫓으시더라"

하나님은 능력 전도를 하되 바른 원칙을 가지고 하기를 원하신다. 세상을 살아가는 데는 무엇이나 원칙이 있다. 무조건 덤빈다면 되는 것이 아무것도 없을 것이다. 무엇이나 대상을 알고 대상에 따라 준비를 잘해야 한다. 대상을 알아야 성공할 수 있는 것이다. 예수 능력 전도도 마찬가지다. 전도는 영적인 전쟁이다. 아무런 정보 없이 무조건 세상에 나가 "예수 믿으세요" 하며 전도를 한다면 되지 않을 수도 있다. 그래서 많은 사람들이 전도를 하다가 낙심하여 전도를 포기하는 경우가 생기는 것이다. 전도는 주도면밀한 준비가 있어야 한다. 말씀이 충분해야 한다. 그리고 성령으로 충만해야 한다. 성령이 함께해야 한다. 또한 성령의 은사가 있어야 한다. 그래야 담대하게 예수 능력 전도를 할 수 있다.

간혹 10년 이상 목회를 하신 분들이 치유 집회를 찾아오신다. 그분들이 이구동성으로 하는 말이 있다면 목회는 말과 열정만으로는 안 된다는 것이다. 그렇기 때문에 자신도 치유 받고 성령의 권능도 받기 위해 몇 개월간 열심히 참석한다는 것이다. 그렇게 간절함을 가지고 오기 때문에 은혜와 더불어 능력을 받는 것이다.

능력 전도나 교회 성장은 그냥 되는 것이 아니다. 성령이 함께 해야 한다. 성령님과 인격적인 관계가 있어야 한다. 소규모로 모이는 교회라도 능력 전도가 행하여진다면 성장할 수 있다. 프로그램만으로는 성장하지 않는다. 교회에 맞는 능력 전도 방법을 개발해야 한다. 전도 대상을 연구하고 말씀과 성령의 능력으로 준비해야 한다. 성장한 다른 교회들을 방문하기보다는 자신을 준비하는 것이 더 중요하다. 자신이 준비되어 성령님과 인격적인 관계가 형성되면 교회는 성장하지 말라고 해도 성장한다.

## 1. 비신자의 관심은 무엇인가?

사람들은 보통 현재 당하고 있는 질병, 물질 문제, 사업상의 문제 해결과 우환질고를 면하고자 한다. 내세보다는 현세의 문제들을 해결하기 원하는 것이다. 하지만 영적인 문제, 즉 악한 영에게 괴롭힘 당하는 것 또한 두려워한다. 먹고사는 구복에 관심이 많으며, 내일 당장 어떻게 되더라도 오늘 잘 먹고 잘 살면 된다는 사고를 가지고 있다. 그래서 건강에 대한 관심이 지대하며, 그렇기 때문에 건강에 좋다 하면 무엇이라도 먹으려고 하는 것이다.

사람들은 또한 물질의 복을 원한다. 현 시대는 물질 만능의 시대이므로 물질에 대한 애착이 대단하다. 대다수의 사람들은 자녀들이 잘되기를 원하며, 자녀가 잘된다면 무엇이든 하려 한다. 한마디로 자녀가 우상이 되었다. 그러나 이것이 사람들의 속성이다. 이런 경우에는 자녀 문제를 가진 사람에게 접근하여 전도하는 것이 효과적이다.

이처럼 우리는 불신자들이 원하는 바를 알고 전도해야 한다.

## 2. 능력 전도 시 가장 수용적인 사람들

우리가 전도할 때 영적으로 가장 수용적인 사람들은 누구인가? 대체로 두 부류의 사람들이 그렇다고 믿는다. 첫째는 변화의 과도기에 있는 사람들이다. 둘째는 긴장감 속에 있는 사람들이다. 하나님은 변화와 고통을 사용하여 사람들의 주의를 끄시고, 그들로 하여금 복음을 받아들이는 태도를 갖게 만드신다.

### 1) 변화의 과도기에 있는 사람들

삶에 큰 변화를 체험하는 사람은 누구든지, 그것이 긍정적인 것이든 부정적인 것이든, 영적 안정에 대한 갈급을 느끼게 된다. 지금 이 세계에는 사람들을 자주 놀라게 하고 불안하게 만드는 엄청난 변화들 때문에 영적인 문제에 대해 큰 관심이 고조되고 있다.

앨빈 토플러는 변화가 극심해질 때 사람들은 '안정의 섬'을 찾는 다고 말했다. 바로 이것이야말로 교회가 타야 할 파도인 것이다. 사람들의 결혼, 아기의 탄생, 새 집, 새 직장, 새 학교 등과 같은 변화를 맞이할 때, 복음에 더 수용적인 태도를 보인다는 것이다. 바로 이 점이 대부분의 주민들이 40년 이상씩 거주한 안정되고 오래된 지역보다 끊임없이 주민들이 바뀌는 지역의 교회들이 더 빨리 성장하는 이유이다. 우리는 이런 사람들을 찾아 나서서 전도해야 한다.

### 2) 긴장감 속에 있는 사람들

하나님은 사람들의 주의를 끌기 위해서 이혼의 아픔, 사랑하는 사람의 죽음, 재정적 어려움, 결혼과 가정생활의 문제들, 외로움, 원망, 죄책감 그리고 기타 많은 스트레스 등 온갖 종류의 정서적인 아픔을 사용하시기도 한다. 두려움이나 불안감에 빠져 있는 사람들은 종종 자신들이 고통을 줄이고 공허감을 메우기 위해서 자신들보다 더 위대한 그 무엇을 찾기 시작하는 것이다.

### 3) 통계상 복음을 가장 잘 받아들인 열 개 그룹

① 교회를 두 번째 방문하는 사람들

② 새로 결신한 사람의 가까운 친구

③ 이혼 절차를 밟고 있는 사람들

④ 회복을 위한 프로그램(술, 마약, 성 등을 위한)의 필요를 느끼는 사람들

⑤ 처음으로 부모가 된 사람들

⑥ 불치의 병에 걸린 사람들과 그 가족들

⑦ 심각한 결혼 생활의 문제를 안고 있는 부부들

⑧ 문제아의 부모들

⑨ 최근에 실직했거나 심각한 재정적인 어려움을 겪고 있는 사람들

⑩ 지역 사회로 새로 이사 온 사람들


우리가 교회를 세울 수 있는 가능성 있는 목표는 지역 사회에 있는 이처럼 복음에 수용적인 태도를 가진 각 그룹의 사람들을 위해 능력 전도 방법을 개발해야 하는 것이다. 이때 주의해야 할 것은 교회를 다니다가 낙심한 자는 수용적인 사람에 비하여 다섯 배의 수고가 있다는 것을 알고 시간 낭비를 말라는 것이다. 내가 경험한 바로는 교회에 들어왔다가 낙심한 사람들을 전도하는 것은 상당한 노력이 필요하다. 병원 전도를 하다가 이런 사람들을 자주 만났다. 교회에 한 번도 나오지 않은 사람들에 비하여 상당히 많은 거부감을 갖고 있었다. 그러므로 우리가 교회 성장을 원한다면 수용적인 사람들에게 접근하는 일에 집중해야 할 것이다. 일단 우리의 사역 대상이 누구인지, 누구에게 가장 접근하고 싶은지, 그리고 그들 가운데서 누가 가장 수용적인 태도를 가지고 있는지를 파악했다면 우리는 이제 다음 단계를 위한 준비가 된 것이다.

## 3. 전도의 전략을 세우라

전도 대상자들이 원하는 방식으로 전도를 하라는 것이다. 그래야 전도를 받아들여서 모이게 된다. 대상을 분석하고 그들이 원하는 방식으로 예수 능력 전도를 해야 한다.

### 1) 사람들의 문화를 이해하고 그것에 적응하라

예수님은 제자들에게 "어느 동네에 들어가든지 너희를 영접하거든 너희 앞에 차려놓는 것을 먹고 거기 있는 병자들을 고치고 또 말하기를 하나님의 나라가 너희에게 가까이 왔다 하라 어느 동네에 들어가든지 너희를 영접지 아니하거든 그 거리로 나와서 말하되 너희 동네에서 우리 발에 묻은 먼지도 너희에게 떨어버리노라 그러나 하나님의 나라가 가까이 온줄을 알라 하라"(눅 10:8~11)고 말씀하셨다.

예수님이 이 말씀을 하신 것은 단지 음식에 관한 충고가 아니다. 그 지방의 문화에 민감할 것을 명하신 것이다. 주님은 제자들이 전도의 대상들과 함께 어울릴 수 있어야 함을 말씀하셨다. 제자들은 성경적 원리에 어긋나지 않는 한, 그 지방의 관습과 문화를 알아야 했다.

### 2) 대상들이 원하는 방식으로 전도하라

이는 당신의 대상이 당신에게 접근하도록 방식을 결정하는 것을 의미한다. 우리가 낚시를 할 때도 모든 고기를 똑같은 미끼로 낚는 것이 아니고, 각각 다른 미끼를 사용한다. 우리는 우리가 잡고자 하는 고기에게 맞는 미끼와 바늘을 사용해야 고기를 낚을 수 있는 것이다.

바울은 언제나 대상에게 맞는 방식으로 접근했다. 이는 대상이 원하는 방향으로 접근했다는 것이다. 물고기에게 내가 주는 미끼로 와서 먹으라고 하지 않고 물고기가 좋아하는 미끼를 가지고 접근했다는 것이다. 그는 그의 전략을 고린도전서 9장 19~22절에서 이렇게 말했다. "내내가 모든 사람에게 자유하였으나 스스로 모든 사람에게 종이 된 것은 더 많은 사람을 얻고자 함이라 유대인들에게는 내가 유대인과 같이 된 것은 유대인들을 얻고자 함이요 율법 아래 있는 자들에게는 내가 율법 아래 있지 아니하나 율법 아래 있는 자 같이 된 것은 율법 아래 있는 자들을 얻고자 함이요 율법 없는 자에게는 내가 하나님께는 율법 없는 자가 아니요 도리어 그리스도의 율법 아래 있는 자나 율법 없는 자와 같이 된 것은 율법 없는 자들을 얻고자 함이라 약한 자들에게는 내가 약한 자와 같이 된 것은 약한 자들을 얻고자 함이요 여러 사람에게 내가 여러 모양이 된 것은 아무쪼록 몇몇 사람들을 구원코자 함이니." 우리도 이와 같이 대상들이 원하는 방식으로 접근해야 한다. 그래서 대상을 알아야 하는 것이다. 그 대상들이 내세에 관심이 있는가, 아니면 현세의 문제 해결에 관심이 많은가를 알고 접근해야 하는 것이다.

### 3) 불신자들이 느끼는 필요에서부터 출발하라

예수님은 어떤 사람들을 만날 때마다 그들의 상처와 필요와 관심사 등에서 출발하였다. 예수님은 제자들을 파송하셨을 때 같은 일을 하도록 명하신 것이다. "병든 자를 고치며 죽은 자를 살리며 문둥이를 깨끗하게 하며 귀신을 쫓아내되 너희가 거저 받았으니 거저 주어라"(마 10:8). 철저하게 사람들이 느끼는 필요와 상처에 초점을 맞추었다는 것을 명심해야 한다.

여러 종류의 대상들을 전도하기 원한다면 많은 문제를 갖고 있는 사람들을 기꺼이 상대하려는 열의를 가져야 한다. 능력 전도를 하는 일은 종종 지저분하고 냄새가 날 수도 있다. 입에서 썩은 냄새가 날 수도 있다. 그리고 한마디로 안하무인일 수가 있다는 것이다. 전도 대상자가 질병에 들어서 거동이 불편할 수도 있다. 물고기를 낚을 때도 마찬가지다. 지저분하고 비린내가 나는 경우가 있다. 그러나 많은 교인들은 잡고자 하는 고기가 이미 비늘이 벗겨져 있고, 내장이 치워져 있고, 깨끗하게 씻겨 있고, 또 조리되어 있기를 원한다. 그러나 절대로 그렇지 못한 경우가 많다. 영적인 수준을 기대할 수가 없는 영적인 무지한들이 많이 있을 수 있다. 심지어 교회에 와서 담배를 피우고, 술을 먹을 수도 있다는 것이다. 이것을 이해하고 접근해야 한다는 것이다. 전도 대상자가 나의 영적 수준과 같을 것이라는 생각을 버리라는 것이다.

능력 전도를 하여 교회가 성장하려면 이 모든 것을 수용해야 한다. 전도한 사람이 자신의 교회로 반드시 나올 것이라고 생각하면 매일 낙심할 수 있다. 우리는 그냥 영혼을 구원한다고 생각하며 편하게 전도해야 한다. 하나님의 나라 확장에 기여한다고 생각하고 전도해야 한다. 나는 병원 전도를 하면서 많은 사람들에게 그리스도를 영접시켰다. 그러나 우리 교회에 오는 인원은 극소수에 불과 했다. 이 점을 이해하고 전도해야 한다.

4) 비교인들이 못마땅하게 여기는 점들을 이해하고 대응해 주라. 진지하게 취급해 주라는 것이다. 불신자들은 헌금을 요구하는 교회, 죄책감이나 두려움 등을 이용해서 교인을 움직이려는 교회, 교회의 모든 모임에 자신들을 참여시키려고 하는 교회, 그리고 방문객들을 일어서게 하고 소개시키는 교회를 못마땅하게 여긴다. 불평거리를 빨리 대응하여 조치하는 것이 중요하다. 이해가 가도록 설명하는 것이 좋다.

5) 필요한 경우에는 언제라도 방법을 바꾸라

낚시를 할 때도 고기가 물지 않는다면 다른 미끼로 교체하는 것이 당연한 것이다. 대상자의 관심을 끌지 못하면 더 이상 전도는 되지 않을 것이다. 그렇기 때문에 대상에 맞는 방법으로 바꾸라는 것이다. 방법을 바꾸지 않으면 절대로 전도가 되지 않을 것이다. 전도해서 교회에 들어오게 하여 변화시키라는 것이다. 나는 이런 말을 자주 한다. 아브라함도 처음에는 육신에 속한 사람이었다. 그러나 하나님을 따라서 훈련하다가 보니 영적으로 바뀐 것이다. 처음부터 영에 속한 사람이 아니었다는 것이다. 미래의 가장 큰 적은 과거의 성공이다. 과거에 성공했으니 지금도 된다는 자만심을 버려야 한다. 한마디로 옛 방법, 곧 구습을 버리라는 것이다. 새로운 방법, 진취적이고 창의적인 방법을 개발하여 사용하라는 것이다. 그래서 성령으로 기도하여 하나님의 지혜를 날마다 구해야 한다.

## 4. 하나님은 능력 전도하는 사람들에게 복을 주신다.

하나님은 전도하는 성도와 교회에게 복을 주신다. 효과적인 전도의 비결은 그리스도의 메시지를 전하는 것뿐이 아니다. 예수 그리스도의 방법을 따르는 것이다. 나는 예수님은 우리가 전해야 할 내용뿐만 아니라 전하는 방법도 주셨다고 생각한다. 주님은 전략을 가지고 계셨다. 마태복음 10장과 누가복음 10장은 예수님의 전도 전략을 두 편 보여 주고 있다. 주님이 제자들에게 주신 지시사항으로부터 여러 가지 능력 전도 원칙을 생각해 보자.

### 1) 당신이 전도하려고 하는 대상을 알라

전도를 하는 데 만병통치약은 없다. 각 대상에 따라 독특한 전략이 필요하다. 다양한 영육의 지식과 능력이 필요하다. 그러므로 준비해야 한다. 그냥 입만 가지고는 되지 않는다. 말과 행동이 일치가 되어야 한다. 의지만 가지고는 되지 않다. 성령이 함께해야 한다. 성령의 인도를 받아 가며 전도해야 한다. 그때그때 말씀해 주시는 성령의 음성을 듣고 순종해야 한다. 그러므로 능력 전도자는 성령이 함께하는 권능 있는 자라야 한다.

### 2) 대상이 접근하는 곳으로 가라

예수님은 마태복음 10장 14절에서 "누구든지 너희를 영접도 아니하고 너희 말을 듣지도 아니하거든 그 집이나 성에서 나가 너희 발의 먼지를 떨어 버리라"고 하셨다.

복음을 받아들이지 않는데 불필요한 시간을 투자하지 말라는 것이다. 예수님도 복음을 받아들이지 않는 곳에서는 전도하지 않으셨다. 일부 목회자들이 교회를 개척하여 고생만 하다가 그만두는 경우가 있다. 지역마다 축호 전도가 잘되는 곳이 있고, 능력 전도가 잘되는 곳이 있다. 그러므로 전도를 하려면 대상을 분석하는 것은 필수이다. 전도 대상을 잘 분석하여 불필요한 시간을 낭비하지 말기 바란다. 바울도 세월을 아끼라고 했다. 시간을 아껴야 한다. 중요한 시간을 필요한 곳에 사용해야 한다.

### 3) 전도 대상처럼 생각하는 방법을 배우라

신자가 된 후 시간이 지나면 지날수록 우리는 점점 더 불신자처럼 생각하지 않게 된다는 것을 명심해야 한다. 우리는 불신자와 눈높이를 맞춰야 한다. 그런데 어떤 사람들은 전도 대상자가 자기 수준이 되기를 원한다. 세상에서 마귀에게 눌려 종 되어서 살았기 때문에 나와 같을 수는 없다. 우리는 그것을 알아야 한다. 그래서 능력 전도는 전도의 대상과 눈높이를 맞추는 것이 중요하다. 무엇보다도 그 사람의 심정을 이해할 줄 알아야 한다는 것이다. 전도 대상자의 심정을 이해하기 위해서는 적절한 간증도 필요하다. 그리고 그 사람의 하소연도 들을 수 있는 여유가 있어야 한다. 전도 대상자처럼 생각하기 위해 신자나 비신자에게 다섯 가지 질문을 해 보라.

① 당신은 지금 당장 가장 큰 필요가 무엇이라고 생각하십니까?

② 만일 교회에 다니는 성도라면 당신은 교회에 활동적으로 참여하고 있습니까?

③ (비신자에게) 왜 많은 사람들이 교회에 다니지 않는다고 생각하십니까?

④ 당신이 다닐 교회를 찾는다면 어떤 종류의 교회를 원하십니까?

⑤ 내가 당신을 위하여 할 수 있는 일이 무엇이겠습니까? 사람들에게 진정 도움을 주는 목사가 되도록 나에게 하고 싶은 충고는 무엇입니까?

### 4) 대상들이 원하는 방식으로 전도를 하라

① 사람들의 문화를 이해하고 그것의 문제(취약점)를 파악해야 한다.

② 당신의 대상이 자신의 접근 방식을 결정하게 하는 것이다. 대화하라는 것이다. 그래서 원하는 것을 파악하라는 것이다.

③ 비교인들이 느끼는 필요에서부터 출발해야 한다. 대상이 필요한 것이 무엇인지 알고 그것을 가지고 전도하여 이끌고 나오라는 것이다. 교회에 이끌고 와서 영적으로 바꾸라는 것이다.

④ 불신자들이 못마땅하게 여기는 점들을 이해하고 답을 주어야 한다. 말을 잘하여 이해를 시키라는 것이다.

⑤ 필요한 경우에는 언제라도 방법을 바꾸어야 한다. 절대로 한 가지 방법만을 고집하지 말라는 것이다. 필요에 따라 언제라도 방법을 바꾸라는 것이다. 그래서 성령의 음성을 들어야 한다. 성령의 음성을 듣고 그때그때 방법을 바꿔야 한다.

### 5) 능력 전도 방법을 하나 이상 사용하라

고기의 크기에 따라 바늘이 달라야 하듯 전도에 있어서도 같은 방식을 사용하지 말아야 한다. 상대에 따라 상이한 방법을 사용하라는 것이다. 예를 들어, 상담이면 상담, 치유면 치유, 문제 해결이면 해결, 여러 가지 방법을 사용하라는 것이다.

그래서 예수 능력 전도자는 성령의 권능과 말씀이 충분해야 한다. 여러 가지 영적인 원리들을 알고 사용할 줄 알아야 효과적으로 전도할 수 있다. 한마디로 불신자의 욕구를 충족시킬 수 있는 영성이 필요하다.

### 6) 지역 사회를 전도하기 위해서는 비용이 든다

전도를 하려면 물질이 소요된다. 소요되는 물질은 과감하게 사용해야 한다. 절대로 아까워하면 안 된다. 예수를 전하기 위해서는 물질이 필요하기 때문에 하나님은 재정적으로도 풍성하게 하시는 것이다. 전도에 들어가는 물질에 대한 인식을 바르게 해야 한다.

① 전도에 사용되는 돈은 절대로 소비가 아니라는 것이다. 세상 말로 한다면 투자라는 것이다. 전도에 될 수 있는 한 많은 물질을 투자하라. 투자한 만큼 거두게 된다.

② 교회의 재정에 대해 우리가 기억해야 할 것은 사람들은 필요가 아닌 '교회의 비전'을 보고 헌금을 한다는 것이다. 성도들은 아무 교회에나 헌금하지 않는다.

③ 당신이 전도를 위하여 십 원, 백 원을 쓴다면 당신은 십 원짜리, 백 원짜리 결과를 얻을 것이다. 마태복음 17장 27절에서 주님은 베드로에게 이렇게 말씀하셨다: "그러나 우리가 저희로 오해케 하지 않기 위하여 네가 바다에 가서 낚시를 던져 먼저 오르는 고기를 가져 입을 열면 돈 한 세겔을 얻을 것이니 가져다가 나와 너를 위하여 주라 하시니라." 고기를 잡아 고기가 가지고

있는 돈을 사용하라고 하셨다. 교회는 능력 전도를 해야 재정이
풀린다. 우리는 이 점을 확실하게 알아야 한다. 처음 교회를 개척
하여 인간적인 방법으로 전도할 때는 재정적인 고통이 말로 표현
할 수 없을 정도였다. 그러나 말씀과 성령으로 능력 전도할 때는
물질이 풀렸다. 그러므로 우리는 능력 전도를 해야 한다. 전도는
필히 성령이 역사하는 영적인 방법을 사용해야 한다.

### 7) 능력 전도를 하는 일은 중대한 사업이다

낚시는 보통 한가한 시간에 하는 일이다. 그러나 사람을 낚는
사람들은 그것이 하나님의 중대한 사업임을 명심해야 한다. 거기
에 생명을 걸어야 한다. 되면 되고 안 되면 안 되고, 될 대로 되라
는 식의 전도자가 되어서는 안 된다. 능력 전도에 시간과 물질을
투자하여 집중해야 한다. 그래야 귀한 영혼을 구원할 수 있다. 예
수님은 영혼을 구원하기 위하여 아낌없이 생명까지 주셨다는 것
을 알아야 한다. 능력 전도는 중대한 일이다. 몸과 마음과 정성을
다해야 하는 성스러운 업무이다.


## 5. 불신자에게 접촉하여 전도하는 아홉 가지 방법

불신자 혹은 세속인들에게 어떻게 접촉할 것인지에 대한 아홉
가지 전략을 생각해 보자.

1) 수용적인 사람들에게 먼저 접근하라. 어느 지역이든 저항적
인 집단과 수용적인 집단이 있다. 제한된 선교 자원을 가진 우리

로서는 복음을 듣고 따르려는 사람들에게 먼저 전도하는 지혜가 필요하다. 연구와 기도로 복음에 보다 많이 열려 있는 사람들의 집단을 파악하고 그 대상을 향해 집중적으로 전도하는 것이 현명하다.

2) 사회적 관계라는 그물망(social network)으로 접촉하라. 개인주의가 발달할수록 잘 모르는 사람의 설득은 효과가 없다. 이른바 60년대식 노방전도로는 많은 열매를 기대하기 어렵다. 오히려 거부감과 무관심을 조장하기 쉽다. 친족이나 친구와 같이 이미 안면이 있는 사람들에게 신뢰감을 통해 복음을 전하는 '하나님의 다리'로서의 그리스도인이 되어야 한다. 그러므로 우선 내가 먼저 변해야 한다. 그래서 간증하며 능력 전도를 해야 한다.

3) 어렵고 힘든 현재의 문제를 가지고 접근하라. 죽은 다음에 천국 가는 복음일 뿐 아니라, 이 세상에서 어떤 삶을 살아야 할 것인가를 제시하는 복음이 되어야 한다. 어렵고 힘든 현재의 문제(질병, 부부 문제, 자녀 문제, 물질 문제, 가문 문제 등)를 가지고 접근하라. 현대인은 사후 세계보다 현실 세계에 더 많은 관심을 가지고 있다. 삶을 궁극적으로 치유할 수 있는 의미야말로 기독교 복음이 제시할 수 있는 가장 강력한 메시지가 아닌가 알아야 한다. 그래서 복음 전도자는 성령의 권능이 함께해야 하는 것이다. 인간 제반사에 일어나는 문제를 해결할 수 있는 능력을 가지고 전도해야 한다. 그래서 능력 전도를 해야 한다는 것이다. 그래서 교회에 일단 들어오게 해야 한다는 것이다. 교회에 들어오면 영적으로 바꾸어 가면 되는 것이다. 물고기가 미래의 필요한 것

을 채우기 위하여 낚이는 것이 아니다. 당장 배를 채우기 위해서 미끼를 물기 때문에 낚이는 것이다. 우리도 불신자가 당장 필요한 미끼를 가지고 불신자를 전도해야 한다는 것이다. 그래야 그 미끼를 통해서 교회에 들어오는 것이다. 일단 교회에 들어오게 한 후에 하나님의 사람으로 바꾸어 가야 한다. 너무 성급하지 말라는 말이다.

4) 사람들의 순수한 의심과 질문에 관심을 가지라. 비신자들이 흔히 가지는 질문들, 예를 들어 '신은 과연 존재하는가?', '하나님은 과연 어떤 존재인가?', '인간이 하나님을 알 수 있는가?', '하나님이 우리를 알고 다가오시는가?', '이 과학 시대에 과연 기적을 믿을 수 있는가?', '천국과 지옥은 과연 있는가? 있다면 어떤 것인가?' 등에 대해서 명쾌하게 대답해 줄 수 있는 커뮤니케이션 전략이 준비되어 있어야 한다. 말씀뿐만 아니라 실제를 나타나게 해야 한다. 그러므로 능력 전도는 훈련된 성도가 할 수 있는 것이다.

5) 소외감을 극복하도록 도와주라. 현대인의 가장 큰 문제는 소외감, 즉 진정한 교제의 결핍이다. 사람들이 교회를 떠나는 가장 큰 이유 중의 하나는 자신을 받아 줄 수 있는 교제 그룹이 없기 때문이다. 소외 계층은 가난한 사람들에게만 해당되는 것이 아니다. 잘 사는 사람들을 품는 교회는 하나님을 사랑하고 사람을 신뢰하는 교회가 아니다. 진정한 사랑이 있는 교회는 하나님을 신뢰하고 사람을 사랑하는 관계를 강화하는 교회이다. 하나님을 믿어야 한다. 그리고 그 사람을 사랑해야 한다. 이러한 접근이야말

로 인간의 소외를 해결하는 근원적인 태도이다.

6) 자긍심과 가치감을 갖도록 하라. 유례없는 정신적 자유와 물질적 풍요에도 불구하고 현대인은 낮은 자존감 때문에 시달린다. 그리고 불안과 두려움에 시달린다. 복음은 이러한 자신감의 결핍을 해결해 주는 능력을 가지고 있다. 창조의 교리는 인간을 죄인 이전의 하나님의 형상과 모양으로 지은 바 되었음을 가르친다. 구원의 교리 또한 인간이 죄인이라는 사실 이전의 하나님이 사랑이심을 강조한다. 복음의 구조는 '좋은 소식(창조)-나쁜 소식(타락)-좋은 소식(구원)'의 공식을 가지고 있다. 이것을 적극적으로 소개할 수 있어야 한다. 아무리 죄를 많이 진 죄인이라도 회개하고 돌아오면 하나님은 받아 주신다는 것을 설명하고 이해시킬 수 있어야 한다.

7) 하나님의 나라인 천국에 소망을 두도록 하라. 현대인의 공통의 고민은 미래에 대한 불안과 두려움이다. 미래를 예측할 수 없는 불확실성이야말로 현대인의 가장 확실한 문제이다. 언제 일어날지 모르는 사고와 실패를 나름대로 예방하는 보험 사업이 갈수록 번창하는 이유가 여기에 있다. 이러한 문제를 치료하는 확실한 길은 하나님 나라에 대한 확신뿐이다. 역사를 섭리하시고 통치하시는 하나님에 대한 믿음이야말로 현대인의 불안을 극복하게 하는 비결임을 깨닫게 해야 한다. 그래서 능력 전도자는 예언의 은사도 있어야 하는 것이다.

8) 신실한 그리스도인을 친구로 삼게 하라. 현대의 세속인은 그리스도를 못 믿는 것이 아니라, 그리스도인을 못 믿는다는 말

이 있다. 믿을 만한 그리스도인이 있다면 그리스도도 믿을 수 있다는 것이다. 친구를 여섯 명 이상 사귈 수 있으면 새신자가 절대로 교회를 떠나지 않는다는 조사보고도 있다. 기독교는 가르쳐서 얻어지기보다는 잡혀서 얻어지는 경향이 있다. 그러기 위해서 우리 그리스도인들이 말씀과 성령으로 치유되어야 한다. 그래서 심령에서 예수 인격이 나와야 한다. 변화된 모습을 세속인들에게 보여 줄 수 있어야 한다. 말만 잘해서는 안 된다. 말과 같이 실제 눈으로 보이게 변화가 되어야 한다. 불신자들은 말보다 실제 눈으로 보여 달라고 말한다. 그래서 전도는 능력 전도라야 한다.

**9) 효과적인 교육과 확신의 사역을 제공하라.** 기독교에 대해 많이들은 것에 비해 비신자들은 어처구니없을 정도로 기독교의 기본 교리에 대해 무지하다는 것을 알아야 한다. 현대 사회에는 기독교 교리를 명확하게 가르치는 프로그램만 있다면 접촉될 비신자가 얼마든지 있을 것이다. 문제는 명쾌한 교육 프로그램이 없고, 있더라도 흥미와 참여를 촉진시키는 데에 실패하고 있다. 그래서 우리는 비신자들에게 기독교 기본 교리를 이해시킬 수 있는 방법을 강구해야 한다. 그들에게 기독교 교리를 바르게 설명하여 이해시킬 수 있는 실력이 있어야 한다. 말씀과 성령의 역사를 준비하자. 그것을 가지고 전도하자. 때가 이르면 거두게 될 것이다. 절대로 낙심하지 말기를 바란다. 하나님은 우리의 열성도 보신다.

# 17장 100명 이상 성장하기 위해 적용할 사항

(행 2:37-41)"그들이 이 말을 듣고 마음에 찔려 베드로와 다른 사도들에게 물어 이르되 형제들아 우리가 어찌할 꼬 하거늘, 베드로가 이르되 너희가 회개하여 각각 예수 그리스도의 이름으로 세례를 받고 죄 사함을 받으라. 그리하면 성령을 선물을 받으리니, 이 약속은 너희와 너희 자녀와 모든 먼 데 사람 곧 주 우리 하나님이 얼마든지 부르시는 자들에게 하신 것이라 하고, 또 여러 말로 확증하며 권하여 이르되 너희가 이 패역한 세대에서 구원을 받으라 하니, 그 말을 받은 사람들은 세례를 받으매 이 날에 신도의 수가 삼천이나 더하더라."

하나님은 이 땅의 개척교회들이 모두 성장하기를 원하신다. 그런데 왜 개척교회들이 부흥되지 않을까? 이유는 반드시 있다. 여러 가지 요인들이 있겠지만 먼저 하나님과의 관계가 열리지 않았기 때문이다. 교회를 개척하는 목회자들의 영적인 수준이 약하다는 것이다. 한마디로 육신에 속한 분들이 많다는 것이다. 우리는 영육을 구분할 줄 알아야 한다. 교회는 엄연하게 성령님이 이끌어 가신다. 성령은 육이 아니고 영이시다. 육적인 상태에서 성령의 뜻을 알아낼 도리가 없는 것은 당연한 것이다. 그래서 영적으로 변하는 것이 우선이다. 영적으로 사고하고 영안이 열려야 한다는 것이다. 그런데 일부 교회를 개척하는 목회자들의 영적인 상태를 보면 성령으로 세례도 받지 못한 분들이 의외로 많다. 하나님의 교회를 자신의 생각을 가지고 개척하니 성령의 역사가 일어나지 않는 것은 당연한 것이다. 교회가 부흥되지 못하고 중도에 문을 닫는 것은 불을 보는 것과 같은 이치인 것이다. 개척 교회는 성령이 역사하지 않으면 절대로 부흥되지 못한다. 교회를 개척하려면 영적으로 변하는 것부터 준비가 되어야 한다. 예수를 믿고 목사가 되었다고 영적인 사람이라고 우기면 큰 오산이다. 영적인 사람은 땅의 사람은 죽고 하늘의 사람으로 태어나서 하나님의 음성을 듣고 순종하며 따라가는 사람이다.

## 1. 막연한 생각

교회를 개척하는 많은 분들이 막연한 생각을 가지고 교회를 개척한다는 것이다. 목사안수를 받아야 하니까, 아니면 목사안수를 받았으니까, 나 역시도 막연한 생각을 가지고 교회를 개척했다. 교회만 개척하면 금방 부흥이 될 줄 알았다. 큰 교회에서 부교역자 3년 하면서 많은 성도들이 능력이 있다고 했겠다. 교회개척과 성장에 대해서 3년이란 세월을 투자하여 연구도 했겠다. 내가 교회를 개척하면 금방 성도들이 구름과 같이 모여들 것으로 생각을 했다. 그 당시 나는 교회를 개척하여 10년이 넘었는데 성도가 10명도 안 되는 목회자를 보면 아주 우습게 생각을 했다. 얼마나 무능하면 십년이 넘었는데 성도가 고작 10명일까? 아주 교만했던 것이다. 지금 교회를 개척하려고 생각하는 목회자 중에도 저와 같은 교만을 가지고 있는 분이 계실지 모르겠다. 죄송하지만, 그 교만이 꺾어지기 전에는 교회가 성장하지 않는다는 것을 명심해야 할 것이다. 그런데 막상 내가 교회를 개척하고 나니 6개월이 되어도 한 사람도 등록하는 사람이 없었다.

교회를 개척하는 거의 모든 분들이 임대를 하여 교회를 시작한다. 물론 일부는 본 교회에서 지 교회를 개척하여 주기도 한다. 그런데 본 교회에서 교회를 개척해주고 매달 생활비를 200만원씩 3년을 지원해주어도 교회를 성장시키지 못하는 목회자도 만난 일이 있다. 그런데 매달 관리비와 임대료를 지불해야 한다. 요즈음 상가들이 전세로는 임대를 주지 않는 것이 보통이다. 매달 임대료를 지불하는데 한 달이 하루같이 다가오게 된다.

참으로 빨리 지나간다. 성도들이 찾아와 부흥이 되고 있다면 별로 문제가 되지 않지만 그렇지 못하면 애로가 보통이 아니다. 교회를 개척할 분은 이런 것까지 고려하여 개척을 해야 할 것이다. 요즈음 개척교회에 등록하여 헌신하려는 성도가 거의 없다. 모두 교회를 필요 중심으로 다니기 때문이다. 필요중심이란 자신의 문제를 해결하고, 질병을 치유하고, 물질축복을 받고, 편안하게 믿음을 유지할 수 있는 것으로 다니는 성도가 많다.

막연하게 우리가 하나님의 교회를 개척했으니 하나님이 사람을 보내서 교회를 성장 시켜주시겠지! 이러한 생각은 꿈과 같은 자기 합리에 불과하다. 현실은 절대로 그렇지 못하다. 냉정하다. 나는 공직생활을 했다. 공직 생활할 때는 친척들도 도와 달라고 전화도 오고 찾아오는 친척도 있었다. 그런데 교회를 개척하자 개미 한 마리 나타나지를 않았다. 왜 그럴까? 일부 중대형 교회 목회자들이 공공연하게 개척교회가 되지 않는다고 말했기 때문이다. 그 소리를 성도들이 돌아다니면서 하니까, 친척들이 듣고 저의 교회도 망한다는 것이다. 안 될 것이라는 것이다. 한 마디로 쪽박 찰 수가 있다는 것이다. 그래서 도와달라고 할까봐 나타나지를 않는 것이다.

그래서 하나님과의 관계를 친밀하게 하는 수밖에 도리가 없다. 제가 교회를 개척하여 아무리 어렵고 힘이 들어 친척, 친구들은 다 떠나도 하나님은 저와 함께 하셨다. 기도할 때 꿈을 주시고 소망을 주셨다. 앞길을 알려주셨다. 물론 처음 개척했을 당시에는 저의 인간적인 생각과 지혜를 가지고 했다. 그러다가 교회가 생각대로 부흥되지 않자, 그때야 비로소 하나님을 찾기 시작을 한 것이다. 하나님에게 기도하는 수밖에 도리가 없었기 때문이다. 하나님과의 관계는 어려움에 처했을 때 더 친밀해졌다.

제가 이런 이야기를 기록하는 것은 교회를 개척하려면 일찌감치 하나님과의 관계를 돈독하게 하라는 뜻에서 기록하는 것이다. 절대로 하나님은 사람을 의지하는 사람과 상관하지 않으신다. 어렵고 힘이 들더라도 사람에게 의지하지 말아야 한다. 사람을 의지하게 되면 하나님의 역사만 늦추어진다. 교회를 개척하려고 하시는 분들은 막연한 생각을 갖지 말라는 것이다. 자신이 말씀과 성령으로 변하여 하나님과의 관계가 열리기를 기다려야 한다. 하나님과의 관계가 열리면 교회는 하나님이 하신다. 그런데 하나님과의 관계를 여는 것은 그렇게 말과 같이 쉽지 않다. 이는 고난을 당하다가 하나님에게 기도하여 통과해야 알 수가 있는 것이다. 한마디로 체험해보아야 알 수가 있는 것이다.

## 2. 하나님이 해주신다.

많은 분들이 기도하면 하나님이 해주신다고 한다. 그래서 40일 금식도 한다. 산에 가서 기도도 한다. 기도원에 가서 천일을 철야하기도 한다. 그런데 우리가 바르게 알아야 할 것은 기도하면 하나님이 해주시는 것이 아니다. 기도해서 하나님의 음성을 듣고 하나님이 하라는 대로 순종할 때 역사가 일어난다. 막연하게 앉아서 기도한다고 자동으로 하나님이 해주신다는 이론은 샤머니즘의 논리이다. 한마디로 이방신앙의 논리라는 것이다. 절대로 하나님은 기도한다고 자동으로 해주는 분이 아니다. 자신이 하나님의 음성을 듣고 움직일 때 역사해 주신다.

그러므로 하나님의 음성(레마)를 받을 수 있는 영성이 되어야 한다. 하나님의 음성은 아무나 듣지 못한다. 하나님은 영이시기 때문이다. 내가 말씀과 성령으로 변하여 영의 상태가 되어야 영이신 하나님의 음성이 들린다. 그래서 영적으로 변하는 것이 중요하다는 것이다. 교회를 개척할 분은 제일 먼저 영이신 하나님의 음성을 들을 수 있어야 한다. 그런다고 다른 신령한 사람을 찾아가 물어보라는 이야기가 절대로 아니다. 자신 안에 계신 성령하나님으로 부터 직접 들어야 한다.

모든 교회개척 성장 과정에 하나님이 들려주시는 음성대로 순종할 때 성령의 역사가 일어난다. 교회의 주인은 하나님이시기 때문이다. 주인이신 하나님이 하라는 대로 순종해야 하나님이 친히 하신다. 저에게는 많은 개척교회 목회자가 찾아와 상담을 한다. 많은 분들이 자신의 생각으로 교회는 하나님의 교회이니 하나님이 해주시겠지 하는 막연한 생각을 가지고 교회를 개척했다고 대답을 했다. 그러다가 사면초과에 걸려 이러지도 저러지도 못하니 저를 찾아온 것이다. 대화를 하다가 느낀 것은 하나같이 영성이 되지 않았다는 것이다.

한마디로 육의 생각을 가지고 교회를 개척했다는 것이다. 이런 분들을 안수하면 성령의 불세례가 임하면서 귀신들이 글로 표현 못할 정도로 떠나간다. 악악하면서 악을 쓰고, 못나간다고 하고, 교회를 망하게 하려고 했다고 하고, 가정을 파괴하려고 했다는 등등 하소연을 하면서 떠나간다. 이렇게 귀신들에게 포위되어 있는데 교회가 될 수가 없는 것이다. 한 마디로 용감한 것이다. 이해가 된다. 저역시도 그랬기 때문이다. 여기에 글을 쓰는 것은 저와 같이 지금 교회를 개척하여 실패한 목회자들과 같이 똑같은 실수를 하지 말라고 글을 쓰는 것이다.

교회를 개척했으니 하나님이 해주신다. 이 말은 맞지 않는다. 요행을 바라는 것과 똑같은 것이다. 샤머니즘의 논리이다. 절에 가서 열심히 빌면 부처가 해준다는 논리이다. 돌무더기 앞에서 열심히 빌면 귀신이 해준다는 논리이다. 귀신에게 빌어서 귀신에게 얌전하게 있어 달라는 무당의 논리이다. 절대로 잘못된 논리이다. 하나님은 하나님의 음성을 듣고 그대로 순종했을 때 성령으로 역사하신다. 영적인 수준을 높여야 한다. 영적인 수준은 말씀을 삶에 적용하여 체험함으로 높아진다. 하나님은 살아계신 분이기 때문이다. 권능도 성령의 불세례를 받아서 강해지는 것이 아니다. 말씀의 비밀을 깨달아 아는 만큼씩 권능이 강해진다. 권능 있는 목사에게 안수 받았다고 권능이 나타나는 것이 아니다. 자신이 살아있는 말씀을 삶에 체험하여 깨달아 지는 만큼씩 권능은 올라가는 것이다.

많은 목회자들이 성령의 불이 강한 목회자에게 불을 받으려고 지금 이시간도 뛰어 다닌다. 저의 체험으로는 이렇게 한다고 성령의 불을 받지 못한다. 자신이 변해야 한다. 변하려면 심령을 치유해야 한다. 심령이 치유되어 자신 안에 계신 성령하나님과 영의 통로가 열려야 한다. 영의 통로가 열리는 만큼씩 성령의 불로 장악이 된다. 무엇을 하든지 모두 영적인 원리가 있다, 영적인 원리는 말씀 안에 있다. 말씀 안에 숨어 있는 원리는 성령으로 영안이 열려야 가능한 것이다. 자신이 변하여 하나님과 관계를 열려고 노력하기를 바란다. 시간도 하나님에게 많이 투자해

야 한다. 마음도 드려야 한다. 물질도 드려야 한다. 절대로 하나
님의 사람은 거저 되지 않는다. 그러므로 막연하게 이렇게 하면
하나님이 해주시겠지 하는 생각은 버려야 한다.

## 3.친인척관리

나는 신학을 시작하기 전에 하나님에게 기도하니 개척해야 한
다는 응답을 받았다. 여러 책에서 기록했기 때문에 생략을 한다.
그래서 교회를 개척하려고 미리 준비를 했다. 개척교회에 가서
봉사하면서 개척교회 실태를 보았다. 몇 교회 다니면서 봉사하
면서 교회를 어떻게 하면 성장을 시킬 수가 있는지 보기 위해서
이다.

그런데 제가 가서 직접 체험한 개척교회마다 친척을 데려다가
교회를 했다. 친척으로 인하여 문제가 많이 발생을 하더라는 것
이다. 담임목사의 말에 순종을 하지 않을뿐더러, 돌아다니면서
담임목사와 사모의 흉을 보고 다니는 것이다. 담임목사가 설교
를 못한다든지, 옛날에 어떻게 생활을 했다든지, 성도들이 알지
도 못하는 소리를 하면서 교회성장을 방해 했다. 그리고 담임목
사에게 안수도 받지를 않는다. 다른 성도들은 다 안수를 받으려
고 하는 데 안수를 받지 않고 도망을 간다. 가서 이상한 소리를
해댄다.

이는 영적으로 보면 답이 나온다. 마귀는 사람을 이용하여 교

회성장을 방해한다. 마귀가 교회성장을 못하게 하려고 친인척의 입을 이용하는 것이다. 그래서 교회를 개척하려면 영분별의 능력이 있어야 한다. 마귀의 역사는 분열을 시킨다. 어떻게 해서라도 사람들과 이간질을 해서 분열을 시키려고 혈안이 되어 있다. 성령의 역사는 하나가 되게 한다. 그러므로 교회가 분열이 되지 않고 하나가 되려면 성령이 역사하는 교회가 되어야 한다.

교회가 성령이 역사하려면 담임목사의 영성이 대단히 중요한다. 매 예배 때마다 성령의 역사가 일어나야 한다. 저는 개인적으로 교회를 개척하려면 예배 때마다 성령의 역사를 일으킬 수 있을 때 개척해야 한다는 것이다. 성령의 역사를 일으키면서 담임목사가 직접 안수를 해야 한다. 이렇게 함으로 성도들을 이간질하는 영들이 물러가는 것이다. 하나님은 목회자들에게 영적권위를 가질 수 있는 무기를 주셨다. 그것이 바로 생명의 말씀사역과 안수사역이다. 생명의 말씀이란 성경을 해석하여 전하는 것이 아니다. 생명의 말씀은 말씀을 체험하여 체험한 말씀을 성령으로 전하는 것이 생명의 말씀이다. 성도들은 생명의 말씀과 안수를 통하여 영적으로 변하는 것이다. 영적으로 변하는 만큼씩 하늘의 복을 받게 된다.

그러므로 생명의 말씀과 능력안수를 통하여 성령으로 하나를 만들 수 있으면 친척들을 개척교회에 들여서 같이 신앙생활을 하고, 그렇게 할 수 없으면 멀리 떨어져서 각각 신앙생활을 하는 것이 좋다. 성도들이 친척들의 잘못된 행실을 보고 상처받는다.

잘못된 것들이 전염된다. 물론 개척초기 몇 개월은 같이 지낼 수가 있다. 그러나 어느 시기가 지나면 보내는 것이 좋다. 이유는 하나님의 말씀이다. "여호와께서 이와 같이 말씀하시니라. 무릇 사람을 믿으며, 육신으로 그의 힘을 삼고, 마음이 여호와에게서 떠난 그 사람은 저주를 받을 것이라"(렘 17:5). 사람을 의지하면 개척교회는 성장하지 못한다. 순수하게 하나님만을 바라보아야 할 것이다.

## 4. 전문성

목회는 전문적인 것이다. 특별히 교회를 개척할 분은 전문성을 개발해야 한다. 개척교회가 전문성이 없으면 살아남을 수가 없다. 그것도 중, 대형교회가 하지 않는 영성 깊은 전문성을 개발해야 한다. 교회는 사람을 바꾸는 곳이다. 땅의 사람을 하늘의 사람으로 바꾸어야 한다. 사람이 사람을 바꿀 수가 없다. 반드시 초자연적으로 역사하는 성령이 개입해야 한다. 성령의 역사가 같이 갈 수 있는 전문성을 개발하라는 것이다. 그래야 개척교회가 살아남을 수 있다. 하나님의 뜻에 합당한 전문성 있고 권능있는 목회자가 되기 위하여 이렇게 해야 한다.

1) 롤 모델을 만나야 한다. 롤 모델(Role Model)은 어떤 사람을 모범으로 삼아서 자신이 어느 정도의 성숙(성공)을 이룰 때까지 그를 모델로 삼는 것을 뜻한다. 롤 모델을 우리말로 번역하면

역할모델이 된다. 엘리사가 엘리야보다 갑절로 더 크게 쓰임 받은 이유는 엘리야라는 영적 대가를 만났기 때문이다. 나에게 도전정신을 주고, 나를 자극하고 흔드는 인생의 롤 모델을 만나야 한다. 엘리야 같은 본받고 싶은 인생의 롤 모델을 만나기를 성령으로 기도해야 한다. 한번뿐인 인생, 어떻게 살아야할지 조언해 줄 수 있는 인생 선배를 만나야 한다. 무엇을 위해, 어떻게 살아야 할지, 현명하게 지도해줄 수 있는 인생의 모델을 만나는 것이 복중의 복이다. 10~20대에는 배우자를 위한 기도보다는 본받고 뛰어넘을만한 엘리야와 같은 영적인 대가를 만나기 위해 기도해야 한다. 바울이 바나바를 만난 것이 우리가 지금 알고 있는 바울이 될 수 있었던 가장 큰 원인이고, 디모데가 바울을 만난 것이 디모데의 인생의 최고의 복이다.

쉽게 인생의 롤 모델을 만날 수 있는 방법이 '책을 읽는 것'이다. 책을 통해 수많은 영적인 대가와 인생의 롤 모델을 만날 수 있다. 우리는 책속의 위대한 인물들을 만날 때마다 이렇게 외쳐야 한다. '나는 당신을 뛰어넘을 수 있다.' 록펠러가 세운 미국의 시카고 대학은 1929년까지는 이름도 모르는 대학이었다. 그런데 5대 총장으로 취임한 로버트 허친스에 의해 일류대학으로 변했다. 지금까지 시카고 대학은 73개의 노벨상을 받는 대단한 학교가 되었다.

로버트 허친스는 [시카고 플랜]을 만들어 학생들의 수준을 완벽하게 끌어올렸다. 시카고 플랜의 핵심은 "철학 고전을 비롯한 세계의 위대한 고전 100권을 달달 외우게 만들고 이것을 하지 않는 사람은 졸업시키지 않겠다"는 것이다. 학생들은 시카고 플랜에 참여하며 수많은 위인들을 만났고, 그들을 롤 모델로 삼았고 이전과는 전혀 다른 인생을 살기 시작했다.

우리는 주변에서 성공한 사람들의 이야기를 듣게 된다. 우리는 그런 소리를 들으며 이런 마음을 먹어야 한다. '내가 당신을 뛰어넘을 것이다.' 국회의원 홍정욱은 존 F 케네디 대통령을 인생의 롤 모델로 삼았다. 그는 존 F 케네디를 닮기 위해 그가 졸업한 로즈마리 홀 고등학교에 입학했고, 케네디가 졸업한 하버드를 졸업했다. 지금 그의 꿈은 존 F 케네디를 뛰어넘는 정치인이 되는 것이라고 한다. 이런 사람들을 보면 우리는 이런 말을 할 수 있다. '너는 돈도 있고 능력도 있잖아.' 맞다. 우리는 돈도 없고, 능력도 없다. 하지만 우리는 하나님이 계시지 않은가? 둘째는 기도하는 것이다. 성령으로 영의기도를 해야 한다. 성령께서 감동하시어 멘토를 만나게 할 것이다.

2) 장점을 발견하라. 누구나 장점과 단점은 있다. 어떤 사람의 장점이 좋아 따라가다가 그 사람의 단점을 발견하고는 포기하는 경우를 본다. 그런 사람은 절대 큰사람이 될 수 없다. 엘리사는 엘리야를 10년 넘게 따라다녔다. 누군가를 따라다닌다는 것은 꼭 존경하고 좋아하기 때문만은 아니다. 그에게 배울 점이 있기 때문이다. 배울 점이 있는 사람이라고 꼭 장점만 있는 것은 아니다. 엘리사는 엘리야의 장점도 봤겠지만 단점도 봤을 것이

다. 하지만 엘리사는 엘리야에게 장점을 배웠고, 결국 엘리야를 뛰어넘는 하나님의 사람이 되었다.

교회 안에 목회자들이 있다. 담임목사를 비롯한 목회자들이다. 이들에게는 단점도 있지만 장점도 참 많다. 교회의 성도들이 이들을 청빙했을 때는 이들의 장점을 보고 청빙한 것이다. 그렇다면 이들의 장점을 배우고, 이들의 장점을 칭찬해서, 이들의 장점이 극대화되어서 몸 된 교회에서 쓰임 받을 수 있도록 하는 것이 성도의 임무이다.

3) 노력이라는 대가를 지불하라. 누군가를 자신의 롤 모델로 삼는 것으로 끝나면 안 된다. 누군가의 장점을 발견하는 것으로 끝나면 안 된다. 그를 닮기 위해 노력해야 한다. 노력은 거짓말하지 않는 것이다. 전교 1등하는 친구를 롤 모델로 삼았으면 그의 행동, 말투, 공부하는 습관 등을 그대로 따라해 보아야 한다. 그리고 그 친구보다 2~3배 더 노력해야 한다. 노력이라는 대가를 지불하면 그를 능가할 수 있다.

호박벌은 굉장히 부지런하고 자기 일에 집중하는 곤충이다. 몸길이가 평균 2.5센티미터 정도인데 일주일에 1,600킬로미터를 날아다닌다. 작은 호박벌로서는 엄청난 거리이지만, 공기역학적으로 보면 너무 작아서 이렇게 날수 있다는 것이 기적인데 어떻게 이렇게 먼 거리를 날수 있을까? 호박벌은 꿀을 얻겠다는 집중력이 아주 강하다고 한다. 그 분명한 목적의식이 그의 신체적인 한계도 뛰어넘게 만든 것이다. 지금 당신은 어떤 일을 하는

가? 그 일을 위해 최선을 다하는가? 최선이란 단순한 노력이 아닌 자신의 한계를 뛰어넘는 노력이 있어야 한다. 하나님에게 기도해야 한다. 나는 윈스턴 처칠의 옥스퍼드 대학에서의 강연을 좋아한다. 'never never give up(절대로 절대로 포기하지 마라).' 윈스턴 처칠은 많은 약점이 있었다. 말도 잘 못하고, 공부도 잘못했다. 열등감이 많았고, 수많은 소문들 때문에 마음고생이 심했다. 하지만 그에게 한 가지 장점이 있었다. 목표한 것을 포기하지 않고 끝까지 그 일을 향해 집중하는 것이다. 육군 사관학교를 삼수하여 들어갔고, 수많은 시련이 있었지만 결국 수상이 되었다. 인생의 분명한 목표를 가지고 노력하라. 대가를 만나기를 기도하고, 만난 다음에는 닮아가기를 노력하고 나중에는 그를 뛰어넘으시기 바란다. 그때 엘리야를 뛰어넘는 엘리사가 될 수 있다.

## 5. 집중

하나님에게 집중은 무엇보다도 중요하다. 개척교회는 누구보다도 하나님에게 집중해야 한다. 하나님만 바라보아야 한다는 말이다. 많은 개척교회 목회자들이 사람을 의식한다. 교단을 의식하고, 노회를 의식한다. 주변의 목회자들을 의식한다. 어느 개척교회 목사가 저에게 이렇게 말하는 것이다. 제가 성령사역을 하면 노회와 교단에서 시비를 걸 것 같아서 못하겠다는 것이다. 저는 이렇게 말한다. "아니 노회와 교단에서 목사님 교회 망하면 책임져주십니까? 절대로 의식하지 말고 성경에 나와 있는 대로 성령사역을 하십시오. 또 조직신학을 따라서 하십시오. 목사님이 성경대로 조직신학에 근거하여 사역하면 누가 무어라고 말하지 않습니다."

하나님은 절대로 사람을 의식하는 사람과 상관하시지 않는다. 왜 그럴까? 아직 땅의 사람으로 살고 있기 때문이다. 하나님은 땅의 사람(아담)과는 교통할 수가 없다. 그래서 목사님이 자꾸 노회, 교단을 의식하면 할수록 귀신에게 강하게 사로잡히게 된다. 육이기 때문이다. 하나님 만을 의식해야 한다. 하늘의 사람이 되어야 개척교회에 성령의 역사가 일어난다. 말씀과 성령으로 변하여 하나님을 바라보고 하나님의 음성을 듣고 순종하라.

## 6.돌아다니지 마라.

한마디로 성령의 역사는 하나이다. 여기저기 돌아다닌다고 특별한 것이 없다. 우리 교회에 와서 저에게 "저는 개척준비를 합니다." 하고 인사하고 하루 견디다가 가는 분이 있다. 우리가 알아야 할 것은 성령으로 거듭난 사람은 성령의 인도를 받아야 한다. 성령께서 감동했다면 무엇인가 자신에게 깨닫게 하기 위해서 감동하신 것이다. 그러면 성령께서 그만 가라고 할 때까지 머물러야 한다. 오기는 성령의 감동으로 오고, 가는 것은 자기 마음대로 가는 사람이라는 애당초 교회개척을 생각하지 말아야 한다. 아직 자기 생각으로 움직이는 땅의 사람이기 때문에 교회를 개척하면 100% 망한다.

성령으로 자신이 완전하게 장악이 되려면 한 곳에 몰입하고 집중해야 한다. 자신이 교회를 개척하여 어떤 목회를 할 것인가 결정을 했으면 자신의 것이 될 때까지 거기 머물라는 것이다. 여기 저기 가서 기웃거려 보았자, 산만하기만 하고 정리되는 것이 하나도 없다. 자신의 목회 방향이 정해졌으면 집중하여 자기 것으로 만들어야 한다. 많은 목회자가 이런다. "목사님 다 압니다." 내가 이렇게 대답을 한다. "다 아는 것이 중요한 것이 아닙니다. 내 속에서 아는 것과 같은 은혜와 권능이 나와야 합니다. 기독교에서 안다는 것은 체험한 것을 말하는 것입니다."

저는 거의 매일 이렇게 강조를 한다. 강단에서 목회자가 말씀을 전했으면 말씀과 같은 살아있는 역사가 일어나야 생명의 말씀을 전한 것이라고 한다. 누가 좋은 말 전하지 못하겠는가? 기독교는 생명의 종교이기 때문에 말한 대로 역사가 일어나야 맞다. 성도들이 영적으로 변해야 한다. 성도들의 성격이 변해야 한다. 성도들의 심령에서 성령의 열매가 나와야 한다. 절에 가서 설법을 들어보라. 얼마나 좋은 말을 하는가? 교회에서 전한 말씀에 생명이 없다면 절에서 스님이 전한 설법과 다른 것이 무엇일까?

교회에서 전하는 말씀은 생명의 말씀이다. 말씀대로 역사가 일어나야 한다는 말이다. 교회를 개척하려면 말씀을 체험하여 체험한 생명의 말씀을 전할 수준이 되어야 개척교회가 성장할 것이다. 교회개척을 쉽게 안일하게 생각하지 마라. 성도들은 다 압니다. 지금 성도들의 수준이 보통이 아니다. 돌아다닐 시간이 있으면 깊은 영의기도나 말씀을 묵상하면서 심령을 정화하고 뚫는 것이 훨씬 유익하다. 생수가 심령에서 나오도록 말이다.

## 7.사람 말 듣고 결정하지 마라.

말로는 하나님의 일을 한다고 하면서 응답은 사람에게 받으려고 한다는 말이다. 우리가 여기서 바로 알아야 할 것은 하나님의 일은 부지런하고 건강하고 열심히 있으면 다할 수 있다. 우리 성도는 하나님에게 쓰임을 받아야 한다. 하나님에게 쓰임을 받으려면 하나님과 친밀하게 지내는 영성이 되어야 가능하다. 하나님의 일을 한다는 사람들이 하나님에게 기도하여 응답을 받지 않고 신령하다는 사람을 통하여 응답을 받으려고 하는 생각이나 발상부터 잘못된 것이다.

지금은 성령으로 기도하여 성령으로 하나님의 뜻을 알고 순종해야 한다. 자신의 목회 방향이나 교회를 개척하거나 모두 마찬가지이다. 자신의 내면에 계신 성령하나님에게 끊임없이 기도하여 음성을 들어야 한다. 한번 통로가 열리면 다음부터는 아주 쉽게 된다. 만약에 어떤 목회자가 하나님의 뜻을 신령한 사람을 통하여 응답받는 다면 죽을 때까지 하나님과 관계가 열릴 수 없다. 더 나아가 하는 일마다 실패하게 된다. 왜 그런지 아는가? 사람 말을 듣고 움직였기 때문에 하나님이 상관하지 않기 때문이다.

하나님은 자신이 직접 응답한 일에만 역사하신다. 그래서 하나님은 하나님의 음성을 듣고 순종하는 사람을 으뜸으로 여기신다. 모세를 보라. 민수기 12장 1절이 하에 보면 이런 사건이 나온다. "모세가 구스 여자를 취하였더니, 모세가 구스 여자를 취하였으므로 미리암과 아론이 모세를 비방하니라. 그들이 이르되 여호와께서 모세와만 말씀하셨느냐 우리와도 말씀하지 아니하셨느냐 하매 여호와께서 이 말을 들으셨더라. 이 사람 모세는 온유함이 지면의 모든 사람보다 더하더라. 여호와께서 갑자기 모세와 아론과 미리암에게 이르시되 너희 세 사람은 회막으로 나아오라 하시니 그 세 사람이 나아가매, 여호와께서 구름 기둥 가운데로부터 강림하사 장막 문에 서시고 아론과 미리암을 부르시는지라 그 두 사람이 나아가매, 이르시되 내 말을 들으라. 너희 중에 선지자가 있으면 나 여호와가 환상으로 나를 그에게 알리기도 하고 꿈으로 그와 말하기도 하거니와 그(모세)와는 내가 대면하여 명백히 말하고 은밀한 말로 하지 아니하며, 그는 또 여호와의 형상을 보거늘 너희가 어찌하여 내 종 모세 비방하기를 두려워하지 아니하느냐. 여호와께서 그들을 향하여 진노하시고 떠나시매, 구름이 장막 위에서 떠나갔고 미리암은 나병에 걸려 눈과 같더라. 아론이 미리암을 본즉 나병에 걸렸는지라"

하나님이 모세를 비방하는 사람들을 향하여 진노하시면서 모세는 너희들과 수준이 다르다고 말씀을 하신다. "그(모세)와는 내가 대면하여 명백히 말하고 은밀한 말로 하지 아니하며, 그는 또 여호와의 형상을 보거늘 너희가 어찌하여 내 종 모세 비방하기를 두려워하지 아니하느냐." 선지자라고 다 똑같은 선지자가 아니라는 것이다. 하나님의 말씀을 대면하여 듣는 모세를 으뜸으로 대우하셨다. 하나님의 말씀을 직접 듣는 선지자가 으뜸이 된다는 것이다. 하나님의 음성을 직접 들으려고 성령의 불세례도 받고 음성을 듣는 훈련도 하는 것이다. 하나님은 살아서 역사하시는 생명의 하나님이시기 때문이다. 하나님의 음성을 들을 수 있는 심령 귀를 개발해야 한다. 하나님의 음성을 바르게 듣고 싶은 분은 "하나님의 음성을 쉽게 듣는 비결"을 참고하라.

# 18장 능력 상담으로 교회를 성장시키라.

(딤후3:16-17)"모든 성경은 하나님의 감동으로 된 것으로 교훈과 책망과 바르게 함과 의로 교육하기에 유익하니, 이는 하나님의 사람으로 온전하게 하며 모든 선한 일을 행할 능력을 갖추게 하려 함이라"

하나님은 상담을 하되 예수처럼 권세 있고 능력 있는 상담을 하라고 하신다. 상담에서 제일 중요한 것? 무엇이겠는가? "자신감"이다. 많이 체험해야 자신감이 생기는 것이다.

## 1.상담의 기본 자료와 무기들

1) 상담의 이론과 기법들: 상담의 이론과 기법이 중요하다고 생각한다. 무엇보다도 성령님과 친밀한 상담가가 되어야 한다.

2) 좋은 자료들: 그리고 좋은 자료를 많이 가지고 있으면 자신감이 생긴다고 말들을 한다. 물론 훌륭한 상담자가 되기 위해서는 많은 이론들과 기법들이 필요로 하고 좋은 자료들도 필요로 하지만 이보다 더 중요한 것은 상담에 성령이 함께 하신다는 자신감이다. 성령님이 상담의 주인이 되게 해야 한다. 성령께 물어보라.

3) 말씀에 대한 확신: 그러면 이 자신감은 어디에서 나오겠는가?"말씀에 대한 확신"에서 나온다. 그리고 이 확신은 어디에서

나오느냐? 믿음에서 나온다. 하나님의 말씀이 세상의 그 어떤 이론과 지식보다 더 우월하다는 믿음 위에서 확신이 나오는 것이다. 그렇다고 자신감은 아무나 가지는 것이 아니다.

### 4)자신감을 가질 수 있는 방법

① 개인치유. 말씀의 능력으로 개인의 삶이 변화된 간증이 있는 사람이라야 자신감을 가지고 상담할 수 있다.

② 치유의 역사. 그런가하면 말씀성취의 역사를 현장에서 본 증인이라면 자신감을 가지고 상담할 수 있다. 그런데 상담에 대한 이론도 약하고 말씀의 능력을 믿는 믿음도 약하다면 상담자로서는 영(빵)점이라고 할 수 있다. 우리는 상담자로서 현장에 가기 때문에 상담공부를 하는 것이 좋다. 기본적인 상담의 이론과 지식들을 갖추고 있는 것이 도움이 될 것이다.

그런데 이것이 사람마다 다르고 시대마다 달라진다. 전문적인 상담연구가가 아닌 이상 그 이론들을 다 공부하기에는 우리의 현장이 너무 급하다. 그래서 현장을 돕고 사역을 돕기 위해서 상담공부를 하게 된 것이다. 그래야 상담의 기본 방향에서 벗어나지 않을 것이며 하나님이 원하시는 상담을 할 수 있기 때문이다.


## 2. 상담의 큰 틀 세 가지

1) 심리적인 방법: 이것은 심리학을 근거로 해서 사람들의 정신적 및 정서적 문제를 치료하고 변화시켜 보려는 인간의 방법이다. 대부분의 정신의학자들이나 심리학자들이 여기에 속한다.

이 사람들은 성경을 아예 취급하지 않는다. 오히려 성경은 인간의 문제를 해결하는데 도움이 안 된다고 말한다. 그리고는 사람이 가지고 있는 모든 문제에 병명을 다 붙인다. 편두통 때문에 고생하면'통증장애'라고 한다.

안절부절못하면 '활동과민성'이라고 한다. 어린 아이들이 약이나 치료를 거부하는 것을 '치료불복종증'이라고 하고, 수학을 잘 못하면 '수학장애'라고 하고, 작문을 잘 못하면 '서면표현장애'라고 한다. 책을 잘 읽지 못하면 '독서 장애'라고 하고, 부모에게 반항하거나 부모와 늘 다투는 아이를 '반대 및 반항 장애'라고 한다. 어린 아이들이 엄마가 주는 것을 먹지 않고 다른 것을 먹으면' 섭식장애'라고 하고, 노인들이 기억력을 잃으면 '노인성 치매증'라고 한다. 불을 자주 지르면 '방화 상습증'이라 하고, 남의 물건을 자주 훔치면'병적 도벽증'이라고 한다.

그리고 1996년 올림픽 때 폭탄으로 사람을 죽인 것을 가르켜 '영웅증세'라고 했다. 이렇게 해 가지고는 정신과 의사들은 병원에 입원시켜서 돈 벌고 약 제조회사는 병명에 맞는 약을 만들어서 돈을 번다. 그런가하면 상담가들은 심리적으로 치료하니 상담료를 내라고 한다.

## 2)기독교 심리적인 방법

① 신학과 심리학의 통합을 유도하면서 하는 상담이다.

② 이들이 하는 주장은 "그리스도인이라고 심리적 문제로부터 자유를 얻을 수 없다"고 하면서 "심리학이 상담에 필요하다"고 말한다.

③ 여기에 해당하는 학자들이 '게리콜린스', '로렌스 크랩'이다. 이 사람들은 성경과 심리학을 같이 둔다. 성경도 중요하지만 심리학도 중요하다는 것이다.

### 3)성경적인 방법(영적인 방법)

① 이것은 하나님의 말씀을 근거로 해서 하는 상담이다. 인간의 이론을 참고로 하지 않고 오직 하나님의 말씀으로만 상담하는 방법이다.

② 그래서 피상담자가 성경적인 생각과 성경적인 말과 성경적인 행동을 하도록 가르치는 것이다.

③ 여기에 대표되는 학자는 제이 아담스이다. 이 외에도 많이 있다(짐 클락, 에드 버클리, 손경환박사). 성경적 상담자들은 세상의 심리학이 교회에 깊이 침투되어 있다고 한탄을 하고 있다. 그래서 성도들이 성경을 믿고 따르는 것이 아니라 심리학을 믿고 따르는 경우가 많다. 한마디로 "교회는 지금 몽땅 심리학화 되고 있다"불신자들이 심리학을 따르는 것은 당연하지만 하나님의 전능하심을 믿는 성도들이 왜 심리학의 이론을 진리로 받아들이는지 의아해 하고 있다. 어찌 성경과 심리학을 비교할 수 있겠는가? 그런데 심리학이 성경 위에 있다. 우리는 빨리 심리학을 성경 밑으로 내려야 한다.

## 3. 성경적 상담을 해야 할 이유

1) 성경에는 오류가 없다. (마5:18) "진실로 너희에게 이르노

니 천지가 없어지기 전에는 율법의 일점일획이라도 반드시 없어지지 아니하고 다 이루리라"

2) 성경에는 부족한 것이 없다(딤후3:16)

① 하나님의 감동(하나님의 특별계시와 성령의 역사로 기록). ② 교훈(복음의 진리를 가르치는 것). ③ 책망(잘못된 것을 진리로 바로 잡는 것). ④ 바르게(올바른 것을 더 매진하도록 하는 것). ⑤ 의로 교육하기에 유익(성장하도록 돕는 것)

3)성경은 모든 의학과 과학을 초월한다(히4:12).

"하나님의 말씀은 살았고 운동력이 있어 좌우에 날선 어떤 검보다도 더 예리하여 혼과 영과 및 관절과 골수를 찔러 쪼개기까지 하며 또 마음의 생각과 뜻을 감찰하나니"라고 했다. 그래서 ① 영적인 병. ② 마음과 생각의 병. ③ 육신의 병. ④ 생활의 병을 생명의 말씀으로 고칠 수 있다. 성령의 역사가 있는 말씀은 성도들의 영육의 문제를 치유한다. 상담을 하면서 레마를 받아 선포하라. 반드시 성령이 주시는 레마에 따라 행동해야 치유가 된다.

## 4. 성경적 상담에 있어서 중요한 포인트는 성령이다.

1) 성경적 상담에서 가장 중요한 것은 성령의 역사이다. 제이 아담스는"나는 불신자와는 상담을 하지 않는다"라고 했다. 왜 성령의 역사를 누릴 수 없기 때문이다. 필자도 마찬가지이다.

① 그래서 그는 불신자를 만나면 제일 먼저 하는 것이'영접'이라고 했다. ② 그 다음 상담을 통하여 성경적인 삶을 살도록 도와

준다는 것이다(변화). ③ 이 때 성령께서 역사하신다는 것이다(성화). 성령의 역사를 따르는 상담을 하라.

2) 성령을 떠나서는 성령의 열매를 맺을 수 없다.

① 그러므로 상담자는 자신의 능력을 의존하지 말아야 한다. ② 우리는 상담의 기법을 많이 알지 못한다고 기죽을 필요도 없다. 왜 상담의 주역은 성령이시기 때문이다. ③ 그러므로 우리는 믿음으로 기도하고 하나님이 어떻게 역사하시는가를 보아야 한다.

3) 성령은 상담사역에 하나님이 말씀인 성경을 사용하시기를 기대하신다.

① 성경적 상담자는 하나님의 말씀을 기준으로 상담하는 자이다. ② 성경적 상담자는 말씀 안에서 인도를 받아야 한다. ③ 또 성령은 말씀을 통하여 역사한다. 그래서 성경적 상담을 한마디로 말하면 "하나님의 말씀으로만 우리 생활의 문제를 치유 받는 것"을 말한다.

4) 성령은 우리의 인격을 완벽하게 변화시키는 힘이 있다(딤후 3:16-17)

5) 성령의 역사는 우리에게 자유를 준다. 성령은 우리를 돕기 위하여 보혜사로 오신분이다. 성령 안에서 자유를 누리라.


## 5. 성경적 상담의 원리 7가지

1) 상담의 모든 진행상황을 성경의 절대적 권위에 비추어 보아

야 한다. 과학이나 개인의 경험, 그리고 문학이 상담에 꼭 필요한 것은 아니다.

2) 죄 문제와 과거의 문제는 어떤 일이 있더라도 다루어져야 한다. 그 이유는 그 사람의 문제는 죄에서 비롯되었기 때문이다.

3) 예수 그리스도의 복음이 상담의 중심이어야 하고 해답이 되어야 한다. 왜 그런가 예수님외 다른 방향을 첨가하면 잘못된 상담 논리에 빠지기 때문이다.

4) 성경적 상담의 목표는 변화와 치유에 두어야 한다. ① 그러기 위해서는 회개가 따라야 하고, ② 말씀으로 마음을 새롭게 해야 하고, ③ 지속적인 성령의 역사를 누려야 한다. 그래야 점진적인 변화가 일어난다.

5) 성령하나님의 인도를 받는 상담이여야 한다. 아무리 훌륭한 상담자라 할지라도 하나님의 인도를 받지 못한다면 실패할 것이다. 하나님은 상담자를 인도하고 계시며 내담자도 인도하고 계신다. 그러므로 하나님의 인도를 받는 상담을 해야 성공적인 상담이라 할 것이다.

6) 사람들이 당한 모든 문제에는 하나님의 계획이 있음을 알아야 한다. 즉 하나님의 주권 속에서 만들어진 어려움도 있다는 것이다. 문제를 풀수있는 해답은 하나님이 가지고 계신다.

7) 성경적 상담은 성령충만한 목회자와 상담가들 중심으로 이루어져야 한다. 상담의 주인은 성령님이시다.

## 6.성경적 상담의 순서

개인적으로 문제와 내면을 치유 받고자 원하는 사람이 본인을 찾게 되면 보통 다음과 같은 단계로 그의 병의 문제를 놓고 대화 (상담)를 하고 말씀을 전하고 기도하는데 반응이 대단히 좋았고 위의 치유 사례들은 거의 이와 같은 방법에 의하여 이루어진 것이다. 먼저 하나님에게 기도하여 그 사람에 대한 성령님의 음성을 듣는다. 어떻게 문제를 풀어가기를 원하시며 무슨 방법을 사용하기를 원하시는가?

1단계로 대화(상담)을 먼저 깊숙이 한다. 기도할 사람을 의자나 방에 앉히고 긴장을 완화하도록 얼마간의 대화를 나눈다. 다양한 질문들을 통하여 기도 받을 내용과 원인을 알아낸다. 주로 하는 질문은 어느 곳에서 그러한 상처를 입었는가? 그 상처가 얼마나 오래 지속되었는가? 어떻게 언제 시작되었고, 다른 사람들은 무엇이라 하는가? 어떤 치료를 받았는지? 어떤 계기로 그 병이 발생하게 되었는지를 알아내어야 한다. 그리고 상담 중에 하나님께서 주시는 특별한 정보를 즉 어떤 예감이나 유사한 갈등을 인지한다.

2단계로 진단 적인 결정을 바르게 내리도록 하여야 한다. 상담이 진행되는 동안에 그 증상에 깔려 있는 숨은 원인을 찾아야 한다. 신체적인 증상은 정서적, 영적인 문제 때문에 일어나기도하기에 내적 치유는 신체의 치유에 선행될 필요가 있다. 이 때 본인의 은사와 영분별의 은사를 적절히 사용하여야 한다. 특히 지식의 은사를 잘 활용하여 영적 주파수를 맞춘다.

3단계로 말씀을 전한다. 준비한 말씀을 그 환자의 상태에 일치되는 말씀을 정한다. 본인에게 필요한 성경 말씀을 찾아서 읽어가면서, 본인이 읽도록 하면서 자신을 보고 발견하게

4단계로 치유 기도 방법을 선택하여야 한다. 심령이 열리고 기도할 내용을 알았으면 어떤 방법으로 기도할 것인가를 결정한다. 앉아서 기도할까? 누운 상태로 할 까? 일어서서 서있는 상태로 할까? 를 병자의 상태를 보고 결정하여야 한다. 가장 일반적인 유형은 중보기도이다. 기도하는 이가 단순히 하나님께 병자의 병이 무엇이든 지간에 치유하여 달라고 요청하는 것이다. 다른 유형은 명령형이다. 내적 상처, 아픈 부위, 통증, 부종, 종양등 아픈 것에 명령을 내린다. 이것이 떠나든지 죽든지 녹아 버리든지 원하는 대로 명령하는 것이다. 만약 악영에 관계된 것을 깨달았으면 꾸짖음의 기도로 한다. 경우에 따라 성령의 기름부음을 확인하고 기도하는 것도 바람직하다. 어떤 종류의 기도를 할 것인가를 성령님께 끊임없이 물어가면서 마음에 감동이 되는 방법을 따라 하되 성경적으로 기도하면 된다.

5단계로 기도를 행한다.

## 기도하기 전에 점검할 사항

① 화장실에 다녀올 필요가 있는가? ② 물을 마실 필요가 있는가? ③ 어떤 자세로 기도할 것인가? 본인은 병자를 위하여 기도할 때는 눈을 뜨고 기도한다. 성령님께서 행하시는 사역이 우리가 눈으로 볼 수 있는 현상으로 나타나기도 하기 때문이다. 안수할 때에 머리에 손을 올리거나 환부에 손을 올려서 기도한다. 이성간에는 목 아래에는 절대로 손을 대지 않는다. 어쩔 수 없이 목 아래 부위에 손을 올려야할 때는 부군이나 병자의 손을 환부에 올린 상태로 그 위에 손을 올린다.

**-기도를 시작한다.** 성령님의 임재를 먼저 기도한다. 성령님께 전폭적으로 맡겨야 한다. 치료는 본인이 하는 것이 아니라 성령님께서 하시는 것이다. 그런고로 보통의 경우에는 상담을 통하여 병자의 모든 표현을 통하여 병의 상태를 알았기에 그것을 반복하여 기도의 말로 사용하지는 않는다. "성령님임하여 주시옵소서." "성령님 사로잡아 주시옵소서" "성령님께서 치료하여 주옵소서" "더 깊고 더 강하게 성령님께서 역사하셔서 깨끗이 치유하옵소서." "예수 이름으로 통증은 즉시 사라질지어다." "성령님께서 임하셔서 기름부어 주시고 치료하여 주사 깨끗하게 하옵소서."

"예수 그리스도의 이름으로 명하노니, 상처는 지금 즉시 떠나가고, 심령에 평안이 임할 지어다." "예수 이름으로 상처속에 붙어있는 더러운 영은 환부에서 분리될지어다." "예수 이름으로 저

주받을 이 더러운 영은 즉시 묶음을 놓고 떠나갈지어다."라고 기도한다. 그리고 안수 상태에서 조용히 기다린다. 하나님께서 역사 하셔서 치유하시는 것을 기다리는 인내가 필요하다. 이때 행동을 유발하는 어떤 명령어도 사용하지 않는다.

성령님께서 역사 하시면 되는 것이다. 성령님이 역사 하시면 병자에게 어떤 현상이 일어나는 것을 대부분 볼 수 있게 된다. 눈꺼풀이 떨리거나 몸에 진동이 오거나 흔들거린다. 몸이 연하여지거나 오히려 더 굳어지기도 한다. 기도 받는 사람 주위를 둘러싸고 있는 영적 기운이 어른거린다. 하품을 하거나, 기침을 하거나, 떨거나, 울거나, 여러 현상이 나타나기도 한다.

기도하는 이는 영적으로 잘 분별하여야 한다. 눈으로는 병자를 바라보고 마음으로는 하나님을 향하여 간절한 심령으로 병 낫기를 소원하고 입으로는 성령님이 더 충만히 더 깊숙이 더 강하게 임하도록 기도하여야 한다. 기도 중에 나타나는 여러 가지 외적 현상에 당황해 하지말고 담대하게 기도합니다. 실로 치료하시는 하나님의 뜻을 알면 평소에는 상상할 수 없는 담대함으로 기도할 수 있고 이 때 적극적인 기도는 수동적인 기도보다 큰 치유의 능력을 가져옵니다만 항상 염두에 두셔야할 것은 치유사역자의 혈과 육이나 의가 치료하는 것이 아니라 성령께서 치료하심을 알고 겸손히 기도에 임하여야 하는 것이다.

6단계는 기도가 끝난 후에 반드시 후속조치를 위하여야 한다는 것이다. 기도가 끝나면 기도 받은 사람에게 느낌이 어떠하였느지 물어볼 필요가 있다. 어떤 느낌이 반드시 필요한 것은 아니지만 때때로 특별한 느낌이 동반된다. 이는 증상이 사라진 느낌이었다면 감사하고 증상이 계속된 느낌이면 즉시 다시 기도한다.

또 통증이나 증상이 계속될 경우에 하나님께서 즉각적이기보다는 점진적으로 고쳐 주실 것이라는 의견을 제시할 수도 있는 것이다. 능력기도는 자꾸하면 할수록 쌓인다, 때로는 다른 기도그룹으로 소개하여 보낼 수도 있다.

## 7. 성경적 상담의 결론

1) 개인변화(롬12:2)의 축복을 누리는 것이 성경적 상담의 결론이다.

① 이 세대를 본 받지 말고, ② 오직 마음을 새롭게 함으로 변화를 받아, ③ 하나님의 선하시고 기뻐하시고 온전하신 뜻이 무엇인지 분별하도록 하라.

2) 소망의 하나님을 바라보게 하는 것이다.

3) 하나님께 영광돌리는 것이 성경적 상담의 결론이다.

4) 전도자의 삶을 살도록 하는 것이 성경적 상담의 결론이다.

한마디로 영육의 문제로 고생하는 성도를 상담하고 치유하여 하나님의 군사가 되게하는 것이 상담이다.

# 19장 심방을 통해 교회를 성장시켜라.

(딤전 4:6-11)"네가 이것으로 형제를 깨우치면 그리스도 예수의 좋은 일꾼이 되어 믿음의 말씀과 네가 따르는 좋은 교훈으로 양육을 받으리라. 망령되고 허탄한 신화를 버리고 경건에 이르도록 네 자신을 연단하라. 육체의 연단은 약간의 유익이 있으나 경건은 범사에 유익하니 금생과 내생에 약속이 있느니라. 미쁘다 이 말이여 모든 사람들이 받을 만하도다. 이를 위하여 우리가 수고하고 힘쓰는 것은 우리 소망을 살아 계신 하나님께 둠이니 곧 모든 사람 특히 믿는 자들의 구주시라. 너는 이것들을 명하고 가르치라"

능력 심방을 통하여 영혼을 구하고 전도를 할 수가 있다. 능력 심방은 영육의 문제로 고생하는 믿지 않는 가정을 찾아가 복음을 전하는 것이다. 기존 성도는 심방을 잘해야 성도가 산다. 심방을 하되 형식적인 심방은 말고 상담과 치유와 연결된 심방을 하려고 하시라.

## 1.기존 심방의 의의와 그 방법

1) **심방의 뜻.** 심방이란 무엇인가? 사람을 찾아보는 것인데, 특히 교회의 심방은 교역자나 교회의 직원(장로, 집사, 권사, 권

찰)이 교인들을 찾아보게 되는 것을 뜻한다.


**2) 심방의 목적**

(1) 시험에 든 신자의 위로와 격려와 치유

(2) 초신자의 신앙훈련

(3) 성도 상호간의 신앙 교제와 화목을 목적으로 한다.

(4) 문제 있는 자를 심방하여 치유하며 전도하는 것이다.


**3) 심방의 효과**: 교역자는 심방을 통하여 많은 유익을 얻으며, 그 목회를 발전적으로 해나갈 수 있다.

심방의 효과는 다음과 같다.

(1) 교인들의 사정을 잘 알게 되고 기도할 제목을 얻게 된다. 교역자가 교회 안에서의 만남만 가지고서는 교인들의 생활내용, 가족형편, 사업관계, 경제적 실정, 자녀교육문제, 기타 어려운 문제 등 잘 알 수가 없다. 그러나 심방을 통해서 교인들의 이런 여러 가지 사정들을 알 수 있으니, 이로써 교역자는 교인들을 위한 기도 제목을 갖게되고 지도할 방침을 세운다.

(2) 설교 자료를 얻게 된다. 대개 심방하지 않는 교역자는 교인들의 생활을 바로 알지 못하니, 설교를 할 때도 교인들의 실정과 동떨어진 설교를 하게 된다. 그러나 심방을 잘하는 교역자는 심방을 통하여 교인들 생활에 직접 관계되는 여러 가지 설교 자료를 얻게 되는데, 이것으로 교역자는 크게 영적 감화력 있는 설

교를 할 수 있다. 영적인 수준에 맞는 설교를 할 수 있다.

(3) 잘못된 신앙을 바로 잡을 수 있다. 교역자는 심방을 통해서 그 가정의 잘못된 신앙을 발견하게 되며, 그 잘못된 신앙을 바로 잡을 수 있다.

(4) 예수를 영접하여 모든 질고에서 해방 받고 천국영생을 소유하게 하는 것이다. 영육의 문제가 있는 개인과 가정을 치유하여 아브라함의 복을 받게 하는 것이 심방이다. 개척목회자의 심방은 정말로 중요하다. 성령이 역사하는 심방을 하려고 준비하고 영성을 훈련하고 개발하라.


### 4) 심방의 종류
(1) 대 심방 (1년에 봄, 가을 두 번)

(2) 구역심방 (매주 금요일마다 구역별)

(3) 유고심방 (특별한 사고가 생긴 가정)

(4) 출석 권고심방 (장기 결석자 가정)

(5) 전도 능력심방 (전도할 가정을 선택하여: 문제 있는 가정)

(6) 요청심방 (심방을 요청하는 가정)

(7) 새신자 심방 (새로 등록한 가정)


### 5) 심방의 방법
(1) 심방의 준비: 심방 전에 먼저 기도의 준비가 있어야 한다. 기도 없이 하는 심방은 효과가 없다.

(2)심방시간: 긴급을 요하는 심방 이외에는 식사시간이나, 취침시간 또는 기타 사업에 지장 되는 시간을 가급적 피해야 한다. 그리고 심방에 소요되는 시간은 보통 한집에서 30분 이상 넘지 않도록 해야 한다. 어떤 때는 10분 정도로 족할 때가 있고, 또 어떤 때는 문 앞에서 문안만 해도 족할 때가 있다.

그러나 능력 심방을 할 때는 시간이 많이 소요가 되니 유념해야한다.

(3) 심방의 인원: 너무 많이 동원되지 않도록 한다. 대 심방 때는 5~8명이 좋고, 기타 심방 때는 2~3명이 좋다. 특히 상담을 요하는 심방은 교역자와 사모가 한다.

(4) 심방의 횟수: 대 심방은 1년에 봄, 가을 두 번이 좋고, 구역심방은 매주 금요일마다 정기적으로 순번 순으로 돌아가며 하도록 한다. 기타 유고 가정 심방은 횟수에 제한을 받지 아니한다. 능력전도를 위한 전인 치유심방은 기도하며 상황을 분별하여 한다. 너무나 쉽게 생각하지 않도록 주의 한다.

(5) 심방자의 언행: 아무리 친숙한 가정이라도 무례히 행치 않도록 언행을 조심한다. 대화의 내용은 가급적 심방 목적에서 벗어나지 않도록 한다. (쓸데없는 잡담은 엄금: 할 일없어 다니는 식의 심방은 하지 마라)

(6) 심방과 음식대접: 대개 보면 심방 시에는 대접을 받는 일이 많다. 이때 교역자는 매우 지혜로워야 한다. 대접을 사양해야 할 경우가 있고, 대접을 사양해서는 안 될 경우가 있음을 알아야

한다. 지혜롭게 처신해야 한다.

(7) 심방의 예고: 대심방의 경우는 할 수 있는 대로 심방할 날짜를 미리 알리어 준다. 될 수 있는 대로 가정에서 요청하는 심방을 하라.

(8) 심방록: 교역자는 반드시 심방록을 준비하여야 한다. 이것은 나중에 참고 되는 때가 많다.

## 2. 심방 말씀을 준비하는 방법.

성경을 읽으면서 감동이 오는 성경 구절을 메모한다. (유형별로: 축복, 치유, 성령, 말씀, 속 사람. 등등). 영적인 책을 읽으면서 인용된 성경 구절을 메모한다. 메모된 성경 구절을 종합한다. 유형별로. 성령. 축복. 건강. 치유. 사랑. 믿음. 등등으로 제목을 쓰고(제목은 최대한 성도들의 삶과 내면의 변화와 하나님의 은혜를 체험하는 제목)성경말씀과 제목을 쓰고 대지를 나눈다. 대지 밑에 성경말씀을 기록해 나가간다. 어느 정도 되면 타이핑해서 시간이 나는 데로 눈에 읽힌다. 어느 정도 완성이 되면 다시 정리하여 성경 앞에 붙여놓고 필요시 활용한다.

충만한교회에 있는 교재를 활용해도 된다. 36번 교재 "**전도양육심방상담기법**"을 보면 말씀들이 잘 정리되어 있다.

## 2. 심방예배 순서

① 찬송(장소를 성령으로 장악하기 위하여 성령의 인도받으며 찬양을 한다) 자리를 정리한다. 목회자 앞에 심방을 받는 성도들이 위치하도록 조정한다. 가정의 모든 방과 화장실 문을 개방하게 한다. 이유는 성령으로 모든 곳을 장악하게 하기 위함이다. 출입문과 베란다 밖의 창문은 열 필요가 없다.

② 통성기도를 한다. 통성기도하며 개별안수를 한다. 성령임재를 위하여

③ 사도신경하며 예배를 시작한다. 사도신경을 안하면 이상하게 생각하는 성도가 있다. 꼭 하도록 하라.

④ 기도(대표기도 할 자가 있으면 하게하고 없으면 생략해도 무방하다). 사전에 정하거나 사모가 하면된다.

⑤ 성경 봉독 및 설교(성령이 감동하는 그 가정의 실정에 맞는 본문을 택하여). 반드시 성령의 감동을 받아라. 이를 위해서 개척목회자는 심방 말씀을 사전에 준비해두어야 한다. 그래야 그 가정에 필요한 레마의 말씀을 전할 수가 있다. 노력해야 한다.

⑥ 기도(설교자가 그 가정을 위해서)

⑦ 주기도문으로 폐회(또는 축도)

*성령께서 2단계로 하라고 감동을 주시는 경우: 성령충만하게 기도하여 치유하고 성령으로 장악하라고 감동 하실 때를 말한다.

① 찬송을 한다.

② 통성 기도를 한다. 이 때 목회자는 개별 안수를 한다.

③ 개별 안수기도를 한다. 성령의 세례와 치유가 일어난다. 주의해야 한다. 필자의 경우 이 시간에 강한 성령의 역사가 일어나는 것이 보통이다. 상처가 치유되고 귀신이 떠나가는 역사가 일어난다는 말이다. 이렇게 성령충만한 심방을 하면 가정이 성령으로 장악이 되어 문제가 떠나가는 것이 보통이다.

## 3. 심방 요령

1) 기존신자: 가정에서 기도제목과 신앙 이야기를 하면서 신앙상태를 진단한다. 가정의 영분별을 잘하고, 개인의 상처여부를 확인한다.

① 찬양으로(지식의 말씀과 영분별한 결과 그대로 찬송)영적 분위기를 고취시킨다.

② 성령의 역사가 일어나는 통성기도를 한다. 필요시 안수한다. 안수는 꼭하는 것이 좋다. 성령의 역사가 빨리 일어난다.

③ 말씀 전하고 통성기도 하고 마친 후, 필요시 2차 치유 기도 할 수 도 있다.

*처음은 간단하게 하고 계속 1:1로 만나서 성경 공부하면서 개인의 애로사항과 상처를 치유하면서 하나님의 자녀로 만들어 간다. 시간 여유를 가지고 치유는 단번이 아니라, 여러번 동안 만나면서 말씀으로 치유가 되도록하는 것이 좋다.

④ 될 수 있으면 남자와 여자를 구분하여( 목사님과 사모님이).  개인 비밀을 보장하고 깊은 이야기는 절제시키는 것이 좋음. 나중에 그것이 올무와 문제가 될 수 있다.  그 성도가 앞으로 필요한 것은 말씀으로 알려준다(하나님이 주신 말씀).

2) 새신자: 쉬운 말씀으로 전한다. 성급하게 생각하지 말고 여유를 가지고 말씀을 먹인다. 말씀으로 은혜를 받게 해야 한다. 개인의 성향에 따라 일정한 말씀공부 교재가 아니라(목사님의 영성과 성령의 역사 하심에 따라 말씀 속에서 진리를 찾아가면서 가르친다. 이 사람 중에 하나님의 일을 할 사명자가 있다는 것을 알아야 한다. 하나님의 일꾼(사명자)은 기존신자에게도 있지만, 새신자 속에 있으니 말씀을 가르치면서 보화를 발견하시기를 바란다.

능력 심방 위한 성경 말씀 준비
○물질문제, ○부부불화, ○자녀문제, ○불치질병, ○정신문제, ○마음의 상처, ○영적문제, ○교회문제, ○악의유전문제, ○육적음란, ○영적음란, ○우울증, ○조울증, ○화병, ○불면증, ○자녀결혼, ○의처의부증, ○꿈에 관련문제, ○빈번한 사고, ○우상숭배, ○주기적으로 발생하는 질병. ○사업문제. ○주일범 함. ○부동산문제. ○이사문제. ○처음 믿는 가정. ○우환문제.

*성경을 읽으면서 관련된 말씀을 찾으세요. 좀더 쉽게 하시려면 충만한 교회에 비치되어 있는 36번 교재 **"전도양육심방상담기법"**을 참고하면 될 것이다.

## 4.심방할 때 기도하는 방법

### 1) 가정에서 일어나는 영육의 문제 치유기도 방법.

▶잦은 사고: 성령이여 임하소서. 이 가정에 잦은 사고를 일으키는 악한 영은 예수 이름으로 명하노니 떠나갈지어다. 떠나간 곳에 유화의 영이 임할지어다.

▶물질빈곤: 성령이여 임하소서. 이 가정에 물질고통을 주고 있는 악한 영은 예수 이름으로 명하노니 떠나갈지어다. 떠나간 곳에 재정축복의 영이 임할지어다.

▶부부불화: 성령이여 임하소서. 이 가정에 부부간에 불화를 일으키는 악한 영은 예수 이름으로 명하노니 떠나갈지어다. 떠나간 곳에 부부 화평의 영이 임할지어다.

▶자녀문제: 성령이여 임하소서. 이 가정의 자녀들의 문제를 일으키는 악한 영은 예수 이름으로 명하노니 떠나갈지어다. 떠나간 곳에 평안의 영이 임할지어다.

▶불임: 성령이여 임하소서. 이 부부간에 역사하며 생육하고 번성하는 것을 방해하는 악한 영은 예수 이름으로 명하노니 떠나갈지어다. 태문을 막고 있는 더러운 영은 물러갈지어다. 생육하

고 번성하지 못하게 하는 영은 물러갈지어다. 태문이 열리고 잉태의 축복이 임할지어다.

▶낙태(자연유산): 성령이여 임하소서. 이 성도에게 역사하며 습관적으로 유산되게 하는 악한 영은 예수 이름으로 명하노니 떠나갈지어다. 태속의 아이는 자궁에 편안하게 정착할 지어다.

▶유전(가계력): 성령이여 임하소서. 이 가문에 역사하며 영육의 고통을 주고 있는 악한 영의 대물림은 예수 이름으로 끊어질지어다. 대물림이 끊어지고 대대로 축복의 영이 임할 지어다.

### 2) 사업장에서 일어나는 문제를 치유하는 기도 방법.

▶매출을 늘리고 싶다. 성령이여 임하소서, 사업장에 복이 임할 지어다. 사업장에 거래처가 늘어날 지어다. 매출이 날마다 늘어날 지어다. 천사들아 이 사업장을 도와 하나님의 영광을 드러낼 지어다. 그리고 믿음의 십일조를 하는 등의 기타 추가적인 조치가 필요하다.

▶손님이 없다. 성령이여 임하소서. 이 사업장에 역사하면서 손님 들어오지 못하게 방해하는 악한 영은 예수 이름으로 명하노니 물러갈지어다. 천사들아 손님들을 많이 모시고 올지어다.

▶수입이 적다. 상기 방법을 응용하여 대적 기도하세요.

▶사고가 자주난다. 성령이 주시는 지식의 말씀을 받아가며 사역하세요.

▶손님들과 분란이 있다. 성령이 주시는 지식의 말씀을 받아

가며 사역하세요.

3) 직장에서 일어날 수 있는 문제의 치유기도 방법.

의견 충돌이 자주 난다. 본인 안에 상처가 있는지 성령으로 찾아보세요. 자주 옮긴다. 상처가 있는지 성령으로 찾아보세요.


4) 기타. 부동산이 안 나간다. 성령이여 임하소서, 이 장소에 역사하며 부동산이 나가지 못하게 방해하는 악한 영은 예수 이름으로 명하노니 물러갈지어다. 천사들아 새 주인을 모시고 와서 나가도록 도와줄지어다.


**심방 치유기도 성공 요소** ① 사랑과 끈기, 순종. ② 본인 의지와 믿음을 가지고 하면 뜻을 이룬다.

개척목회자는 심방을 잘해야 한다. 심방은 거저 그냥되는 것이 아니고 배우고 훈련해야 한다. 성경도 많이 읽어야 한다. 필자는 부교역자 3년을 하면서 담임목사 가방을 들고 다니면서 배우고 훈련했다. 그래서 성령께서 주시는 지혜를 추가하여 내가 발전시킨 개념으로 심방 기법을 개발하여 심방을 하고 있다.

심방 말씀을 적어서 읽으면서 하지말고 말씀을 보면서 성령의 감동을 전할 수 있는 수준으로 발전시켜야 한다. 심방을 못하여 교회에서 쫓겨나는 목회자도 있다는 것을 알아라. 개척목회자는 무엇보다도 심방을 잘해야 한다. 준비를 잘하라. 좌우지간 준비된 자를 하나님은 사용하신다. 준비하라. 준비하라. 준비하라.

# 20장 장례 예식을 통해서 교회를 성장시키라.

(히9:27)"한번 죽는 것은 사람에게 정해진 것이요 그 후에는
심판이 있으리니"

장례식을 통하여 전도를 할 수가 있다. 사람은 누구나 죽는다.
죽은 사람을 보면 마음이 달라지므로 이때를 전도의 기회로 삼아
야 한다. 개척목회자는 장례 예식을 체험할 기회가 적으므로 미
리 미리 알라서 준비해야 한다.

## 1.임종

**죽을 사람**- 눈동자가 움직이지 않는다. 손 발 톱이 검으스름
하며 죽어 간다. 허리에 손을 얹어보면 알 수 있다. 허리가 바닥
에 붙어있으면 죽어가는 것이다. 마지막 남기는 말씀을 잘 기록
해야 한다. 영상으로 남기거나 녹음하는 것도 좋다. 고후 4장 마
지막 절과 5장 1-2절. 찬송: 소망, 내세적, 천국을 찬송하라.

**임종 기도 시** ① 가슴과 머리에 손을 얹고 하나님 이 자녀를 용
서하여 주시 옵고, 마음에 죄를 씻어 주시고, 머리로 지은 죄도
용서하여 주옵소서. 눈과 턱을 잘 정리하라. 눈을 감기고, 입을
다물게 해야 한다. ② 이 분의 영혼을 주님의 손에 부탁하나이다.

*염: 약솜을 구해다가 구멍이란 구멍은 다 막는다. 널빤지가

있으면 널빤지 위에 올려놓고 한다. 다리를 잘 만져서 묶는다. 창호지로. 손은 배 위에 엄지손가락을 묶는다.

*요즈음 장례 사업하는 분들에게 연락하면 금방 와서 수습해 준다. 저소득 층은 담임목회자가 해야 할 때도 있다.

장례 맞을 사람(사망 진단서,,사진, 약력, 장지)

입관 언제 할 것인지. 갑자기 죽은 사람  24시간 둔다.


## 2. 입관식

.조문객이 드물게 오는 시간: 오후 3-4시

.죽음에 대한 교훈을 설교(저 세상에 아무 것도 가지고 가지 못한다. 절대로 죽은 사람에 대해 설교하면 안 된다.)  병풍을 치고 앞에 관을 놓고 병풍에 기대어 사진을 둔다. 병풍을 바라보면서 사망자의 머리가 좌측으로 가게 한다. 정신을 차려야 한다. 실수하면 우습게 된다. 상주들이 확인한다. 주례자는 머리 부분에 조문객들 발부분에 서게 한다. 관을 병풍 뒤로 옮긴다. 병풍 앞에 상 놓고 사진 헌화 향불 피우면 절대로 안 된다.


## 3. 발인식(출관식)

영구차로 옮겨 갈 때 / 맨 앞에 사진(사위/ 조카) 주례자는 사진 든 자와 함께 뒤에, 사진 뒤에 관. 뒤에 유족, 뒤에 조문객(두 줄

로 선다)

영구차에 올라가 집례자가 기도/ 교인들이 일렬로 서서 정중히 인사 후 출발한다.

기도할 때 유족을 위로한다. 하관 식장까지 안전하게 가게하고 하나님의 보호가 있게 해달라고 하면서 기도한다.

## 4.하관식

이 분이 예수 믿다가 가니 예수 믿는 식으로 진행한다. 우리가 진행하겠다. 하관 시작은 이렇게 한다. 집례자 항상 머리. 유족은 오른쪽에 선다. 왼쪽은 신자들이 서게 한다. 발치 조문객들이 선다. 순서는 기독교 예식서를 참고하라. 하관식 마치고 취토는 집례자가 맨 먼저 한다.

취토 순서는 집례자/ 미망인/ 자녀들/ 친척/ 부교역자/ 장로/ 친척친지.

하관식이 끝나고 축도에 시신이 들어가서는 안 된다.

하관식에 참석한 사람들을 대상으로 축도하는 것이다.

집에 가서 위로의 기도회를 마쳐 주어야한다. 사43:1

죽은 자는 심판 2번: ① 자녀에게 축복/ 저주 거리냐.

② 천국/ 지옥이냐. 사람은 저 세상에 가는 날이 좋아야 한다.

히9:27 누구나 죽는다. 반드시 내세가 있다.

추모식: 손톱하나 못 건 진자/ 사고로 죽은자.

추도식: 1주년/ 2주년/ 3주년(존경하는 마음 가지고 그분의 행적을 기린다.)

녹음해 놓은 것 있으면 듣는다. 믿지 않다가 죽었는데 후손에게 할 말이 없다. 개척교회는 언제 장례 예식을 치러야 할 지 모르므로 미리 설교와 절차에 대한 내용을 수첩에 기록하여 만들어 두는 것이 좋다. 막상 닥치면 당황하고 시간이 없다. 필자는 언제라도 들고가면 장례예배를 인도할 수 있도록 미리 수첩에 기록하여 준비를 해두었다. 하시라도 장례식을 할 수 있도록 준비해야 한다. 그렇지 않으면 당황한다. 망신당한다. 장례식에 참석한 성도들이 목회자를 평가한다. 성도들이 과정, 과정이 바르게 되었는지 확인하기도 한다. 경각심을 가지고 준비해야 한다. 필자는 목회자 후보생 교육시 원로 목사님에게 절차와 순서를 배웠다. 그때 꼼꼼하게 메모를 했다. 배운 것 가지고 부교역자 시절에 담임목사가 하기 수련회로 교회를 비운 사이에 성도가 소천했기 때문에 장례 예배를 주관해야 하는 상황 이었지만 당황하지 않았다. 장로들이 필자를 우습게 보고 장례 예배를 주관할 수 있겠느냐고 물어보았다. 그래서 염려하지 말라고 했다. 장례 예배를 은혜스럽게 마치고 장로들이 담임목사에게 하는 말이 필자가 보통이 넘는 분이라고 말했다는 것이다. 담임목사가 나에게 수고했다고 말했다. 좌우지간 해보아야 한다. 필자가 지난날을 뒤돌아 보면 성령하나님이 목회자를 훈련시켜 만드는 것이라고 확신한다.

# 5부 교회개척자 영적인 준비

## 21장 개척지도자는 성령으로 빚어져야 한다.

> (요일2:27)"너희는 주께 받은바 기름 부음이 너희 안에 거하
> 나니 아무도 너희를 가르칠 필요가 없고 오직 그의 기름 부음
> 이 모든 것을 너희에게 가르치며 또 참되고 거짓이 없으니 너
> 희를 가르치신 그대로 주 안에 거하라."

하나님은 하나님 자신의 마음에 합한 자에게 성령의 기름부음
을 허락하시고 사용하신다. 당신이 하나님으로부터 영적인 능력
을 받으려면 당신 자신의 성공이나 명예에 말려들어 스스로 자만
하지 말라. 다만 태어나면서 물려받은 모든 것을 포함하는 우리
의 옛 사람이 십자가를 통과했는지에만 유의해 보아야 한다.

육신이 십자가에서 죽음에 넘겨지기 전에는 우리가 소유한 어
떠한 능력도 성령의 능력이 아니다. 즉 십자가를 통과하지 않은
영적능력은 하나님으로부터 말미암은 능력이 아니라는 것이다.
영적 통찰력을 가지고 휘장 저편에서 생활하고 있는 그리스도인
들은 이러한 육적인 성공이 영적으로는 조금도 가치가 없다는 것
을 잘 알고 있다. 실제로 우리의 육신은 정죄하고 영을 따라 생활
한다면 틀림없이 하나님으로부터 참된 능력을 받을 것이다.

그렇지 않다면 영적 능력을 얻는 것은 우리의 육신일 것이다.

육신이 죽음을 경험하지 않고 자신의 힘으로 지배하며, 언제나 영을 억압하고 있다면 어떻게 우리의 영이 특별한 힘을 받을 수가 있겠는가? 하나님의 능력은 하나님의 성령으로 충만한 영 안에만 내린다. 이것만이 유일하게 가능한 것이다. 하나님의 영의 능력이 흘러나갈 수 있는 다른 길은 있을 수 없다. 하나의 그릇이 이미 다른 것으로 가득 차 있다면 이에 더해지는 힘은 자연히 흘러 나갈 것이 아니겠는가? 따라서 능력을 받기 위해서는 옛사람에 대하여 죽고 성령 안에서 행하는 법을 배우는 것이 필요하다.

## 1.하나님의 택함을 받아야 한다.

영적지도자는 자신이 되고 싶다고 되는 것이 아니다. 하나님의 택함을 받아야 한다. 하나님이 택하여 쓰시는 사람은 어떠한 사람이냐? 세상 사람들은 잘난 사람, 자랑할 것이 많은 사람들을 뽑는다. 그래서 세상 사람들은 남에게 잘 보이기 위하여, 돈을 들여 고치기도 하고, 뇌물을 줘서라도 자신의 약점을 덮으려고 한다. 그러나 하나님께서 쓰시는 사람은 자랑할 것이 없는 사람들이라고 성경은 말하고 있다. 고린도전서 1장 26절에서'형제들아 너희를 부르심을 보라'고 말하며 부르심을 입은 사람들의 특성을 말하고 있다. 하나님께서 부르신 사람들을 보면 지혜, 능력, 문벌이 좋은 사람을 택하지 아니하고, 도리어 미련한 사람, 약한 사람, 천한 사람, 무지한 사람들을 택하셨다고 말씀하신다.

하나님께서 이렇게 약한 사람들을 선택하셔서 하나님의 백성으로 삼으신 이유를 두 가지로 말씀하신다. 첫째, 잘난 체 하는 사람들을 부끄럽게 하려고. 둘째, 오직 하나님의 은혜만을 자랑하게 하려고 선택하시는 것이다.

하나님에게 택하여 쓰시는 사람이 되기 위해서는? 하나님은 똑똑한 사람을 쓰시지 않는다. 왜? 똑똑한 사람은 교만에 빠지기 쉬우므로, 하나님은 배부른 사람을 쓰시지 않는다. 왜? 배부른 사람은 하나님을 찾지 않으므로, 하나님이 구원하시고 쓰시는 사람은, 가난하고 비천하여 배운 것이 없고 가진 것이 없는 그런 낮은 사람들이다. 오늘 우리가 하나님께 부르심을 받았다는 것은, 내가 바로 그런 사람이었다는 증거이다.

왜? 예수님은 죄인을 부르러 오셨다고 했기 때문이다. 예수님께서 택하신 12제자들을 보면 그들은 모두 평범한 사람들이었다. 그들 중에 몇 명은 어부였다. 천한 직업이었던 세리도 있다. 세상에 불만을 품고 무력으로라도 세상을 변화시키려고 했던 열심당원도 있었다. 기득권이 없다. 기독교 역사를 보면 하나님께서 힘없는 사람들을 들어 사용하심으로 힘 있는 자들을 부끄럽게 하신다는 말씀이 이뤄짐을 볼 수가 있다. 좌우지간 하나님에게 택함을 받아야 지도자가 될 수가 있다.

택함을 받은 것을 어떻게 알수가 있는가? 환경에 나타나는 기사와 이적을 보고 알수가 있다. 하나님이 함께하며 보증하는 목회자는 성령의 감동을 받아 말한대로 역사가 일어난다.

## 2.성품과 인격의 토양을 일궈라

영적지도자의 성숙은 변화를 의미하는 것이며, 하나님나라 가치에 자신의 사역을 온전하게 전환하는 것이다. 물량주의와 성장 지상주의적 사고의 탈피와 배타적 정신과 '틀림의 법칙'을 주장하는 것으로부터 전적으로 하나님이 원하시는 혁신을 도모하는 것을 목회자의 성숙이라고 할 수 있다. 많은 영적지도자나 성도들이 외형으로 보이는 것으로 목회자를 평가하는 경향이 많다. 그러나 외형으로 보이는 면에 성공했다고 하나님의 마음에 합한 지도자일까? 우리는 한번 생각을 해보아야 한다. 나는 항상 하나님에게 질문하는 것이 있다. 그것은 무엇을, 어떻게 해야 진정한 하나님이 원하시는 영적인 지도자가 될 수 있을까 이다. 나는 항상 성령님에게 어떻게 하면 건강한 교회가 될 수 있는가의 고민을 호소한다. 나의 진정한 고민은 다름 아닌 진정으로 하나님께서 원하시는 목회와 교회는 어떻게 세워야 하느냐 고민하는 것이다.

하나님이 원하시는 목회와 교회는 어떤 교회일까? 성령님이 이끄시는 목회와 교회는 어떤 교회이며, 무엇을 하는 교회여야 하는가? 교회는 주님의 몸이며(엡4:12), 하나님의 지상에서의 집이다. 그러므로 교회는 몸으로써, 하나님이 주인 되시는 집으로써의 모습을 갖추어야한다. 우리의 선택은 하나님이 원하시는 목회와 교회로 방향전환을 할 것인가? 아니면 지금처럼 마치 자신의 교회를 세워가는 것으로 나아갈 것인가의 선택에 달려있다.

믿음은 선택의 결과이다. 성경의 모든 신앙적 인물들의 삶은 그들의 선택에 따라 그 이후와 자손의 삶이 달라진 것을 볼 수 있다. 믿음은 선택이다. 목회 또한 목회관의 선택에 따라 달라진다.

앞에서 언급한 나의 진정한 호소는 왜 진정한 교회를 위한 진정한 목회자의 멘토가 없는지 몰라서 안타까워한다. 우리가 모방하고 따를만한 이 시대의 진정한 하나님의 교회를 세워가는 목자는 없는 것인가? 성장하고 소문난 영적지도자와 교회중심으로 방송과 메스컴에서 다루기 때문에 우리들 많은 젊은 영적지도자와 목회 후보자들은 그들이 표상이며, 그들의 목회모델이 되어있다.

그래서 저의 교회 같이 작은 교회는 관심 밖으로 밀려나 있는 것이 사실이다. 젊은 영적지도자와 목회자 후보자들이 허황된 꿈을 가지고 시간을 허비하면서 방황을 한다. 진정한 자신의 사역과 목회를 발견하지 못하고 있다. 영적인 우리는 보이는 면만 추구하지 않아야 한다. 하나님이 자신에게 허락한 자기 목회를 정하고 그것을 위해서 준비하고 훈련하여 잠재력을 개발해야 한다.

한국기독교를 대표하는 여러 방송매체에서 이제는 숨겨져 있는 진정한 목자, 그리고 성경에서 말씀하시고 있는 교회를 세워가는 가려진 많은 영적지도자들과 교회들이 소개 되어야 할 것이다. 유명한 영적지도자보다 하나님이 사용하시는 신실한 목자가 되어야 한다. 대형교회보다 주님이 원하시는 교회를 세워야 한다. 자신을 드러내는 사역보다 하나님이 원하시고 하나님이 드러나는 사역을 해야 한다. 자신이 교회의 주인인 것처럼 주관하는 것에서 소유권을 주님께 드릴 줄 아는 영적지도자가 되어야한다.

이것이 내가 지금 추구하는 목회의 방향이기도 하다. 나는 하나님이 원하시는 영적지도자가 되기를 원한다. 물량보다도 하나님이 원하시는 목회를 하고 싶다. 그리하여 하나님 앞에 가서 잘했다고 칭찬을 받으며 면류관을 받고 싶다.

성도들의 한 심령 한 심령을 하나님이 원하시는 심령이 되게 하기 위하여 영적인 치유 목회를 하는 것이다.

## 3.진정한 목회자는 어떤 것이 구비되어야 하나?

첫째, 토양을 일구어야 한다. 영적 지도자의 토양이란 그의 기본적인 성품과 인격을 의미한다. 기초적인 학업을 진행하는 것도 포함된다. 학습능력과 인지력, 그리고 이해력을 기본적으로 갖추어야 하며, 지도자로서 갖추어야 하는 성품개발이 되어야 한다. '성장' 중심적 인생목적이 아니라, '가치' 중심적 참 인생을 알게 하고, 그것이 자신의 삶의 중심이 되어 초,중,고의 시절동안 이러한 가치와 의미중심으로 인성교육이 되고, 이를 위하여 학업을 성취하는 과정이 필요하다.

지금 이 시기를 지나고 있는 자녀를 둔 부모님들이 이 글을 읽는다면 토양작업의 시기를 위한 일대 혁신(innovation)을 기해야 한다. 토양작업을 위하여 성령체험과 내적치유가 필요하다.

아울러 이 시기를 바람직하게 보내지 못하고 이미 지도자가 된 분이라면 지금 이 시간에 가장 우선에 두어야 하는 영역이 가치와 의미중심의 삶과 성품개발(교회에서 사용하기 위한 도구로 배우고 익히는 것이 아니라)을 통하여 인격을 다듬는 과정을 가져야 한다. 이는 말씀과 성령으로 되는 것이다. 자신은 자신을 변화시킬 수가 없다. 그래서 말씀과 성령으로 내면의 숨은 상처의 발견과 내적치유로 되는 것이다. 토양은 우리의 선택이라기보다는 가정에서의 교육과 학교생활 친구 등 성장과정에서 겪게 되는 과정이기에 환경과 상황전개가 아주 중요한 시기이다.

그러므로 환경을 구비하는 것이 필요한 것이다. 교회는 또한 부모세대들에게 단순한 행복구현의 말씀만이 아니라, 다음 세대를 위한 구체적인 준비를 위하여 어떤 환경과 가치를 심을 것인가를 가르치는 것에 집중하도록 해야, 한국 교회와 이 나라의 위대한 지도자들이 세워질 것이다. 토양을 일구기 위해서는 성령으로 세례를 받아야 한다. 그리고 성령의 불을 받아가며 내면의 상처를 치유 받아야 한다. 말씀과 성령에 순종하도록 자아가 부수어져야한다. 이렇게 하면서 세대에 혈통으로 흐르는 영육의 문제들을 말씀과 성령으로 찾아 단절해야 한다. 즉 자신이 말씀과 성령으로 철저하게 죽어야 한다는 말이다. 이에 대하여는 내가 써서 출판한 다종의 책들을 읽어보면 유익한 멘토가 될 수 있을 것이다. 책의 제목은 책갈피에 적혀 있다.

하나님께서 세워 가시는 영적 지도자가 통과하는 두 번째의 단계는 내적성숙의 단계이다. 이 시기는 훈련을 약하게 경험하게 되는 단계로 그 사람의 내면세계가 정돈되며, 정체성이 확립되고, 사역자로서의 자질을 만드는 시기이다. 이러한 태도와 자질을 구비하는 단계에서 배우는 모델은 모방표본(모델 되는 어떤 사람을 추종하게 된다), 또는 비정규적인 훈련일수도 있고, 선배의 지도를 받아서 배우기도 한다. 이때 멘토링이 형성되면 그 멘티의 인생은 대단한 전환점을 맞이하여 삶의 근간이 견고하게 된다. 사람의 됨됨이는 그 삶의 내면세계의 질서이다.

이 단계에서 가장 중요한 것은 속사람의 개발에 있다. 진정한 훈련계획은 개인의 심령을 위한 것이기 때문에 내적 개발을 위하여 성장 시험을 치르게 되며, 하나님의 시험 기간이 되기도 한다. 이 단계에서 중요한 초점은 내적 개발을 통한 내면세계의 질서 세우기와 지도자로서의 인격을 형성하는 것이다. 이 과정을 지나치게 되면 사역자의 가장 중요한 인격문제를 놓치게 된다. 지도자 대부분이 겪고 있는 어려움을 극복하기 위해서는 내면세계에 관심을 고조시켜야 한다.

하나님께서는 성령님께 이끌리는 사람을 통하여 사람을 세워가신다. 그러므로 탁월한 지도자에게 영적인 안내자이며 인생의 코치가 되는 멘토가 필요하다. 멘토는 지도자들의 위기 혹은 바른 방향으로의 설정시기에 반드시 존재해야 하는 하나님의 사람이다. 멘토는 3가지로 만날 수 있다.

첫째는 우리의 영원하신 멘토이신 예수님이시다. 그 분에게 우리 삶의 전부를 의뢰하고 인도하심을 받기 위하여 대화함으로 우리에게 말씀하신다.

두 번째로는 현존하는 인생의 스승이다. 우리 주변에는 완벽하지는 않지만 우리 삶의 향방과 바른 성품을 갖고 인격적 삶을 살고자 자기를 만들어가는 분들이 계신다. 그들을 멘토로 모시는 것이다. 멘토는 사람의 인생의 궤도를 수정하는 혁신적인 터닝 포인트의 역할을 하게 된다.

셋째는 영적인 저자가 쓴 양서이다. 좋은 책 한권으로도 사람이 변화될 수 있다. 그러나 한 권으로는 통전성의 충분요건을 갖추기가 어려움으로 다양한 독서를 통하여 그 저자들로부터 멘트를 받는 것이다. 나도 영적인 저자와의 만남을 통하여 멘트를 많이 듣는 편이다. 물론 리더십의 위기 때마다 만나는 인생의 멘토가 계신다. 그럼에도 불구하고 많은 하나님의 사람들을 만날 수 없음으로 그들의 영성, 삶, 철학, 사역의 원리 등을 배울 수 있기에 독서를 즐겨한다. 그래서 나는 영적인 책을 많이 쓴다. 책을 통하여 영적인 원리들을 멘트 받아 영의 눈을 뜨고 영적인 것을 터득하라고 말이다. 그러면서 자신의 내면을 성숙시키라고 말이다.

자신의 성숙만큼 교회와 사역의 성숙이 이루어진다. 자신의 성숙은 자신의 속사람의 변화이며 강건함에 기인한다. 목회자는 내면질서가 잘 구비되어야 하며 자신의 정체성과 비전, 그리고 건강한 자아상이 형성되어야 하며, 하나님의 사람으로서의 자존감이 강해야 한다. 이러한 자의식이 살아나고, 견고해진다. 이 땅에서의 존재이유를 명확하게 인식한다. 자신을 그 곳으로 보내신 하나님의 목적을 확인하며 그 사명을 발견한다. 그 사명을 위한 다양한 경험을 하는 단계가 바로 2단계 내적성숙의 단계인 것이다. 지도자는 자신이 직접적이든 간접적이든 경험되고 체험된 것만큼 인생을 꾸려가게 된다. 이 시기는 정체성의 혼란기이기에 많은 경험을 쌓고 실패와 시행착오를 경험하여 정도를 발견하고 자신의 사명을 통한 선명한 정체성(비전)을 발견해야 한다.

그래서 영적 지도자는 먼저 그 과정을 걸어간 멘토를 만나게 된다. 아니 성령하나님께서 멘토를 만나게 하신다. 필연적인 만남으로 인한 인생의 변혁을 맞이한다. 생의 가장 귀중한 축복 중 하나가 바로 자신의 인생에 찾아주시고 만남의 복을 주시는 하나님의 사람인 멘토와의 만남이다. 멘토를 잘 만나는 것이 복이다.

당신의 멘토는 누구인가? 인생의 성공여부는 자신만의 좁은 틀에 갇혀 있지 않고 뛰쳐나와 인생의 여정을 미리 체험하고 승리한 멘토를 모시느냐 아니냐에 달려있다고 확신한다. 이 시기를 지나게 되는 나이는 상관이 없다. 지금이라도 자신의 삶을 인도해줄 멘토를 만나기를 갈망하고 자신의 내면의 강건함을 추구해야 한다. 성령님에게 기도하라. 나에게 꼭 필요한 멘토를 만나게 해달라고 기도하라.

영적지도자의 목회유형은 그가 역할모델로 둔 멘토를 닮게 된다. 그러므로 통전적이며, 인격적이며, 영적 지도자로서의 여정을 순적하게 지나온 그 분의 말씀에 순종 할 수 있는 멘토에 의하여 결정된다. 우리는 이렇게 묻는다. 당신의 인생에서 만난 멘토는 누구인가? 성령하나님에게 기도하라. 나의 멘토를 만나게 해 달라고 말이다. 그리고 성령의 인도를 받아라. 영적지도자는 전적으로 성령의 기름부음이 만들어 가시는 것이다. (요일2:27) "너희는 주께 받은 바 기름 부음이 너희 안에 거하나니 아무도 너희를 가르칠 필요가 없고 오직 그의 기름 부음이 모든 것을 너희에게 가르치며 또 참되고 거짓이 없으니 너희를 가르치신 그대로 주 안에 거하라." 자신이 성령님과 인격적인 관계를 가지라. 그러면 성령께서 당신에게 멘토를 만나게 할 것이다.

## 4.실습을 통해 사역의 기초를 세워라

한국교회 위기론의 근본에는 영적지도자의 초기사역에서 경험되고 훈련되어야 하는 기초목양훈련의 부족이 있다. 이 땅의 지도자들 중 불과 5% 이내만이 지도력을 갖고 태어난다. 나머지 95%는 훈련되어지는 지도자들임을 기억해야 한다. 지도자는 구비되는 것이다. 이러한 구비의 시기나 나이로는 30대 초반이거나 목사안수를 받기 전이 될 것이다. 물론 나이와 상관이 없다. 하나님의 부름에 응하는 그 시기부터 자신의 사명을 발견하고, 자신의 수행력을 위한 준비를 구체적으로 하면 되기 때문이다. 이 시기를 영적 지도자의 '초기사역단계'라고 한다.

이 시기는 의도적으로 훈련되기보다는 주위 환경에 따라 불규칙적인 훈련을 경험하게 되는데, 상황에 따라 학위를 받게 되거나, 필요에 따라 특별훈련 기간을 갖게 한다. 아직은 지도자로서의 사역을 감당해야 하는 단계는 아니다. 사역자로서 갖추어야 하는 여러 영역에 대한 훈련과 준비에 더 많은 시간을 드려야 하는 시기이다. 대부분의 지도자들이 이 시기를 막연하게 지나쳐 후일에 사역할 때 어려움을 겪게 된다. 초기사역의 시기에 모두가 관심을 집중해야 하는 것은 사역의 생산성, 활동중시, 전도의 열매, 사역지, 사역의 도구, 외적인 준비 등이 아니라, 우리의 인격을 하나님께서 사용하실 수 있도록 만드는 것이며, 멘티를 세우거나 사람에게 영향을 끼치도록 하는 것이다. 하나님에게 쓰임 받는 인격을 준비하는 것이다. 이때 해야 할 일이 두 가지가 있는데, 하나는 다양한 사역지에서 다양한 실습을 통해 사역의 기초를 세우고 인격적인 발전과 성숙을 도모하는데 역점을 두는 것이다. 아직은 사역 기술이 필요한 시기는 아니다.

다음으로 하나님께서 주신 은사를 발견하고 개발하여 자신의 사역에 대한 기본적인 틀을 만드는 시기로 사역자의 사역개발, 은사에 따른 자기 준비를 하는 단계이다. 이 단계는 기능적인 면의 기술적 목양만을 구비하는 것이 아니라, 성품과 인격 그리고 중요한 태도를 배우며 갖추는 단계이다. 이러한 성품과 인격 그리고 태도에 따라 하나님께서 그들을 통하여 사역하신다. 그러나 하나님은 이러한 과정을 통과하지 않은 사람을 사용하시지 않는다는 것을 알아야 한다. 요즈음 젊은 목회자들이 연단되고 훈련받는 것을 싫어한다. 능력도 빨리 받으려고 한다. 그러나 하나님은 그런 목회자를 사용하시지 않으신다.

## 5. 무엇을 준비해야 하는 것일까?

첫째, 다양한 사역을 경험하고 시행착오와 실패를 통한 배움의 기회를 갖는다. 이 시기는 완전한 사역자로서의 구비라기보다는 일종의 임상단계임으로 많은 사역경험을 통한 폭넓은 사역경험이 가장 중요하다.

둘째, 사명발견의 시기이다. 사명은 구체적으로 수행해야 하는 임무이다. 하나님께서 사람을 세워 그를 통하여 하시고자 하시는 사명을 부여하신다. 그 사명을 발견하는 실제적 도구는 개인의 사명을 발견하고 그 사명을 이루기 위한 실제적인 훈련을 받아야 한다. 사명을 수행하기 위한 은사가 나타나야 한다. 은사는 사명이 주어지면 나타난다.

셋째, 올바른 태도를 갖추어야 하는 시기이다. 사람은 그의 태도에 따라 성공적인 삶을 살게 된다. 좋은 태도는 좋은 인생으로 이끈다. 성경의 인물들은 하나님과 사람들에게 있어서 올바른 태도를 견지한 사람들이다. 신앙은 하나님 앞에서의 태도와 이웃에 대한 태도(이웃사랑)를 바르게 갖게 하는 것이며, 인생은 그의 태도에 따라 결정되어짐으로 옳고 바른 태도, 영향력을 주는 태도를 갖추어야 한다.

가장 중요한 태도는 3가지로써 순수성, 정직성, 순종(단순성)

이다. 이 단계에서 영적 지도자는 이러한 태도를 배우고 익혀야한다. 그의 태도가 그의 사역을 결정짓게 된다. 사실 사역에 필요로 하는 프로그램이나 기술, 그리고 도구들은 필요에 따라 나중 형편이 되면 얼마든지 습득 가능한 것인데 반해 사람의 태도는 하루아침에 취득될 수 없기 때문이다.

넷째, 인격훈련으로 인격을 온전하게 다듬어야 하는 단계이다. 인격은 사람됨됨이며 주님의 형상을 닮는 것이다. 그런데 대부분 이 나이와 시기에 사역의 기능적 측면만을 배우고 감당하다보면 정녕 신앙의 본질과 인간다움을 다 잃어버리게 되고 기능적인 목회활동만을 하게 되는 안목이 좁은 사역자로 전락되어버리는 경우가 허다하다. 지금 우리 공동체는 본질에 충실한 준비된 영적 지도자가 필요하다. 그것은 그들의 초기사역단계를 어떻게 지나게 되는가에 따라 달라진다. 영적지도자로서 갖추어야 하는 인격과 성품, 태도를 익히는 과정이 필요하다. 이 나이에 해당되는 젊은 영적지도자들을 우리 선배들은 세워가야만 한국교회의 내일에 희망을 기대할 수 있다.

## 6.자신의 사역유형을 확정하라

영적지도자의 성숙 1단계는 40대에 자신의 목회이미지를 결정하는 단계이다. 40대는 준비된 30대의 기간 동안 발견된 잠재력과 자신의 재능, 그리고 사역의 다양한 임상을 통한 자신만의 고유한 유형을 확정지어야 하는 시기이다. 이는 세상논리에도 맞아 떨어지는 것이다. 무엇이든지 한 분야에 전문가가 되려면 십년을 감당해야 전문인이 되는 것이다. 예를 든다면 세상에서 의사가 되려고 해도 의과대학은 6년을 다녀야하고 인턴으로 1년을 다닌 후, 의사자격 시험을 보고 합격이 되면 일반의가 될지 전문의가 될지 결정한다.

전문의가 되려면 대학교성적순으로 소아과, 외과 등등 여러 가지 과중 골라 인턴처럼 4년간 레지던트 생활을 해야 전문의과정까지 끝마치고 개인병원을 내든가 대학병원에 계속 남아있으면 된다. 이렇게 십일 년이 되어야 전문의가 되는 것이다. 그래서 목회도 30세에서 임상적인 전문성을 개발하기 시작하여 40대에 자신만의 고유한 사역분야의 유형을 확정한다는 것이다.

제가 체험한 바로는 제가 목사가 되고 성령사역에 집중하여 십년이 지나니까, 이 분야에 자신감이 생기고 전문성이 개발되는 것이었다. 그래서 자기의 전문분야를 선택하고 십년을 집중해서 체험하니 멘티를 양성할 수 있는 수준이 되었다는 것이다.

지도자는 자신을 준비 함에 있어서 강점을 강화하고 전문화하는 과정을 반드시 거쳐야 한다. 예를 들면 전도, 전인치유, 사회봉사, 지역 섬김, 성경연구, 설교의 탁월성, 교육 등을 말한다. 목회자는 통전적인 교회 사역의 전반을 이해하고 구현할 수 있어야 함과 동시에 자신만의 전문적인 사역유형을 확정하고 그것을 강화하는 지도력을 발휘해야 한다. 말과 행동이 같이 가야한다.

하나님은 절대로 말씀만 하시는 하나님이 아니시다. 말씀하시고 이루시는 하나님이시다. 그러므로 영적지도자는 자신이 말한 대로 이루어져야 한다. 그러므로 해당 분야에서 십년을 체험하며 훈련해야 하는 것이다.

이 단계에서는 자신이 받은 은사를 효과적으로 사용할 길을 파악한다. 이 시기에서는 자신의 잠재된 자질들이 드러나게 되며, 사역의 우선순위에 따라 그의 집중 사역이 두드러지게 나타난다. 리더로서 다른 사람에게 영향력을 행사하게 되고 자신만이 갖는 사역과 열매가 나타나는 단계이다. 이 시기에 나타나는 현상에는 명예심, 권위의 욕구, 자신의 위치, 리더로서의 인정 등을 추구하게 되는데 진정으로 하나님께서 원하시는 것은 지도자의 인격을 통한 열매 즉 섬김의 리더십일 것이다. 따라서 인격적이며 섬김을 다하는 지도자가 되어야 하고, 그를 본받고자 하는 멘티들이 형성되는 것으로 지도자의 위치 매김이 되어야 할 것이다. 이 시기에서는 지도자의 영향력이 가장 중요하다.

이러한 영향력과 동시에 이 단계에 갖추어야 하는 것으로는 목회적 실력을 가져야 한다. 특히 설교의 탁월성과 가르침의 기술, 그리고 사람을 세우는 사역을 잘 감당하는 능력을 구비해야 하고, 안수나 기도할 때 하나님의 말씀대로 역사가 나타나야 한다. 그래서 사역의 우선순위를 정하여 그 순서에 따라 일관성을 갖고 사역을 도모해야 한다. 많은 목회자들이 겪는 가장 큰 아픔은 방향성을 정하지 못해 우왕좌왕하는 것이다. 그래서 많은 세미나에 참여하여 속전속결의 교회성장을 이룰 수 있는 방법 찾기를 하는데 시간을 소모하고 있다.

물론 세미나를 통해 사역의 개발과 발전의 원리를 익히는 일을 게을리 해서는 안 된다. 그러나 사역의 정확한 방향 없이 이곳저곳을 헤매는 것은 문제가 있는 것이다. 세미나 참석은 자신의 사역방향을 결정하고, 그 이미지를 구현하고 실현하는데 가장 효과적인 원리를 제공하는 사역을 배우고 익혀서 자신이 섬기는 교회의 내, 외적 환경에 맞게 연구 발전하여, 자신의 교회만의 독특한 사역으로 발전시키는 과정이 반드시 있어야 한다.

즉 각종 세미나와 훈련을 통하여 자신 만의 것으로 만들어야 한다는 것이다. 그러나 많은 분들이 자신의 것으로 만들지를 못하고 우왕좌왕하며 시간만 허비한다. 그래서 나는 우리 교회에 훈련 받으러 오는 멘티 들에게 여기서 체험하고 터득하여 자신만의 것을 만들라고 권면을 한다. 자신의 것으로 만들어야 실전에서 사용할 수 있는 것이다.

과거의 사역성공의 원리가 지금 통용되는 것이 아니다. 지금은 미래를 예견하고 미래지향적 사역을 개발하고 연구하여 자신만의 이미지를 형성하는 것이 무엇보다 필요하다. 한국교회의 침체와 정체의 원인 중 하나가 바로 40대의 사역자들이 갖는 아마추어적인 준비에 있다. 영적지도자는 프로이다. 프로는 자신의 특기와 강점으로 성공적 인생을 산다. 이러한 프로가 되어야 한다. 자기가 추구하는 분야에 전문가가 되어야 한다. 달인이 되어야 한다. 그러기 위하여 첫째, 자신의 사역유형을 확정해야 한다. 자신의 사역유형은 교회이미지와 직결된다. 그것은 영적지도자의 준비성과 재능 잠재력의 표출로 나타나게 된다. 둘째, 이 단계에서 사역의 열매를 거두어야 한다. 사역의 이미지에 맞게 준비된 동역자들이 형성되어야 한다.

셋째, 사역의 우선순위를 정하고 우선순위에 따라 일관성을 유지하며 개발하고 수정하는 객관적 작업을 지속화해야 한다. 넷째, 자기관리에 소홀함이 없어야 한다. 이 단계는 사역의 중년기를 맞게 되어 교단과 노회(지방회)등의 활동을 요구받는 시기임으로 자기관리에 역점을 두지 않으면 쉽게 자기 경영에 실패하게 된다. 자기경영의 실패는 인생의 실패이다. 자기준비는 자기관리능력에 달려있다. 자기관리능력의 상실은 사역의 허무함을 가져다줄 뿐이다. 나는 무엇보다도 자기 관리를 중요하게 생각한다. 자기 관리가 안 되면 자기가 추구하는 목회에 실패하게 된다는 것을 명심해야 한다.

끝으로 배움의 시간을 놓치지 않아야 한다. 사역의 익숙함과 어설픈 인식으로 인하여 교만하기 쉽고, 후배들과 배움의 터전에서 만나는 것에 자존심 상해하는 이유도 있겠지만, 배움은 성공의 길이며, 겸손을 유지하며, 새로운 변화를 지속적으로 이루어낼 수 있는 길이다. 목회자는 끝없이 배워야 한다. 배우는데 자존심이 상할 이유가 없는 것이다. 그런데 지금 교계의 현실을 보면 자기보다 늦게 목사안수를 받은 지도자에게 배우지 않으려고 하는 것이다. 그러나 육신적인 자존심을 버려야 한다. 이 단계에서는 더 이상 이론적인 사역의 방법론이나 프로그램에 의존하는 것이 아니라, 목회본질에 집중하며 목회자로서의 기본적인 삶에 살아 역사하는 성령으로 자기를 경영해야 한다.

영적지도자의 본질과 교회의 건강 정도는 목회자의 본질에 대한 자기헌신에 달려있다. 그것은 인격 갖추기와 목회의 기본 갖추기를 강화하고 하나님과 교회중심의 삶으로 궤도를 수정하는 것을 의미한다. 자신의 사역이미지는 무엇인가?

## 6. 사역 유형을 확정하고 사역 브랜드를 정하라

영적지도자 사역의 성숙도는 그 사역의 이미지에서 결정되어진다. 사역유형을 결정하고 자신만의 브랜드를 형성해야 한다. 성실하고 인격적이며 신앙적인 것만으로는 목회현장을 긍정적으로 인도하기 어려운 상황에 와 있고, 하나님의 교회를 하나의 유기체로 본다면 당연히 각각의 개 교회는 하나의 지체의식을 갖고서 세워져야 한다.

그러므로 개 교회는 영적지도자의 자기준비와 지역의 특성을 분석하고 지역민들의 성향, 나이, 필요 등의 상황과 그들의 잠재적 욕구를 파악해야 한다. 그리고 그들을 이끌어갈 사역의 형태를 결정하고, 자신만의 아이콘을 만들어내는 헌신적 노력이 있어야 한다. 성숙의 2단계는 현재 정상적인 과정으로 영적지도자의 길을 걷는다면 55세-65세 사이의 연령에 해당되는데, 그 연령대의 목회자는 사역의 꽃을 피우는 시기이다. 이 시기는 자신만의 브랜드화를 이루어 내고, 자기유형의 사역이미지를 구축할 뿐 아니라, 그에 대한 이론적 원리와 사역의 열매를 드러내고, 그 사역의 형태를 다른 교회에 전수할 수 있을 정도의 성숙도를 형성해야 한다.

그래야 지역교회가 하나의 교회가 되며, 하나님의 교회가 연합된 지체로 지역의 복음화를 이룰 수 있을 뿐 아니라, 더 많은 교회가 세워질 수 있는 것이다. 그러므로 교회 사역의 특성화, 전문화와 차별화는 이 시대의 교회사역의 필수요건이 되고 있다. 자신이 섬기는 교회에 나타난 특징이 무엇인지, 그리고 자신이 구비된 사역의 전문화는 어떤 것인지, 그리고 다른 지역교회와의 차별화는 무엇인지를 발견하고 구분하는 사역의 자세가 되어야 한다. 그리고 부단히 전문성을 개발해야 한다. 한마디로 자기가 추구하는 분야에 달인이 되려고 해야 한다.

특성화와 전문화 그리고 차별화를 구성하는 방법은 첫째, 자신의 강점을 발견하고 그 강점을 강화하며 이론화하고 체계화하는 작업을 해야 한다. 잠재적 능력과 자신에게 주신 하나님의 은사를 개발하여 그것을 특성화 하는 것이다. 마음만으로는 불가능하며 추구하고자 하는 자세로만은 어려운 만큼 자신의 강점을 분석하고 시스템화 해야 한다.

둘째, 전문적인 사역이 되기 위하여 연구하는 자세가 필요하다. 전문적 기술을 습득하거나 자격증을 취득하는 것이 아니라, 그 강점과 특성화를 구현하기 위한 원리와 임상, 그리고 그것의 결과를 정돈하고, 그 사역의 극대화를 전개할 수 있는 자질을 구축하는 것을 의미한다.

전문적인 면으로 갖추어야 한다면 우선 기본적으로 설교의 탁월성이 드러나야만 하고, 가르침의 능력, 그리고 사람을 세우는 능력이 탁월해야 하며, 성령이 보증하는 사역자가 되어야 한다. 성령이 보증한다는 것은 성령님이 사역을 이끌어 간다는 것을 의미하기도 하다. 그 다음으로 자신만의 브랜드를 체계화하여 임상결과를 성공적으로 만들어 내야하는 것을 의미한다.

셋째, 차별화를 위하여 지역교회를 분석하고 지역의 성향, 그리고 지역민들의 필요를 파악하고, 위의 특성화와 전문적인 자기준비를 바탕으로 지역교회들이 강화되지 않는 영역으로 차별화하는 것이 필요하다. 특별히 작은 교회는 지역 교회와 차별화되고 전문화 된 목회가 요구 된다. 즉 다른 교회를 따라가는 것이 아니라, 자기 교회만의 특별한 사역을 해야 한다는 것이다. 그렇게 되어야 지역교회 그 자체가 하나의 유기체로서의 교회가 되어가는 것이다. 사역의 성숙은 자신의 브랜드화와 이미지와 자신의 아이콘을 형성하는 것으로 나타난다.

사역은 하나의 현상으로 드러나는 것이 아니라, 자신의 땀과 헌신의 결과로 나타나는 열매이다. 그러므로 넓은 길로 나아가는 자세에서 좁은 길로 걸어가는 결단의 선택이 있어야 한다. 연구하고 개발하며 자신을 향하신 하나님의 뜻을 발견하고, 그 뜻하신 바를 구현하기 위한 일관성을 갖는 헌신적 준비를 해야 한다. 사역의 꽃을 피우기 위하여 우리의 흘린 수고로움이 결코 헛되지 않아야 한다.

결론적으로 교회 개척은 쉬운 일이 아니다. 자신이 변하여 하나님에게 신임을 받아야 한다. 교회는 성령하나님이 하시기 때문이다. 육신에 속한 사람으로 교회를 개척하면 100% 실패한다. 하나님은 영이시다. 하나님과 같은 영의 상태가 되어야 교통이 가능하다. 하나님과 교통이 되어야 기도응답도 받을 수가 있다. 신학대학원에서 배운 것 가지고 개척목회를 할 수가 없다. 또, 기성교회에서 부교역자 하면서 배우고 체험한 것 가지고 개척목회 할 수가 없다. 완전하게 백지 상태에서 하나하나 착안하여 2년 이상을 준비해야 한다. 저자도 큰 교회에서 부교역자를 3년을 했다. 그래서 교회를 개척하면 금방 부흥될 줄로 알았다. 개척하고 6개월이 지나도 한명도 전도되지 않았다. 부교역자시절 설교도 잘한다고 칭찬도 받았다. 심방을 가면 심방 받은 성도들이 모두 은혜를 받았다고 소문을 내곤했다. 그러나 개척교회 현실은 100% 달랐다. 만약에 막연하게 개척하려는 생각으로 교회 개척은 하지 말아야 한다. 사모와 자녀들 모두 큰 고생을 사서 하게 될 것이다. 개척목회자 모두가 성령으로 하나가 되면 개척하라. 지금 알게 모르게 개척목회자의 가정이 깨어지고 있다. 현실을 직시할 줄 알아야 한다.

# 22장 개척 목회자에게 있어야할 성령의 권능

(행10:38)"하나님이 나사렛 예수에게 성령과 능력을 기름 붓
듯 하셨으매 그가 두루 다니시며 선한 일을 행하시고 마귀에게
눌린 모든 사람을 고치셨으니 이는 하나님이 함께 하셨음이라"

보편적으로 개척교회는 영육의 문제가 있는 성도가 찾아 온
다. 영육의 문제가 있는 성도를 치유할 수 있는 권능이 있어야 교
회를 성장시킬 수가 있다. 하나님이 성령으로 충만한 영적인 목
회로 교회가 성장하기를 원하시기 때문이다. 개척 목회자는 개척
전에 성령으로 능력을 나타낼 수 있도록 영성을 준비해야 한다.

## 1. 개척목회자로서의 영력이 있어야한다.

하나님과 친밀한 관계가 되어야 한다. 이것이 안 되면 목회가
힘이 들게 된다. 개척목회자의 영성은 생명의 말씀 증거, 영적인
치유, 성령치유, 과거 상처의 치유, 육신의 치유 등의 모든 치유
에 있어서 동일하게 적용되기 때문에 중요하다.

① 개척 목회자는 성령의 세례를 받고, 성령의 기름 부으심을
감지하고, 성령에 의하여 인도함을 받으며, 특별한 사람이나 환
경에 관하여 말씀하시는 성령의 음성을 들을 수 있도록 성령 충만
을 구하여야 한다. 하나님이 보증하여 주는 사람이 되어야 한다.

② 개척 목회자는 영분별과 지식의 말씀, 지혜의 말씀의 은사

가 있어야하며, 자신이 꾸준하게 노력하여 영적 분별력을 길러야 한다. 스스로 깊어지려고 노력해야 한다. 여러 영적 은사들에 대하여 관심을 가지고 심도 있게 연구하여 성령의 인도와 감동과 보증의 역사를 감지하는 깊이 있는 자가 되어야한다. 세상 의사보다 더 박식한 지식이 있어야한다. 왜, 의사는 육만 다룬다. 영적 치유 사역자는 의사가 다루지 않는 귀중한 인간의 영을 다루니까?

③ 효과적으로 자신이 사역에 사용되기 위하여 목회자는 기도와 금식이 필요하다. 특별히 여러 사람들을 대상으로 하는 성령 치유 사역이나, 가족 구성원중의 일부의 구원을 위하여 치유 사역하거나, 혹은 어느 특정 가정의 특별한 필요성에 대하여 심방하며 치유 사역할 때는 더욱 그러하다.

④ 목회자는 성령께서 사용하실 수 있는 깨끗한 그릇으로 준비되어야 한다.

(고전3:16-17)"너희는 너희가 하나님의 성전인 것과 하나님의 성령이 너희 안에 계시는 것을 알지 못하느냐. 누구든지 하나님의 성전을 더럽히면 하나님이 그 사람을 멸하시리라 하나님의 성전은 거룩하니 너희도 그러하니라."

먼저 자신의 내면을 성령으로 내적치유 받아야 한다. 자신의 상태를 볼 줄 알아야한다. 목회자는 자신에게 깨달아지는 죄를 고백하여 용서함을 받아야지, 그렇지 않으면 다른 사람들에 대하여 사역을 할 때에 사탄은 그 죄들을 고소하고 정죄하게 된다.

⑤ 모든 신비술에 관여한 것을 깨뜨리고 회개하여야 한다. 이 신비술에 관여한 것이 목회자 자신에 의한 것일 수 있고, 혹은 목회자의 가족이나 조상일 수 있다(출애굽기 20:5). 이 문제를 제대로 다루지 않으면 목회자나 사역을 받는 자에게 성령이 역사하는 것에 주요 장애가 될 수 있다.

⑥ 목회자 자신의 삶이 다른 사람들에게 간증거리와 본이 되어야 한다. 목회자는 성령의 열매(갈라디아서 5:22-23)가 날마다의 생활에서 보여야 한다. 그리고 하나님께서 목회자 자신에게 행하신 것과 그로 인하여 목회자가 어떻게 변화되었다는 것을 사람들에게 설명할 수 있도록 준비되어야 한다.

⑦ 목회자는 인류에 대한 하나님의 엄청난 사랑과 연민을 깨달아야 한다. 치유 사역자로 하여금 치유 사역을 받는 자는 이 하나님의 사랑과 연민에 대하여, 그리고 목회자가 하나님 앞에 바른 자세를 가지고 있는가에 대하여 매우 빠르게 감지하게 된다.

⑧ 목회자는 하나님의 말씀이 전적으로 진리라는 것과 하나님께서는 성경에 기록된 하나님의 모든 약속들을 반드시 이루신다는 것을 믿는 믿음이 있어야 한다. 따라서 목회자는 자신을 이러한 믿음으로 이끌어주는 영적 양식인 하나님의 말씀을 규칙적으로 읽고 기도하여야 한다. 그리고 서로의 신앙을 격려하여 주는 다른 신자들과의 교제도 중요하다.

⑨ 목회자는 사람에 대한 두려움이 없어야 된다. 이것은 성경에 기록된 말씀이 진리이고, 이 말씀이 목회자 자신과 사역을 받는 자들에게 분명한 역사를 일으킨다는 확신에 찬 지식을 가질 때

에 가능한 것이다. 이렇게 하나님을 의지하고 사역하게 될 때에 사람에 대한 두려움이 사라지게 된다(딤후 1:7). 경우에 따라서는 목회자로 성숙하게 하시려고 목회자가 감당할 수 있는 범위의 극한 상황에 두시기도 하신다. 생각지도 못한 어려움이 닥 칠 수도 있다. 로뎀나무 아래의 엘리야와 같은 경우를 당하기도 한다. 그러나 하나님이 하신다는 믿음을 가지고 기도하고 나가면 해결된다. 하나님은 성령 목회자를 돕는다.

## 2. 개척 목회자의 인간적인 준비

① 부부간에 화합해야 한다. ② 가정이 성령으로 하나 되고 평안이 있어야한다. 자녀, 부모. 형제 등등. ③ 건강에 관심을 가져야한다. 건강해야 작은 교회를 성장 시킨다. ④ 지식, 상식이 있어야한다. 특히 영적인 지식이 있어야 한다. 사람들에게 이해가 되는 사람이어야 한다. ⑤ 관리와 행정 능력이 있어야한다. ⑥ 조직 신학이 정통해야 한다. 특별히 영적인 목회를 하려면 조직 신학에 입각해서 해야 한다. 모든 영적인 활동은 조직 신학에 입각하여 진행해야 시시비비에 걸리지 않는다.

## 3. 개척 목회자가 개척전 준비할 영적인 능력.

1) 내면의 문제로 일어나는 현상과 진단을 할 줄 알아라. 내적 치유는 피 사역자에게 상처를 많이 드러내어 성령으로 치유하는

것이 관건이다. 그럼 어떻게 상처를 드러나게 하는가? 상처로 인하여 발생 가능한 상황을 많이 만들어 전하라. 상처를 많이 드러나게 하여 드러내야 치유가 잘된다. 성령으로 충만하게 하여 마음이 열리게 한 다음 자신을 볼 수 있는 말씀을 증거 하여 최대한 상처가 드러나게 해야 성공적인 내적치유 사역이 된다.

2) 신유의 사역을 할 수 있는 은사와 능력을 구비하라. 반드시 교회는 병 고치는 신유사역을 해야 한다. 그것은 주님이 그렇게 하셨기 때문이다. 그리고 작은 교회는 이런 사람이 많이 찾아온다. 이런 사람을 치유하지 못하면 개척교회는 성장하지 못한다.

3)축귀를 할 수 있어야 한다. 저자가 지난 13년 동안 개척 교회를 하면서 체험적으로 느낀 것은 축귀사역은 참으로 중요하다는 것이다. 모든 사역 뒤에는 꼭 축귀를 해야 하기 때문이다. 성령의 세례를 받으려고 해도 축귀를 해야 한다. 축귀를 해야 영의통로가 열려 마음 깊은 곳에서 영의기도가 올라오기 때문에 성령의 세례를 쉽게 받을 수가 있다. 내적치유를 할 때도 상처를 치유한 다음에 필히 축귀를 해야 한다. 그래야 상처의 근원이 완전하게 해결이 되기 때문이다. 부부와 자녀들의 문제를 치유하려고 해도 축귀를 해야 한다. 부부와 자녀문제의 뿌리에 귀신이 도사리고 있기 때문이다. 물질문제를 해결하려고 해도 축귀를 해야 한다. 일부 질병을 치유 받으려고 해도 마지막으로 축귀를 해야 한다. 그래야 질병의 뿌리가 빠지기 때문이다. 모든 치유사역에 꼭 필요한 사역이 축귀이다. 축귀를 하지 않으니까, 성도들이 고통을 당하는 것이다. 개척목회자가 축귀를 못하면 교회가 성장하지 못한다. 축

귀에 대해서는 "귀신축사로 질병기적치유"교재를 참고하라. 목회자가 축귀를 하려면 영들의 전이에 대하여 알아야 한다. 목회자는 반드시 영들의 전이와 영적인 손상에 대해서 바르게 알고 대처해야 한다. 영들의 전이와 영적인 손상에 대해서는 "하나님의 복을 전이 받는 법"을 읽어보기 바란다.

4) 성령의 인도를 받아라.

① 이스라엘 민족의 광야에서의 성령인도를 참고하라.

② 성령이 임재 할 때의 현상에 대하여 알고 대처해야 한다.

③ 성령의 나타남과 은사에 대하여 바르게 알아야 한다.

④ 성령의 보증의 역사에 대하여 알고 따라갈 줄 알아야 한다.

⑤ 성령에 인도를 받는 깊은 영의기도에 들어갈 줄 알아야 한다.

⑥ 성령의 세례와 성령 충만에 대하여 알고 체험해야 한다.

5) 하나님의 음성을 들어라. 하나님의 음성을 들으려면 모든 통로를 열고 들으려고 노력해야한다. 하나님의 자녀가 하나님의 음성을 듣는 것은 생사간에 문제이다. 자세한 것은"하나님의 음성을 쉽게 듣는 법"을 참고하라.

(1)음성이 들리는 일반적인 통로와 형태는 이렇다. ① 하나님, ② 마귀, ③ 사람이 있다. 들리는 음성을 분별해야 한다.

(2)들리는 음성의 형태. ① 들리는 음성. ② 환상을 통하여. ③ 꿈을 통하여. ④ 성령이 생각을 주장하여. ⑤ 나도 모르게 찬송이 흘러나오는 찬송을 통하여. ⑥ 말씀 읽는 중 감동을 통하여. ⑦ 설교를 듣는 중에 마음에 와 닿음을 통하여. ⑧ 다른 사람의 말이 가슴에 와 닿음으로. ⑨ 과거 실패와 성공의 교훈을 통하여. ⑩ 깨달음으로 고

난, 질병, 절망, 축복, 환란, 천재지변 등을 통해서. ⑪ 보증의 역사를 통해서 환경으로 나타나고, 보이는 역사를 통하여. ⑫ 자신에게 나타나는 어떤 성령의 임재 현상을 통하여. 기쁨, 눈물, 전율, 뜨거움, 감동, 평안 등등을 통하여 하나님의 음성을 듣게 된다.

6) 능력 예언 사역에 관심을 가지라. 성도들은 신비한 것을 좋아한다. 그리고 장래에 대하여 많은 궁금증을 가지고 있다. 성도들이 교회에서 이것을 해결하지 못하면 다른 곳으로 받으러 간다. ① 주님의 감동과 지혜를 얻도록 기도하라. ② 정규적인 성경 공부 시간에 예언에 관하여 가르치라. ③ 인내심 있게 점진적으로 접근함으로 성도들의 거부감을 제거하라. ④ 교회 안에 이미 활동하고 있는 예언 은사자들을 인정하고 격려하라. ⑤ 정규적인 예배보다는 소그룹 모임에서 시범적으로 활용을 시작해보라. ⑥ 성도들이 균형감을 잃지 않도록 가르치라. 성경의 최종적인 우월한 권위와 가치를 강조하라. 예언을 할 때는 하나님이 열어 주시는 만큼만 하라. 하나님은 감당할 만큼 만 알려주신다. 절대로 성령을 앞서 가지 말고 성령의 인도를 받아라.

7) 영분별을 못하면 사역에 힘들다. 영을 분별하는 목적은 축사를 하기 위해서 영을 분별한다는 것을 알아라. 영을 분별하는 사역을 하는 순서는 이렇다. 꼭 순서에 집착하지 말고 성령의 인도를 받으려고 하라. 자세한 것은 **"영분별과 기적치유"**를 참고하라.

① 먼저 하나님의 임재 가운데 들어가라. 성령이 충만해야한다.

② 각 사역할 대상(개인, 지역, 가문)의 이미지를 그려 보라. 꼭 그이미지가 똑 같을 필요는 없다. 각 대상마다 성령이 보여주

는 이미지를 그리라.

③ 이미지 속에 있는 영분별의 임상들을 찾아내라(영적 느낌에 의하여). 이것은 마치 지도를 둘러보는 것과 같다.

④ 그 영의 정체를 알아낸다. 즉 그 영이 갖고 있는 특색들이 있다. 예를 든다면 어두움을 느끼는 경우는 흑암의 세력일 수가 있다.

⑤ 그 영을 대적하라. 평안이 임할 때까지….

⑥.그 후에 반대 영을 공급하라. 임재를 느낄 때까지 하라. 예를 든다면 두려울 경우 평안의 반대 영을 공급하라는 것이다. 모든 사역방법은 기도하면서 성령의 보고 듣고 깨닫게 해주심으로 하여야 한다. 그러므로 모든 목회자들은 성령의 중보자가 되어야 한다.

**8) 꿈이나 환상에 대해서도 무시 말고 알아야한다.**

① 영적인 꿈이란, 기도를 많이 하는 영적으로 깊은 성도가 하나님이 알려주시는 자신의 현재의 상태와, 앞으로 어떻게 해야 할 방향과, 하나님의 계획을 알려주는 것이다. 고로 꿈도 하나님이 음성을 들려주는 중요한 통로이다. 자신의 무의식에 잠긴 상처의 상태를 보여주기도 한다.

② 환상이란 비몽사몽간에 나타나는 사물이나 현상이다. 꿈과 함께 하나님의 계시가 전달되는 방편으로 이해되었다.

**9) 가계에 흐르는 영 육간에 문제에 대해서도 알아야한다.왜** 가계의 문제를 치유해야하는가? 우리가 예수를 믿어 영적으로 다시 태어났지만 육적으로 흐르는 문제들은 해결되지 못한 상태에

있는 것이 사실이다. 영육의 문제가 그리스도 예수 안에 있다고 해도, 그리스도 안에 있는 우리가 예수의 이름으로 몰아내고, 누리지 않으면 여전히 많은 문제들이 그리스도인들에게 남아 있거나 가계에 흐를 수 있다는 것이다. 가문에 흐르는 여러 가지 문제들, 즉 육적인 질병의 문제, 정신적인 문제, 영적인 문제는 우리가 치유 받아야 할 영육간의 질병이다. 이 질병은 이미 예수 그리스도께서 십자가에서 다 담당하셨다. 즉 질고를 담당하시고 채찍에 맞으시므로 우리에게 나음을 주셨다. 그러나 아직 우리에게는 이 질병이 그림자처럼 나타나고 있기에 예수 그리스도 안에서 나음을 주장하고 그 질병을 물리치고 나음을 입어야 하는 것이다. 이러한 질병 중에는 가계에 흐르는 것이 많다. 우리는 가계에 흐르는 영육간의 문제들을 찾아서 단절하고 치유해야 할 것이다. 알고 치유하는 것이 방심하고 지내는 것보다 예방 신앙적인 측면에서 낫다. 가계의 문제를 치유하려면 축귀해야 한다.

10) 성령의 세례나 임재 할 때 나타나는 현상에 대해서도 알아야한다. ① 호흡이 깊어지거나 빨라지고 손이 찌릿찌릿 하기도 한다. 악영과 성령의 대립 현상이나 상처를 풀어주는 현상이다. ② 주체하지 못하게 울음이 터지거나. 웃음이 터지는 경우도 있다. ③ 가슴을 찌르고 무엇이 빠져나오는 아픔을 느낄 수 있다. ④ 위장이나 아랫배 부근에서 어떤 뭉치 같은 것이 움직일 수도 있다. ⑤ 큰소리가 속에서 터져 나오기도 하고 온 몸에 불이 붙은 것 같이 뜨거울 경우도 있다. ⑥ 가슴이 답답하고 기침이 나오고 손과 입에서 불이 나오기도 한다. ⑦ 기침, 하품, 트림이 나오

고. 토하기도 하고 메스꺼움을 느끼기도 한다. ⑧ 멀미하는 것처럼 속이 울렁거리며 아랫배가 심히 아프기도 한다. ⑨ 머리가 아프고 어지럽고 몸이 감당하지 못하게 흔들리기도 한다. ⑩ 때로는 얼굴이나 몸 전체가 뒤틀리다가 풀어져 평안해지기도 한다. ⑪ 때로는 집에 돌아가서도 심신의 괴로움 현상이 일어날 수 있다. 이것은 일종의 치유의 현상으로 나타나는 것이니 두려워말고 조금 있으면 없어진다. 많은 분들이 이런 현상이 있은 후 영안이 열리고 능력이 나타난다.

**11) 영적인 눌림의 진단 방법을 알아야 한다.** ① 몸이 아픈데 병원에 가도 그 병명이 나타나지 않는다. ② 이유 모를 불안 두려움을 느끼고 우울함에 사로잡힌다. ③ 꿈(악몽)을 자주 꾸며, 밤에 잠을 이루기 어렵다. ④ 머리가 빙 돌 듯 어지러움 증이 있고 두통이 계속된다. ⑤ 밝은 햇빛에 노출되는 것을 꺼리며 낮에 잠을 자게 된다. ⑥ 조그만 말에도 혈기 분을 참을 수 없어 혈기를 잘 낸다. ⑦ 혼자 있을 때 차가운 느낌이나 으스스하고, 추운 느낌이 든다. ⑧ 기도가 힘들고 현기증이 심하고 눈앞이 아른아른 거린다. ⑨ 몸이 천근만근 무겁고 잠을 자도 피로가 풀리지 않는다. ⑩ 사업이나 일이 자꾸 꼬이거나 어긋나던가. 틀어져 버린다. ⑪ 잘 놀라고 밤에 잠을 잘 깨고 식은땀을 많이 흘린다. ⑫ 가정에 부부 불화가 이유 없이 잦고 자꾸 우환이 생긴다. ⑬ 가슴이 답답하고 어깨를 누르는 것 같은 무거움을 느낀다. ⑭ 눈에 충혈이 잦고 눈이 따갑고 무슨 막이 낀 것 같다. ⑮ 머리가 자주 아프고 사람과 만나 대화하는 것이 두렵다.

# 23장 기도가 성령으로 바뀌어야 한다.

(엡6:18~20)"모든 기도와 간구를 하되 항상 성령 안에서 기도하고 이를 위하여 깨어 구하기를 항상 힘쓰며 여러 성도를 위하여 구하라. 또 나를 위하여 구할 것은 내게 말씀을 주사 나로 입을 열어 복음의 비밀을 담대히 알리게 하옵소서 할 것이니, 이 일을 위하여 내가 쇠사슬에 매인 사신이 된 것은 나로 이 일에 당연히 할 말을 담대히 하게 하려 하심이라"

하나님은 예수를 믿고 성령으로 거듭난 우리에게 성령 안에서 기도하라고 하신다. 우리가 신앙생활 하는 가운데, 가장 어려운 것 한 가지가 바로 기도이다. 기도하는 습관이 되지 않으면 기도 생활을 꾸준히 지속적으로 해 나가는 것이 얼마나 어려운 가를 우리는 경험하며 살아가고 있다.

오늘날 우리가 당면하는 지속적인 기도생활이라는 도전을 우리가 어떻게 감당할 수 있을까? 이 고민을 극복하는 한 가지 길은 좋은 기도의 습관을 갖는 것이다. 사람은 습관에 따라 살아가는 존재이기 때문에 좋은 기도의 습관이 형성되면, 그만큼 기도하기가 쉬워진다. 저는 기도하는 습관만 되면 기도는 쉽다고 항상 말한다. 왜냐하면 제가 기도하는 습관이 들으니 기도가 재미있고 쉬워졌기 때문이다. 기도의 좋은 습관을 가지려면 3가지가 필요한데 정해진 기도의 시간, 정해진 기도의 장소, 정해진 기도의 제목이 필요하다.

당신은 어떠한가? 당신의 기도생활에 정해진 기도시간이 있는가? 정해진 기도의 장소를 가지고 있는가? 어떤 때는 무엇을 놓고 기도를 해야 될지 모르다가도 정해진 기도의 제목이 있어서, 그 제목을 따라 기도하는 가운데 기도할 힘을 얻게 되는 그러한 경험을 해 보았는가?

## 1. 기도생활을 위해서

기도생활을 위해서 '좋은 기도의 습관'이 중요하긴 하지만 그보다 더 중요한 것이 있다. 그것은 바로 기도의 영을 받아 가지고 있는 것이다. 우리가 새벽기도를 생각해볼 때 우리가 항상 새벽에 그 시간에만 살아가는 것이 아니지 않은가? 우리가 예배당 안에서만 살고 있지 않는 것은 당연하다. 우리가 가정에서나 직장에서나 세상에서 살아갈 때 우리 앞에 다양하게 펼쳐지고, 우리에게 다가오는 그런 도전과 문제, 그 어려운 상황 속에서 우리의 기도가 정해진 기도의 제목만으로는 우리 삶을 다 감당하지 못한다. 그래서 좋은 기도의 습관을 갖는 것도 중요하지만, 우리가 기도의 영을 가져서 성령 안에서 기도하는 것 그것은 더욱 중요하다. 기도를 성령으로 하도록 지속적으로 훈련해야 한다.

마치 내 영이 기도의 영이신 성령 안에 푹 잠겨 있는 것처럼 내가 하루 24시간 어디에서 무엇을 하고 있든지 하나님과 끊임없는 교통가운데서 내 삶이 진행되는 것, 그것이 바로 기도의 영을 가지는 것인데, 이것이 바로 기도생활의 이상이라고 할 수 있다. 그래서 하나님 말씀은 우리에게 '성령 안에서 기도하라', '성령으로 기도하라' 라는 말씀을 여러 번 당부하신다.

그 중 한 곳인 에베소서 6장 18절을 같이 읽어보자.'모든 기도와 간구를 하되 항상 성령 안에서 기도하고 이를 위하여, 깨어 구하기를 항상 힘쓰며, 여러 성도를 위하여 구하라' 과거 개역에는 '무시로 성령 안에서 기도하라' 고 했는데, '무시로' 란 항상 이란 뜻입니다. 영어로 always 또는 all times이다.

그렇다면 어떻게 기도하는 것이 '성령 안에서 기도'하는 것일까요?'성령 안에서 기도한다'는 의미는, "성령의 영성과, 성령의 지성과, 성령의 감성을 따라서 기도하는 것이다" 라고 말할 수 있다. 또, 성령의 임재 가운데 기도하는 것이다. 실제적으로 성경에 보면, 성령께서 우리를 위하여 말할 수 없는 탄식으로, 성령의 생각이 삼위일체 하나님과 합치된 상태에서 우리 안에 와계신 성령께서 우리를 위하여 계속 기도하고 계신다.

(롬8:26~27)"이와 같이 성령도 우리의 연약함을 도우시나니, 우리는 마땅히 기도할 바를 알지 못하나 오직 성령이 말할 수 없는 탄식으로 우리를 위하여 친히 간구하시느니라. 마음을 살피시는 이가 성령의 생각을 아시나니 이는 성령이 하나님의 뜻대로 성도를 위하여 간구하심이니라."

'성령 안에서 기도하라'는 엡6장 18절의 말씀을 실행 할 수 있는 그 약속이, 이 로마서 말씀에 주어져 있다. 로마서 8장

26~27절속에는 성령의 [영성] [지성] [감성]이 나타나 있다. 성령의 영성은 무엇과 같은가요? 어머니의 영성과 같다. 어머니는 자녀들을 한없는 사랑으로 용납해주고 품어주신다. 그러한 것처럼 성령은 포근한 영성, 온유하신 영성, 인자하신 영성으로서 마치 어머니가 자식을 위해 기도하듯이, 성령께서 우리를 위하여 기도하고 계신다는 것이다. 우리는 무엇을 위하여 기도하는지도 모르고, 우리 앞에 어떤 일이 일어날지도 모른다.

그렇기 때문에 성령께서 '우리를 위하여 마땅히 무엇을 위해서 기도할지 모르지만, 우리를 위하여 앞서 기도' 하고 계신다는 것이다. 성령의 영성이 그러하단 것이다. 또 성령의 영성은, 성령은 지성을 가진 인격체이셔서 우리를 위해서 기도 할 바를 명확하게 인지하고, 그리고 그 생각을 갖고 기도하고 계신다.

롬8장 27절 말씀에 성령은 지성을 지니신 분이시다. 라는 것을 보여주는 한 표현이 있다.'마음을 살피시는 이가 성령의 생각을 아시나니', '성령의 생각'이라고 했다. 성령은 생각하신다. 즉, 지성을 지니신 분이시다. 우리를 향하신 그 성령의 생각이 얼마나 많은지 시편 40편 5절에 이런 말씀이 나온다.

'여호와 나의 하나님이여 주의 행하신 기적이 많고 우리를 향하신 주의 생각도 많도소이다' 우리의 부모가 자녀를 위해서 기도하지 않는가? 자녀에 대한 모든 사정을 헤아리고 살펴서 자녀를 위해서 기도한다.

부모는 자녀를 위해서 기도하지만, 자녀는 부모를 그렇게 생각하지 않는다. 자기 인생이 바쁘기 때문에 내리 사랑을 해서 부모는 자녀를 위해서 그렇게 안타깝게 간절히 기도하지만, 자녀들은 그 부모에 대한 마음을 헤아리지 못한다. 나도 자녀를 위해서 기도하면서 이 아이들이, 부모인 내가 이렇게 하나님 앞에서 간절히 자기들을 위해 기도하는 것을 알고 지내기나 하나?' 그런 생각을 할 때가 있다.

마찬가지로 우리는 별로 하나님을 생각하지 못하고 살아가지만 성령께서 우리를 위하여, 해변의 모래보다 더 많으신 그 생각, 그 사랑의 생각을 가지고 우리를 위해서 기도하고 계신다. 또한 성령은 감성을 지닌 분이시다. 로마서 8장 26절 말씀에 성령의 감성을 보여주는 한 어구 한 표현이 있다' 말할 수 없는 탄식으로 우리를 위하여 기도하시는 성령님'이라고 했다.

성령은 감성을 가지고 계신다. 우리는 성령을 근심하게 할 수도 있고, 우리는 성령을 기쁘시게도 할 수 있습니다. 성령이 인격적으로 우리를 대해주신다. 이 말씀이 보여주는 바대로 성령님은 어머니와 같은 그런 넓으신 자애로우신 사랑의 영성을 지니셨고, 또한 성령은 생각을 가지신 지성을 지니신 인격체이시고, 성령은 우리를 위하여 말 할 수 없는 탄식으로 하나님 앞에서 기도하시는 감성을 지니신 분이시다. 성령께서 우리 안에 오셔서 우리를 위해 그토록 기도하시는 그 성령의 영성과 지성과 감성을 따라 기도하는 것이 성령님 안에서 기도하는 것이다.

## 2. 성령으로 기도하라.

우리에게 그 기도는 필요하다. 내 생각대로, 내 욕심대로, 내 마음대로 기도하는 것이 아니라, 내 영이 성령 안에 잠긴 것처럼 성령이 그 영성과 지성과 감성을 따라서 기도하는 것, 그것이 바로 우리가 지향하는 이상적인 기도이다. 예를 들어서 설명한다. 이미 세월이 지나서 다 잊어버렸겠지만, 부모님들이 어린 자녀들을 키울 때, 자녀들이 막 글자를 깨우쳐 갈 나이일 때 글씨 쓰는 법을 가르쳐 주지 않는가? 그때 어떻게 가르쳐 주셨는가? 아이가 글자를 삐뚤삐뚤 쓰니까 엄마나 아빠가 아이를 품안에 안고 아이의 작은 손을 내가 손으로 쥐고 연필을 쥔 아이의 손을, 내가 붙잡아서 글자를 써간다.

마찬가지로 기도할 줄 모르는 우리들을 성령께서 안으시고 품으시고, 나의 작은 손을 그 권능의 손으로 붙드셔서 내게 기도하는 법을 가르쳐 주신다는 것이다. 부모가 어린자녀든 장성한 자녀든 자녀를 위해서 밤낮 기도하듯이 성령께서 우리에게 오셔서 나는 의식도 하지 못하는데, 나는 느끼지도 못하는 사이에 나를 위하여 말할 수 없는 탄식으로, 그 많으신 성령의 사랑의 생각을 갖고서, 하나님의 뜻에서 합치된 방향으로 나를 위하여 기도하고 계시는데 내가 그것을 깨닫고 성령의 인도를 따라 기도하는 것이 바로 성령 안에서 기도하는 것이다.

그것이 그토록 중요한 이유는 우리가 성령 안에서 기도하게 되면, 우리가 중언부언하는 기도는 하지 못한다. 여전히 우리는 내

짧은 욕심이 들러붙은 그런 마음의 손을 가지고 기도를 하는데, 우리가 점차적으로 성령 안에서 변화를 받게 되면, 우리가 마음속에 품게되는 소원과 우리가 하나님께 아뢰는 기도의 제목들이 하나님의 뜻에 합치되는 방향으로 내 그 기도가 바뀐다는 것이다.

'이와 같이 성령도 우리의 연약함을 도우시나니 우리는 마땅히 기도할 바를 알지 못하나 오직 성령이 말할 수 없는 탄식으로 우리를 위하여 친히 간구하시느니라.' 우리의 기도가 성령 안에서 드려지게 되면 우리가 간구하는 것이 하나님의 뜻에 맞게 되니까 하나님께서 하나님의 뜻을 이루어주시지 않겠는가?

로마서 8장 28절에 보면' 우리가 알거니와 하나님을 사랑하는 자 곧 그 뜻대로 부르심을 입은 자들에게는 모든 것이 합력하여 선을 이루느니라.' 하셨다.

우리 기도가 성령 안에서 드려지는 기도, 우리의 뜻이 하나님의 뜻에 합치되는 방향으로 변화 받게 되면, 우리가 기도하는 바를 하나님이 응답해 주실 뿐만 아니라, 우리를 둘러싼 삶의 환경을 하나님께서 절대주관 가운데 품으시고, 붙드시고, 변경하시고, 조정하셔서 모든 것들을 합력하여 선을 이루게 해 주신다는 것이다.

그러니까 로마서 8장 28절에' 성도의 모든 것을 합력하여 선을 이루신다' 는 구절은, 문맥상 26절과 연결해서 해석할 때, 성령 안에서 기도하는 성도에게, 모든 것이 합력해서 선이 이루어진다는 뜻이다. 즉 28절의 '성도의 모든 것이 합력해서 선을 이루는'

은총은, 26절의 성령 안에서 기도하며 살아가는 자에게 주어지는 축복이다. 시편 31편 4절 말씀에도 '또 여호와를 기뻐하라. 저가 내 마음의 소원을 이루어 주시리로다.'라고 하셨다.

우리 기도가 성령 안에서 기도하는 것으로 점차로 바뀌어서 우리가 성령 안에서 하나님을 기뻐하며 살아가게 될 때, 성령님께서 우리 마음속 안에 있는 모든 소원들을 아시고 헤아리시고 살피셔서, 우리로 하여금 하나님께 기도드려서 그 소원들을 다 이루게 해주시기 때문에 성령 안에서 기도하는 것이 그토록 중요하다.

그런데 혹자는, '성령 안에서 기도 한다.'는 것은 방언기도 하는 것을 뜻한다고 하여 성령 안에서 기도와 방언기도를 동일시한다. 나는 부분적으로는 맞는다고 생각한다. 그러나 다 맞는 것은 아니고, 부분적으로 맞는다. 성령께서 우리에게 방언의 은사를 주시면, 그 사람은 그 방언기도를 하는 가운데 성령 안에서 기도하게 된다. 성령의 영성과 지성과 감성에 내가 편입되어서 내가 그 의미를 다 모르고 기도하는 사이에도 내가 성령 안에서 기도하는 것으로, 나의 기도가 바뀔 수가 있다. 그래서 방언기도는 귀중한 은사이다.

그런데 '성령 안에서 기도하는 것'을 [방언기도]로 한정해 놓으면, 진정 하나님 안에 구원받은 하나님 자녀들 가운데서도 아직 방언기도를 하지 못하는 사람들도 많다. 방언이라는 것은 은사이다. 은사는 다양하게 모든 사람에게 주어지는 것이지, 한 은사를 모든 그리스도인에게 나누어 주시는 것은 은사가 아니다. 내가 비록 방언의 은사를 받지 못했지만, 남이 가지고 있지 않은 은사가 나에게 주어진다. 섬김의 은사, 구제의 은사, 가르침의 은사, 예언의 은사, 병 고침의 은사 등, 방언의 은사 말고도 더 많은 은사들이 있다.

그런데 '성령 안에서 기도하는 것'을 방언기도로만 한정해놓으면, 방언기도를 하지 못하는 다른 그리스도인은 성령 안에서 기도할 수 없는 것으로 되니까. 그것은 말이 안되는 것이다. 그러므로 방언은사가 나타나지 않은 그리스도인들도, 성령 안에서 기도할 수 있다. 자세한 것은 "깊은 영의기도 숙달하는 비결"을 참고하라.

### 3. 레마의 말씀으로 기도하라.

레마의 말씀이란 성령께서 그때그때 필요한 말씀을 주시는 것을 말한다. 성령으로 기도하는 것은 말씀을 통해 기도하는 것이기도 하다. 왜냐하면 성령 충만은 말씀 충만도 되기 때문이다.' 성령 충만을 받으라'는 말씀이 에베소서 5장 18-21절에 나오는데. '오직 성령의 충만을 받으라. 시와 찬미와 신령한 노래들로 서로 화답하며, 너의 마음으로 주께 노래하며 찬송하며, 범사에 우리 주 예수그리스도와 항상 아버지 하나님께 감사하며, 그리스도를 경외하면서 피차 복종하라.' 위 말씀은 에베소서에 나오는 [성령 충만의 결과]이다.

그런데 위 말씀이, 골로새서 3장 16절에 [말씀 충만의 결과]와 똑같다. 골로새서 3장 16절을 읽어보자. '그리스도의 말씀이 너희 속에 풍성히 거하며, 모든 지혜로 피차 가르치며 권면하고 시와 찬미와 신령한 노래를 부르며, 마음에 감사함으로 하나님을 찬양하고….' 이것은 의미심장한 관찰인데, 우리가 성령 충만을 받는다는 것은 다른 말로 말씀 충만이다. 또한 은혜 충만, 감사 충만, 찬송 충만, 전도 충만, 사랑 충만이다.

이렇게 엡5:18절과 골3:16절, 두 구절을 비교하면서 발견하게 되는 한 가지 원리가 있다. 바로 우리가 성령 안에서 기도하려면 말씀을 따라 기도해야 한다는 것이다. 성령께서는 우리를 성령 안에서의 기도로 초청하시고 인도하시기 위하여 우리에게 말씀을 주신다는 것이다.

어떨 때는 내가 기도할 힘조차 없어서 소리를 내어서 기도할 기력조차 없을 때, 또는 나를 둘러싼 주위 여건과 환경이 너무 어려워져서 기도할 의욕도 갖지 못할 때, 그때 한 가지 내가 할 수 있는 것이 있다. 그것은 바로 내 심령의 눈을 들어 하나님을 앙망하는 것은 할 수 있다. 그때 '나를 앙망하라 그리하면 구원을 얻으리라' 하신 말씀대로 하나님의 구원이 우리에게 임하는 것이다. 다시 내가 새 힘을 얻는 것이다.

> (시130:7~8)"이스라엘아 여호와를 바랄지어다. 여호와께는 인자하심과 풍성한 구속이 있음이라. 저가 이스라엘을 그 모든 죄악에서 구속하시리로다"

그래서 기도하실 때 그냥 내 생각이 앞서서 내 다급한 소원만을 아뢰어 기도하지 마시고, 하나님의 말씀을 기억해내고, 성령께서 주시는 레마를 듣고, 그 말씀을 붙들고 그 말씀을 의지하고, 그 말씀에 따라서 기도하다보면 나의 기도가 성령 안에서의 기도로 변화하게 되고, 그렇게 그 성령 안에서 기도는, 즉 말씀 안에서의 기도는 하나님께서 놀랍게 응답을 해주신다는 것이다. 요 15장 10절 말씀에 "너희가 내안에 거하고 내말이 너희 안에 거하면, 무엇이든지 원하는 대로 구하라. 그리하면 주시리라" 우리 주예수님의 약속이다.

성령 안에서 기도하기를 원하신다면 기도하실 때 하나님의 말씀을 통해 기도하시고, 말씀을 기억하시고, 말씀을 붙드시고, 말씀을 의지하시고, 말씀 따라 기도하는 가운데 풍성한 응답을 받게 되시기를 바란다.

건강한 기도생활을 하기위해서 정해진 시간, 정해진 장소, 정해진 기도의 제목 등 이렇게 기도의 좋은 습관을 갖는 것도 중요하다. 그러나 더욱더 중요한 것은 내 영이 기도의 영이신 성령 안에 푹 잠겨서 내가 성령 안에서 기도할 때, 성령이 나를 위하여 보내신 말씀, 그 말씀을 기억해내는 것이다.

그래서 그 말씀을 의지하고, 그 말씀을 따라서 기도할 때, 우리의 기도가 성령 안에서 드려지는 기도가 된다. 영이신 하나님께서는 하나님의 영광과 뜻을 위하여 기도하는 우리의 기도에 놀랍게 응답해주신다. 또 우리가 처한 모든 어려움 속에서 아버지 하나님의 인자하심과 풍성한 구속의 능력으로 우리의 모든 죄악에서 구속하여 주실 것을 믿는다.

# 24장  성령을 체험하고 성령을 알아야 한다.

(행10:38)"하나님이 나사렛 예수에게 성령과 능력을 기름 붓
듯 하셨으매 그가 두루 다니시며 선한 일을 행하시고 마귀에게
눌린 모든 사람을 고치셨으니 이는 하나님이 함께 하셨음이라"

영적지도자는 반드시 성령을 체험해야 한다. 그리고 성령의 역
사에 대하여 명확하게 설명할 수 있어야 한다. 성령세례. 성령 불
세례. 기름부음. 성령 충만에 대하여 여러 말들이 많다. 성령세례
와 불세례를 동일하게 이해하는 사람도 있고, 불세례와 성령 충만
을 동일하게 주장하는 사람도 있다.

어떤 분들은 성령세례는 일회적이지만 불세례와 성령 충만은
성령세례 받은 사람에게 체험되는 것으로서 연속적 지속성을 유
지해야 된다고 설명하기도 한다. 또 다른 분들은 성령세례 받을
때 불세례와 성령 충만이 동시에 일어날 수도 있고, 대부분 따로
따로 일어날 수도 있다고 설명한다.

내가 도움이 될 것 같아서 내가 지금까지 성령사역을 하면서 나
름대로 이론을 터득하고 체험한 바를 정리하여 저 나름대로의 견
해를 기록한다. 이는 전적으로 저 개인의 견해라는 것을 미리 말
해 둔다. 교리화되어 정립된 것이 절대로 아니다. 16년이란 세월
동안 성령사역을 한 결과 체험한 것이라는 것을 이해 하기를 바란
다.

## 1. 성령의 세례

사도 베드로께서는 예루살렘에 올라갔을 때, 고넬료가 믿게 된 사실을 말씀하면서 "내가 말을 시작할 때에 성령이 저희에게 임하시기를 우리에게 하신 것과 같이 하는지라. 내가 주의 말씀에 요한은 물로 세례를 주었으나 너희는 성령으로 세례를 받으리라 하신 것이 생각났노라"(행 11:15,16)고 하셨다. 이것은 자신이나 고넬료에게 있어서 성령의 세례가 최초성을 가지고 있음을 설명한 것이었다. 사도 바울께서 "주의 이름을 불러 세례를 받고 너의 죄를 씻으라"(행 22:16)고 하신 말씀과 "주 예수 그리스도의 이름과 우리 하나님의 성령 안에서 씻음과 거룩함과 의롭다 하심을 얻었느니라"(고전 6:11)고 하신 말씀을 비교해 보면, 우리는 성령의 세례에 정결성이 있음을 본다. 또 사도 바울께서는 고전 12:13에서 "다 한 성령으로 세례를 받아 한 몸이 되었고, 또 다 한 성령을 마시게 하셨다"고 하심으로서, 성령 세례의 필연성에 대해 말씀했다. 우리는 성경에 예수님이 성령세례를 주러왔다고 말씀하신 것과(마3:11) 한 번 성령의 세례를 받았던 사람이 다시 받았던 예도 없었던 사실을 통해, 성령의 세례가 하나님의 주권성과 단회성을 가지고 있음을 알게 된다.

성령께서 하시는 사역 중에서 이러한 특성들을 가지고 있는 것은 오직 회심과 중생뿐이다. 그러므로 우리는 성령의 세례란, 죄인을 회심시켜 중생케 하시는 성령의 사역을 의미한다고 보아야 한다. 그래서 성령의 세례를 내가 지금까지 성령사역을 하면서 체험한 바를 요약해서 설명하면 이렇다. 물세례는 목사님들이 예수님의 위임을 받아 베풀고 있다. 그러나 성령의 세례는 그러한 인간 제도를 통해 주어지는 세례가 아니다. 성령의 세례는 영적인 세례이다. 눈에 보이지 않는 신령한 질서를 따라 주어지는 하나님의 주권적 은총의 세례이다. 이 성령의 세례는 인간 집례 자가 베풀 수 없다. 오직 하늘에 계신 예수님이 베풀어 주신다. 살아계신 성령 하나님이 자신을 장악하여 죄악을 씻어내고 새사람으로 거듭나게 한다. 그렇기 때문에 성령의 세례는 모든 성도에게 베풀어지지 않는 것이다. 그러나 우리 예수님은 우리 모든 성도들이 이 성령의 세례를 받아 성령이 충만하여 기쁨이 넘치는 승리의 삶을 살길 원하신다. 성령세례의 의미에 대해서는 교단마다 또 교회마다 또 개인에 따라서 달라지기 때문에 이것이 성령세례이다. 하고 말씀드리기는 조금 어려운 단어이다. 일반적으로 성령세례는 두 가지 의미로 쓰인다고 본다.

1) **성령의 내주하심이다.** 우리가 진심으로 예수님을 믿게 되면 성령께서 우리 안에 들어오셔서 우리와 함께 동행하게 되는데 이것을 성령이 내주하심이라고 한다. 또한 이것은 성령 세례이다. 예수님은 물세례와 동시에 성령이 강림하셨지만 죄인들에게는 물세례와 불세례는 구별되는 사건이다. 바로 우리가 예수님을 믿고 하나님의 자녀가 됨으로 말미암아 성령과 연합되는 것이다. 성령으로 거듭난다는 뜻이 바로 우리가 예수님을 믿음으로 하나님의 자녀가 되는 사건을 의미하는 것이다. 이런 경우 성령세례란 우리의 일생에 딱 한번 있는 단회적인 사건이 되는 것이다.

2) 우리가 예수님을 믿고 나서 특별한 경험을 하는 경우가 있다.성령의 특별한 역사로 말미암아 뼛 속까지 회개하는 경험도 하게 된다. 방언을 받게 되는 경우도 있고 성령과 친밀한 교제를 하게 되는 경우도 있다. 하늘의 권능을 받는 것이다. 권능 있는 삶을 살아가는 계기가 된다. 이런 경험을 성령세례라고 칭하는 경우도 있다. 이런 경우 성령세례란 우리의 일생에 한번 체험할 수 있는 사건이 될 수 있다. 성령의 세례를 체험하고 나면 성령에 강하게 사로잡힐 때마다 성령의 역사를 체험하게 된다는 뜻이다. 이것을 저는 성령의 불세례라고 한다. 성령의 세례는 단회적인 사건이고 성령의 불세례는 여러번 경험하게 되는 사건이라는 것이다.

## 2.성령의 불세례

많은 목회자나 성도들이 성령세례와 성령의 불세례, 그리고 성령의 충만에 대한 견해를 세상 논리와 같이 선을 딱 그어서 이해를 하려고 한다. 그러나 앞에서도 여러 가지로 견해들을 설명 했지만, 선을 딱 그어서 설명이 곤란하다. 여기에는 여러 신학적인 견해가 다르기 때문이다. 그리고 성령님이 초자연적으로 역사하는 것을 사람이 명확하게 설명한다는 것에는 한계가 있기 마련이다. 그래서 성령에 대한 여러 책들이 나오는데 명확하게 선을 그어서 설명한 책이 없다. 모두 두루뭉술하게 설명하고 지나가기 마련이다.

때문에 자신이 성령을 체험하여 나름대로 신학적인 이론에 대입하여 정립하는 수밖에 도리가 없다. 지금 이 글을 쓰는 제가 성령 사역을 하면서 나름대로 체험한 견해는 이렇다. 이것은 전적으로 본인의 견해이지 신학적으로 규정화된 논리가 아니라는 것을 밝혀둔다. 세상을 살아가던 사람이 어느 계기가 되어 성령의 인도로 예수를 영접한다. 예수를 영접하면 성령이 그 사람의 영 안에 내주하게 된다. 이는 그 사람의 영 안에 내주하는 것이지 성령으로 장악된 것은 아니다.

쉽게 말하면 성령이 오시기는 했지만 아직 그 사람을 장악한 것이 아니다. 그러나 미약하지만 성령의 인도를 받게 된다. 한 마디로 성령이 그 사람을 인도하며 성장하도록 만들어가는 것이다.

> (요일 2:27)"너희는 주께 받은바 기름 부음이 너희 안에 거하나니 아무도 너희를 가르칠 필요가 없고 오직 그의 기름 부음이 모든 것을 너희에게 가르치며 또 참되고 거짓이 없으니 너희를 가르치신 그대로 주 안에 거하라."

이렇게 성령의 인도를 받게 되면 여러 가지로 영적인 궁금증이 생기고 영적인 체험을 하고 싶게 된다. 궁금증을 해결하려고 이곳저곳에 은혜를 받으러 다니다가 성령의 세례를 받게 된다. 그러므로 영적인 궁금증이 생기면 이를 해결하려고 의지적인 노력을 해야 하는 것이다. 이는 성령이 주시는 감동이기 때문이다. 그렇지 않고 성령이 주시는 감동을 무시하면 영적으로 깊어지지를 못한다. 이것이 바로 앉은뱅이 신앙이다. 예수님이 요단강에서 세례요한에게 물세례를 받자 거의 동시에 하늘이 열리고 성령이 비둘기 같은 형상으로 임했다. 그리고 성령의 인도로 광야에 가셔서 사십일을 금식하시면서 마귀의 시험을 받으셨다.

세 번의 시험을 성령이 주시는 하나님의 말씀으로 물리치자, 천사들이 수종을 들었다. 천사의 수종을 들으며 회당에 나가 말씀을 증거 할 때 성령의 역사가 강하게 나타났다. 이러므로 저는 이 말씀을 이렇게 이해를 한다. 성도는 예수를 믿고 성령으로 세례를 받고 성령의 인도를 받으며 마귀와의 싸움을 해야 한다는 것이다. 그래서 성령의 세례는 일회적인 것이다. 성령으로 세례를 받을 때 자신이 체험적으로 알게 된다.

성령은 살아있는 하나님의 영이시기 때문에 자신을 장악할 때 사람마다 다른 현상이 나타난다. 분명하게 성령이 자신에게 오셨다는 것을 본인이 알게 되는 것이다. 예를 든다면 방언이 터진다든지, 진동을 심하게 한다든지, 땀을 흘린다든지, 등등 각각 사람의 형태에 따라 다르게 나타난다. 성령의 세례를 받으면 하나님의 권능이 임하는 것이다. 성령의 권능이 임하니 지금까지 자신에게 역사하던 마귀와 영적인 전쟁을 시작하게 된다. 하나님은 성도가 영적인 전쟁에서 승리하도록 성령의 권능을 부어주신다.

이것이 성령의 불세례이다. 내가 지금까지 체험한 바로는 성령의 불세례를 강하게 받는 사람은 첫째로, 제거되어야 할 육성이 강한 사람이다. 육성이 강하기 때문에 마귀의 역사도 강한 것이다. 강한 마귀를 제압하기 위하여 성령의 강한 불세례가 나타나는 것이다. 성령의 강한 불로 태워야 할 육성이 강하다는 것이다. 또 마귀와의 보이지 않는 영적인 전쟁이 강하기 때문에 더 뜨거움을 느끼는 것이다. 제가 지금까지 성령 사역을 하면서 경험한 바로는 영적으로 혼탁한 성도들이 성령의 불세례를 더 뜨겁게 받는다.

둘째로, 앞으로 강한 영적인 군사로서 하나님에게 쓰임을 받을 사람이다. 한마디로 엘리야와 같이 강한 영적인 전쟁을 할 하나님의 군사라는 말이다. 강한 마귀의 역사를 몰아내려니 하나님이 강한 성령의 불세례를 주시는 것이다. 성령은 인격이시기 때문에 각각 사람의 필요에 따라서 성령의 불세례를 주신다. 그리고 받아들이는 성도의 인격에 맞게 성령의 불세례를 주시고, 느끼게 하는 것이기 때문이다.

성도가 영적인 전쟁을 하는 기간이 길어지면 성령의 불세례를 오래 체험을 하게 된다. 또, 앞으로 자신이 감당해야 할 하나님의 사역이 크면 영적인 전쟁을 하는 기간이 길어지고 불세례도 강하고 길고 오래 받는 것이다. 어느 정도 영적인 전쟁을 하여 성령님이 그 사람을 장악하게 되면 전에 받았던 성령의 불세례와 같은 뜨거움을 지속해야 한다. 어디까지나 사람은 육성을 가지고 있기 때문에 성령세례를 받고, 성령의 인도를 받으며, 성령님의 강한 불세례로 육을 따라 역사하는 마귀의 세력을 대적해야하기 때문이다.

그러나 마귀는 세상 끝날까지 떠난 것이 아니다. 이렇게 강한 영적 체험을 한 사람도 육성으로 돌아가면 가차 없이 마귀가 침입하게 된다. 그래서 사람은 약하다는 것이다. 성령의 불세례를 체험한 성도는 성령의 인도를 받으려고 의지적인 노력을 할 수 밖에 없다. 성령이 강하게 감동하기 때문이다. 항상 기도하게 된다. 성령이 기도하도록 하기 때문이다.

## 3. 성령의 충만

성경에는 브사렐(출 31:3), 여호수아(신 34:9), 세례 요한(눅 1:15), 엘리사벳(눅 1:41), 사가랴(눅 1:67), 오순절에 다락방에 모였던 제자들(행 2:4), 베드로(행 4:8), 바울(행 9:17), 스데반(행 6:5), 바나바(행 11:24) 등 성령에 충만했던 사람들이 많이 등장한다. 브사렐의 경우는 성령께서 그에게 회막을 만들 수 있는 특별한 재능을 주셨음을 의미하기에 성령의 일반사역과 관계가 있다. 그러나 다른 경우들은 모두 영적인 의미, 즉 성령의 특별사역과 관계되어 있다.

그러므로 성령의 충만은 일반적으로 성령의 특별사역과의 관계에서 사용되는 말이 되었다. 성령의 세례는 죄 씻음을 하고 인을 치려고 하는 목적을 가지고 있다. 그러나 성령의 충만은 두 가지의 목적, 즉 도덕적 개선이 있는 생활과 효과적인 사역의 감당이라는 목적을 가지고 있다. 성령의 충만한 생활이란 어떤 이적적인 현상을 경험하는 생활만을 의미하지 않는다. 성령의 충만이란, 성령에 사로잡혀서 성령께서 원하시는 대로 성령의 지도를 따라 사는 생활, 즉 날마다 죄를 멀리하고 그리스도의 장성한 분량에 이르도록 거룩하게 사는 것이 그 핵심적인 의미이다. 성령의 세례나 성령의 불세례를 받은 사람도 도덕적인 면에서는 많은 결점을 가지고 있다.

따라서 성령의 불세례를 받은 사람도 성령의 충만함을 받아서 더욱 거룩해져야 할 필요가 있다(고전 3:1-4). 성령의 충만한 사람에게서는 이적적인 현상들이 나타날 수도 있다. 그러나 그 이적적인 현상은 성령 충만의 본질적인 요소가 아니라, 단지 부수적인 요소에 불과하다. 본질적인 요소는 도덕적인 변화, 즉 죄를 멀리하고 더욱 거룩해져 가는 성화(聖化)의 삶이다. 말씀의 진리를 깨닫는 것이다. 스데반과 바나바의 성령 충만 경우가 이 사실을 잘 말해준다. 성령의 충만은 특별한 사역이나 봉사를 효과적으로 감당케 하기 위한 목적에서 나타나기도 한다. 예를 들어, 사도 베드로는 성령에 충만했기 때문에, 적개심과 성경 지식으로 가득한 관원과 장로와 서기관들 앞에서 정상적인 상태에서는 기대하기 어려울 정도의 용기와 성경 지식으로 담대하게 복음의 진리를 말할 수 있었다(행 4:8). 사도 바울은 성령에 충만했기 때문에, 지혜가 뛰어난 총독 서기오 바울 앞에서 예언을 하고, 그를 믿게 만들었다(행 13:9).

엘리사벳은 성령에 충만했기 때문에, 마리아의 배 안에 있는 예수님을 알아보고 예언할 수 있었다(눅 1:41). 성령에 충만하게 되면, 누구라도 지혜와 용기와 능력 등을 가지고 주님을 섬기는 사역(봉사)에 효과적으로 임할 수가 있다. 그렇기 때문에 사도 바울께서는 에베소 교회를 향하여 "성령의 충만함을 받으라."고 명령하셨다(엡 5:18). 성령에 대하여 상세하게 알고 싶은 분은 **"성령의 불로 충만받는 법"**을 참고하기를 바란다.

성령의 충만은 모든 성도에게 필요한 것이다. 그러나 모든 성도들이 동일한 수준의 충만함에 도달해 있는 것은 아니다. 또 성령의 충만을 받은 사람의 경우에도, 그 충만함의 정도가 시간이나 장소에 따라 차이가 있을 수 있다. 때로는 성령이 충만했던 사람이 충만함에서 멀어진 나머지, 성령을 소멸하고 성령을 근심케 하는 일이 생길 수 있다. 성령의 세례는 단회적인 것이다. 성령의 불세례는 반복적이고 일시적이며 개별적인 성질을 가지고 있다. 그러나 성령의 충만은 지속적이고 개별적인 성질을 가지고 있다. 그러기에 우리는 날마다 성령의 충만을 위해서 의지적인 노력을 해야 한다. 늘 성령으로 충만 하려고 의지적인 노력을 해야 한다는 것이다. 성령으로 충만함을 즐겨야 한다.

## 4. 성령의 기름부음

"기름부음" 또는 "성령으로 기름부음"의 의미를 이렇게 정리할 수 있다. 하나님이 그 사람을 영적으로 쓰시는 일과 관련이 있다. 은사의 사람과 기름부음의 사람 중 하나님은 누구를 쓰실까? 그것은 두말할 필요도 없이 하나님은 기름부음의 사람을 쓰신다. 여기서 은사는 기름부음의 한 표현에 지나지 않다.

기름부음은 자신의 준비된 상태에 따라 깊은 곳에 계신 성령께서 사역에 따라 부어주는 것이다. 기름부음이 지속되고 충만하려면 말씀과 성령으로 내면이 치유되어 혼과 육의 상태가 청결하고 깨끗해야한다. 고로 기름부음은 자신의 심령에서 올라오는 것이다. 자신 안에 계신 성령께서 기름을 부으시는 것이다. "너희는 주께 받은바 기름 부음이 너희 안에 거하나니 아무도 너희를 가르칠 필요가 없고 오직 그의 기름 부음이 모든 것을 너희에게 가르치며 또 참되고 거짓이 없으니 너희를 가르치신 그대로 주 안에 거하라"(요일 2:27). 그러므로 우리는 개인적으로 하나님에게 기름부음을 받아야한다. 성령의 기름부음은 하나님께서 우리를 쓰시기 위해서 하나님의 능력을 부어주시는 것을 말하는 것이다.

목사님에게 성령의 기름부음이 있어야 지혜와 명철로 교회를 바른길로 이끌어 가실 것이다. 성령의 기름부음이 있어야 말씀의 능력이 나타나는 것이다. 또한 성도들에게도 성령의 기름부음이 있어야 전도의 능력이 나타나고 삶 가운데서 악한 영과 싸워 이길 수 있는 것이다. 성령의 충만=성령의 기름 부으심이다. 성령의 기름 부음은 성령의 능력들이 우리 가운데 임하심으로 하나님의 아름다운 사역들이 세워져 감을 말하는 것이다.

앞에서도 내가 말씀드렸듯이 이런 용어들은 사전적인 의미가 아니다. 교단과 교회, 개인에 따라서 조금씩 다른 모습으로 쓰이기 때문이다. 성령 세례와 성령 충만, 성령의 기름부음이 같은 의미로 쓰이기도 하고, 전혀 다른 의미로 쓰이기도 한다. 나는 성령의 충만=성령의 기름 부으심이라고 한다. 무엇보다도 교회의 지도자들께 여쭈어 본다면 그 교회에서 쓰이는 의미를 아실 수 있으리라 생각한다. 교단마다 목회자마다 생각하고 이해하는 견해가 각각 다르기 때문이다. 성령의 기름 부음이란 하나님에게 쓰임을 받는 증거로 주어지는 것이다. 그러므로 기름부음은 하나님에게 쓰임 받는 일과 관계가 있는 것이다. 우리는 성령의 세례도 받아야 하지만 하나님에게 쓰임을 받기 위해서는 성령의 기름부음을 사모해야 한다. 자세한 것은 "불같은 성령의 기름부으심"을 참고하라,

## 5. 성령 세례의 임하심을 확인하는 법

1)성령의 세례를 자신도 모르게 받는 경우. 성령 세례란 초자연적으로 역사하시는 성령이 자신을 순간 장악하는 것이므로 자신이 체험적으로 아는 것이 보통이다. 그러나 자신이 인식하지 못하고 지나치는 경우도 있다. 성령세례는 받았어도 자신이 모르고 있는 경우에 발견하는 방법은 대략 이렇다. 마음이 평안해진다. 무엇인지 모르는 기쁨이 찾아온다. 발걸음이 가벼워진다. 머리가 맑아진다. 쉬지 않고 기도가 나온다. 마음속에서 찬양이 올라온다. 말씀을 사모하게 된다. 말씀을 읽을 때 영적인 원리와 비밀들이 보여진다. 예배드리는 것이 즐겁다. 예배 시간이 기다려진다. 나쁜 버릇이 고쳐진다. 혈기가 없어진다. 자기 자신을 조정할 줄 안다. 창조적 생각을 갖는다. 영적 가치를 소중히 여긴다. 화평을 나눌 수 있는 사람이 된다. 문제를 해답으로 바꾸는 사람이 된다. 영적 설득력이 생긴다. 반대 의견도 겸허하게 수용할 수 있다. 믿음의 삶에 동반자들이 생긴다. 자기 주변에 성령 충만한 사람들이 모인다. 하나님의 섭리 주님의 뜻대로 살고자 노력한다. 주위 사람들에게 평안을 준다. 이웃에게 진정으로 관심을 갖게 된다. 예수님과 같이 불신 영혼을 불쌍하게 생각한다. 자기의 모든 재능은 하나님의 영광을 나타내는데 사용된다. 강력한 끈기가 생긴다. 마음에 원한을 품지 않는다. 모든 면에 믿음을 근거로 한 낙관주의자가 된다. 남을 위하여 희생할 줄 아는 사람이 된다.

2)성령세례의 임하심을 자신이 아는 경우. 성령의 세례를 받으면 자신이 알아차리는 가시적인 현상이 나타난다. 성령 세례시 나타나는 가시적인 현상은 이렇다. 몸이나, 눈까풀의 미세한 떨리는 현상이 나타난다. 호흡이 깊어진다. 약간의 땀을 흘리는 경우도 있다. 가슴이 울렁거리는 증상이 있다. 커피를 많이 마신 것과 같은 현상이 나타난다. 때로는 가슴이 짓눌리는 것 같은 기분이 들거나 공기가 답답하게 느껴지기도 한다. 호흡이 깊어지거나 빨라진다. 손가락이 움직이거나 손을 떨거나 양손이 위로 올라간다. 몸이 심하게 떨리는 현상을 체험하기도 한다. 몸이 껑충 껑충 뛰는 현상을 체험하기도 한다. 몸의 균형을 잃고 뒤로 넘어지는 현상을 체험하기도 한다. 상체가 반복적으로 앞으로 꺾이는 현상을 체험하기도 한다. 몸이 사시나무 떨 듯이 떠는 현상을 체험하기도 한다. 큰소리로 웃거나 우는 현상을 체험하기도 한다. 방언기도가 터진다. 넘어진 상태로 가만히 있는 현상을 체험하기도 한다. 넘어진 상태에서 물결이 일 듯 심하게 진동하는 현상을 체험하기도 한다. 넘어진 상태에서 몸에 심한 경련을 일으키는 현상을 체험하기도 한다. 악을 쓰듯이 큰 소리를 지르는 현상을 체험하기도 한다. 이외에도 이해하기 힘든 여러 현상이 일어나기도 한다.

그러나 전혀 아무런 느낌과 현상이 없는 때도 있다. 마음이 평안하기만 하다. 비둘기 같은 성령이 임한 순간이다. 어떤 느낌과 체험 현상만이 중요한 것이 아니다. 고요할 때 역사하시는 하나님을 전적으로 의지하는 믿음이 더욱 중요하다.

# 25장 영적인 세계가 열려야 한다.

> (엡6:12)"우리의 씨름은 혈과 육을 상대하는 것이 아니요 통
> 치자들과 권세들과 이 어둠의 세상 주관자들과 하늘에 있는 악
> 의 영들을 상대함이라."

영적지도자는 영의세계를 알아야 한다. 5차원의 영적 세계에
는 두 가지 형태의 영이 존재한다. 하나님의 성령과 성령으로 거
듭난 사람의 영이다. 4차원의 세계에는 타락한 마귀의 영이 거한
다. 하나님의 일반 은총으로 누구나 사용하면서 살아가는 인간세
계, 물질세계는 3차원에 속한다. 3차원은 보이는 세계이다. 인
간계 물질계이다. 그렇다면 3차원의 인간세계와 물질세계를 지
배하는 것은 무엇인가? 5차원의 성령의 세계와 4차원에 속한 영
의 세계이다. 나는 이 책에서 편의상 물질세계와 인간세계를 3차
원이라고 지정하여 부르고, 영적인 세계를 5차원의 성령의 세계
와 4차원의 마귀의 세계라고 지정하여 부르겠다.

필자가 지정한 1차원, 2차원, 3차원, 4차원, 5차원을 좀 더
세부적으로 자세하게 설명하겠다. 1차원은 식물세계를 말한다.
2차원은 동물세계를 말한다. 3차원을 인간세계와 물질세계를 말
한다. 영적인 세계는 보이지 않는 세계로서 4차원인 마귀의 세계
와 5차원인 성령의 초자연적인 세계를 말하는 것으로 이해하시
고 책을 읽어 가시기를 바란다. 그래서 1차원인 식물은 2차원인

동물이 지배하고 살아간다. 2차원인 동물세계는 3차원인 인간이 지배하고 다스리며 살아간다. 그리고 3차원의 인간세계와 물질세계는 4차원인 타락한 마귀의 세계에 지배를 당하고 살아가는 것이다. 4차원의 타락한 마귀의 세계는 5차원인 성령에게 지배 당하고 살아가는 것이다. 그래서 3차원의 세계에 속한 인간이 4차원의 마귀의 세계를 지배할 수가 없는 것이다. 왜 그런가, 아담이 마귀의 미혹에 속아서 선악과를 먹음으로 사람의 영적인 지위가 마귀 아래로 내려갔기 때문이다. 그래서 예수를 믿지 않는 인간은 4차원에 속한 마귀를 이길 수가 없고 마귀의 종이 되어 마귀의 지배를 당하며 살아가는 것이다. 그래서 예수를 믿지 않는 세상 사람들은 모두 마귀의 종으로 살아가는 것이다. 세상 사람들은 마치 이스라엘 백성들이 애굽에서 바로왕의 수하에 속해서 종살이를 하면서 살아가는 것같이 마귀의 종으로 살아가는 것이다.

그래서 세상 사람들이 환란과 풍파를 당하면 인간 스스로 해결할 수가 없다는 것을 알고 무당이나 신접한 잡신들을 찾아가는 것이다. 그래서 그들에게 무엇을 얻어서 환란과 풍파를 면해보려고 하지만 할 수가 없고 물질을 빼앗기면서 고통만 더 당하면서 살아가는 것을 신문 지면과 매스컴을 통하여 우리는 잘 알 수가 있는 것이다. 그러면 영의 세계는 어떤 세계인가? 보이지 않는 영의 세계이다. 하나님의 성령과 마귀와 성령으로 거듭난 사람의 영이 거하는 보이지 않는 영적인 세계이다. 이 보이지 않는 영의 세계가 보이는 인간세계와 물질세계를 지배하는 것이다. 좀 더 깊이 있게 설명하면 우리가 성령을 요청할 때 어떻게 기도하나? 성령이여 임하소서라고 기도한다. 이는 성령이 임해야 보이는 세계가 지배되기 때문이다. 다시 말해서 인간세계의 문제나 환란과 풍파가 성령에게 장악을 당해야 해결되는 것이다. 왜냐하면 보이는 세계에 일어나는 악의 문제의 배후에는 4차원의 영적존재인 마귀가 있기 때문이다. 그래서 마귀보다 강한 5차원의 성령이 임하여 장악해야 성령의 역사로 문제나 환란과 풍파가 떠나가고 사람의 눈에 보이는 하나님의 창조물이 생겨나는 것이다.

이것은 성경에 잘 기록되어있다. 창세기 1장2절부터 3절만 읽어보면 이해가 되는 것이다. 창세기 1장 2-3에"땅이 혼돈하고 공허하며 흑암이 깊음 위에 있고 하나님의 영은 수면 위에 운행하시니라 하나님이 이르시되 빛이 있으라 하시니 빛이 있었고"땅이 공허하며 흑암이 깊음 위에 있었는데 하나님의 영(성령)은 수면에 운행을 했다고 했다. 이는 하나님의 영(성령)이 공허하고 흑암이 깊은 곳을 장악하니 하나님의 말씀대로 빛이 있으라 하시니 빛이 생겨났다고 말씀하고 있다.

이는 성령이 혼돈하고 공허한 세상을 장악하고 하나님의 말씀이 떨어지면 하나님의 말씀대로 창조물이 생겨난다는 것이다. 영의 세계는 말로써 보이는 형상이 나타나는 것이다. 그러므로 성도는 말을 잘해야 한다. 말이 씨가 되는 것이다. 성령으로 거듭난 성도가 말한 그대로 이루어지는 것이다. 그래서 하나님이 천지를 창조하실 때 성령으로 천지를 장악하시고 말씀으로 천지를 창조하신 것이다. 그리고 성령으로 거듭난 성도가 아니더라도 영의 세계의 영향을 받아 우상을 숭배하는 신비종교들도 말로써 보이는 형상을 이루어내는 것이다.

이는 애굽의 현인들과 마술사들을 보면 잘 알 수가 있는 것이다. 출애굽기 7장 10-12절에"모세와 아론이 바로에게 가서 여호와께서 명령하신 대로 행하여 아론이 바로와 그의 신하 앞에 지팡이를 던지니 뱀이 된지라. 바로도 현인들과 마술사들을 부르매 그 애굽 요술사들도 그들의 요술로 그와 같이 행하되, 각 사람이 지팡이를 던지매 뱀이 되었으나 아론의 지팡이가 그들의 지팡이를 삼키니라." 이렇게 마술사들도 지팡이로 뱀을 만든다. 그러나 아론의 지팡이가 그들의 지팡이를 삼켰다고 했다. 그러므로 마술사들이 만들어내는 형상은 미혹하는 허구에 불과한 것이다. 그러므로 우리는 영안을 열어 영적인 세계를 분별해야 한다.

그럼 원래 사람이 마귀의 지배아래 있었습니까? 아니다. 하나님은 아담보고 에덴동산을 지키고 가꾸라고 했는데 아담이 에덴동산을 지키지 아니했었다. 왜냐하면 마귀가 마음대로 출입하도록 내버려 두었다. 마귀는 에덴동산에 조그마한 제지도 없이 마음대로 들락날락 했다. 하나님이 아담에게 에덴동산을 지키라고 했는데 안 지켰다. 창세기 2장 15절에"여호와 하나님이 그 사람을 이끌어 에덴동산에 두어 그것을 경작하며 지키게 하시고." 분명히 하나님이 지키라고 하셨다. 그런데 안 지킨 것은 아담의 잘못인 것이다. 그리고 마귀의 유혹에 찬 말에 귀를 기울였다. 마귀가 나쁜 것을 알면서도 마귀와 대화를 하고 마귀의 유혹에 귀를 기울였다는 이 자체가 대단히 잘못된 것이다. 창세기 3장 4-5절에 "뱀이 여자에게 이르되 너희가 결코 죽지 아니하리라. 너희가 그것을 먹는 날에는 너희 눈이 밝아져 하나님과 같이 되어 선악을 알 줄 하나님이 아심이니라"고 선악과를 따먹으라고 유혹해서 하와가 따먹고 아담에게도 주어서 아담도 먹고 하나님을 반역하고 그들은 마귀의 종이 돼 버리고 마는 것이다. 그러므로 사람은 성령을 힘입지 않고는 4차원의 마귀를 지배할 수가 없다. 그리고 마귀는 하나님으로부터 창조된 피조물이므로 초자연적으로 역사하는 5차원인 성령을 지배할 수가 없다. 왜 그렇습니까? 성령은 하나님이시다. 성령은 세상에 초자연적으로 역사하는 삼위일체 하나님이시다. 고로 성령 하나님이 이 천지 만물을 지배한다.

창세기 1장 2절에"땅이 혼돈하고 공허하며 흑암이 깊음 위에 있고 하나님의 영은 수면 위에 운행하시니라."고 말씀하시므로 성령께서 보이는 세계를 장악하시는 것으로 묘사되어 있다. 그러므로 성령께서는 하나님의 모든 능력을 실제로 행하시고 역사하시는 영원한 차원의 세계에 속한 분이다. 그러나 성령은 예수를 영접한 사람에게만 내주 하신다. 절대로 강압적으로 인간의 영을 지배하지 않는다. 반드시 예수를 영접한 사람의 영 안에 내주하신다. 그러나 마귀는 그렇지 않다. 옛 사람(예수를 영접하지 않은 아담 안에 있는 사람)은 마귀의 종이었기 때문에 마음대로 인간을 점령하는 것이다. 그리고 사탄에 의해 지배되는 악령의 세계인 흑암도 사람보다 강한 초인적인 힘으로 영적인 세계에 능력을 행사하지만, 그것은 진정한 의미의 영적인 세계가 아니다. 이는 성령의 세계와는 전적으로 다른 것이다.

그래서 5차원인 성령의 역사가 일어나면 떠나가야 하는 것이다. 그러나 애굽의 마술사들이 하나님의 능력을 모방한 것과 같이 악령의 세계에도 일시적이고 허위적인 치료와 기적들이 일어나기도 한다. 사탄은 이러한 허위적이고 특이한 기적의 사건들을 일으키면서 이에 속아 현혹되고 미혹된 사람들을 끌어들인다. 사탄은 예수 그리스도 안에서 성령으로 거듭나지 않더라도 영적인 체험을 할 수 있다고 사람들을 속이고 미혹한다.

그러나 우리가 여기서 똑바로 기억해야 할 점은 사탄이 사람들을 미혹하기 위해 아무리 하나님의 능력을 모방한다 하더라도, 그 능력은 역시 하나님의 권세 아래 제한되어 있다는 점이다. 사람을 변화시키고 살리는 진정한 능력과 권세는 전능하신 하나님께 속한 것이다. 영원한 삶의 변화를 일으키는 성령의 영원한 세계에 사탄의 제한된 능력이 절대로 관여할 수 없다.

영적인 세계를 바르게 알아야 권세 있는 삶을 살아갈 수가 있다. 내가 그동안 성령치유 사역을 하다가 체험한 사실로는 영적인 세계를 모르면 아무것도 안 된다는 것이다. 왜 그런가? 세상이 악한 자 안에 처해 있기 때문이다. (요일5:19)"또 아는 것은 우리는 하나님께 속하고 온 세상은 악한 자 안에 처한 것이며." 그래서 필자가 영적인 세계에 대하여 관심을 갖다가 그동안 체험한 바를 책으로 발간하게 된 것이다.

사람은 영적 존재이므로 구원받지 못한 사람이나, 구원받고 거듭난 사람이나 할 것 없이 모두가 자신이 속한 영적 세계의 지배를 받는다. 사람의 영은 악령의 세계에 속하든지, 아니면 예수 그리스도를 영접하여 예수 안에서 삶을 안내하고 도와주는 성령의 세계에 속해 있다. 절대로 아무런 영적인 세력의 지배 없이는 살아갈 수가 없다. 아무리 자신이 무신론을 주장해도 그의 영은 마귀의 지배하에 있는 것이다. 왜냐하면 사람은 영적인 동시에 육적인 존재이기 때문이다. 그래서 우리는 영적인 세계를 잘 알고 대처해야 하는 것이다.

그리고 예수를 주인으로 영접하지 않아 구원받지 못한 사람들의 영은 하나님의 복과 능력이 아닌, 사탄이 주는 허구적인 능력과 평안을 갖게 하는 어떤 환영과 그런 류의 잡신인 영적 세계를 경험함으로써 신적인 세계와 가까워지려고 노력한다. 왜냐하면 사람은 육적인 존재인 동시에 영적인 존재이기 때문이다. 자신이 추구하는 영적세계에 따라서 마귀에게 속할 수도 있고 성령에 속할 수도 있는 것이 사람이다. 그러나 마귀는 성령으로 거듭난 사람은 지배할 수가 없다. 성령은 초자연적으로 역사하는 하나님의 영이시고, 마귀는 초인적인 힘을 가진 존재이기 때문이다.

그래서 우리가 정확하게 알아야 할 것은 3차원의 인간의 힘과 능력으로는 4차원의 마귀를 이길 수가 없다. 3차원의 인간의 힘만으로는 4차원인 마귀를 이길 수가 없어 마귀의 지배하에 종노릇하면서 살아가는 것이다. 왜 그렇게 되었는가? 아담이 하나님의 말씀에 순종하지 못하고 마귀의 미혹에 속아서 선악과를 먹으므로 사람의 권위가 마귀의 아래로 내려간 것이다.

그래서 성경 누가복음 11장에 보면 예수님께서 말을 못하게 하는 귀신에게 눌려서 말을 못하며 고생하는 사람에게서 5차원의 성령의 권능으로 귀신을 쫓아내시니 귀신이 나갔다. 그러니까 말을 못하던 사람이 말을 하기 시작했다.

이는 말을 못하게 하는 배후에는 귀신이 있었다는 것이다. 4차원인 말을 못하게 하는 귀신이 3차원의 사람의 언어를 지배하니까 말을 하지 못한 것이다. (눅11:14)"예수께서 한 말 못하게 하는 귀신을 쫓아내시니 귀신이 나가매 말 못하는 사람이 말하는지라 무리들이 놀랍게 여겼으나." 이 소문이 퍼지자 바리새인들이 예수님을 비방한다. 예수님이 귀신의 왕 바알세불을 힘입고 귀신을 쫓아낸다는 것이다. 이는 바리새인들이 알고 있는 인간적인 지식으로는 사람의 능력으로는 귀신을 쫓아내지 못한다는 것이다. 귀신을 쫓아내려면 다른 영적인 세력의 힘을 빌려야 되는데 예수님은 귀신의 왕 바알세불의 힘을 입고 귀신을 쫓아낸다고 말하는 것이다.

이 바리새인들이 말한 대로 사람의 힘만으로는 귀신을 쫓아내지 못하는 것이 맞다. 왜냐하면 3차원의 인간이 4차원의 귀신을 지배할 수가 없기 때문이다. (마12:24)"바리새인들은 듣고 이르되 이가 귀신의 왕 바알세불을 힘입지 않고는 귀신을 쫓아내지 못하느니라 하거늘." 이와 같이 3차원인 사람이 4차원에 속한 귀신을 쫓아내지 못하는 것이다. 4차원에 속한 귀신보다 강한 5차원의 능력을 가져야만 귀신을 쫓아낼 수가 있는 것이다. 그러므로 3차원의 사람이 4차원에 속한 귀신을 쫓아내려면 5차원인 성령의 능력을 힘입어야 가능한 것이다. 3차원의 인간은 4차원인 마귀의 지배를 당하고 살아가기 때문이다. 그래서 성도는 영적인 세계를 알아야 하는 것이다. 그런데 바리새인들이 예수님을 비방하는 말을 주님이 아시고 예수님은 이렇게 반박을 하신다. 누가복음 11장 17-18절에"예수께서 그들의 생각을 아시고 이르시되 스스로 분쟁하는 나라마다 황폐하여지며 스스로 분쟁하는 집은 무너지느니라. 너희 말이 내가 바알세불을 힘입어 귀신을 쫓아낸다 하니 만일 사탄이 스스로 분쟁하면 그의 나라가 어떻게 서겠느냐." 이 말씀은 예수님이 귀신의 왕 바알세불을 힘입고 귀신을 쫓아낸다면 사탄이 스스로 분쟁하는 것이니 어떻게 사단의 나라가 서겠느냐고 반박을 하신다. 이는 예수님이 귀신의 왕 바알세불을 힘입고 귀신을 쫓아내는 것이 아니라는 것이다. 그러면서 예수님은 제자들에게 이렇게 말씀을 하신다.

(마12:28)"그러나 내가 하나님의 성령을 힘입어 귀신을 쫓아내는 것이면 하나님의 나라가 이미 너희에게 임하였느니라." 예수님이 성령님의 능력을 힘입어 귀신을 쫓아낸다는 것이다. 그러므로 하나님의 나라가 이미 제자들에게 임했다는 것이다. 예수님은 당시 성령의 인도를 받으면서 사역을 하셨다. 그러므로 예수

님이 5차원인 성령님의 권능을 힘입어 귀신을 쫓아내는 것이다. 그래서 3차원인 사람이 4차원인 귀신을 제압할 수가 없고, 5차원인 성령의 능력을 힘입어야 귀신을 쫓아낼 수가 있는 것이다. 그러므로 마귀는 어떻게 하든지 성도가 성령으로 충만하지 못하도록 기를 쓰고 방해하는 것이다.

그러니까 사람이 5차원의 성령의 능력으로 귀신을 쫓아낸다면 이미 그 심령에 하나님의 나라가 임했다는 것이다. 성령은 하나님의 영이시기 때문이다. 성령은 예수를 영접한 사람의 영 안에 거하시는 것이다. 그래서 여기서 말씀하시는 하나님의 나라는 사람의 영 안(심령성전)을 말하는 것이다. 성령의 능력으로 귀신을 쫓아내는 사람의 영 안(심령성전)에는 하나님의 나라가 임한 것이다. 왜냐하면 성령의 능력은 사람의 영 안(심령성전)에서 올라오기 때문이다. 그러면서 예수님은 이렇게 알려주신다. (눅 11:21-22)"강한 자가 무장을 하고 자기 집을 지킬 때에는 그 소유가 안전하되, 더 강한 자가 와서 그를 굴복시킬 때에는 그가 믿던 무장을 빼앗고 그의 재물을 나누느니라." 이 말씀은 귀신을 쫓아내려면 귀신보다 더 강한 자가 와야 만이 가능하다는 말씀이다. 그러므로 4차원인 귀신을 쫓아내려면 5차원인 성령의 능력을 힘입어야 가능한 것이다. 고로 3차원인 인간이 4차원에 속한 귀신을 쫓아내지 못한다. 반드시 5차원인 성령의 능력을 힘입어야 가능한 것이다. 그래서 3차원에 속한 인간은 4차원에 속한 마귀의 지배를 받고 살아가는 것이다.

그리고 예수를 주인으로 영접하지 않아 구원받지 못한 사람들의 영은 하나님의 복과 능력이 아닌, 사탄이 주는 허구적인 능력과 평안을 갖게 하는 어떤 환영과 그런 류의 잡신인 영적 세계를 경험함으로써 영적인 세계와 가까워지려고 노력한다. 이런 무리의 최고 경지에 이른 사람들은 악마의 지배권에 속한 동양의 신비주의 같은 데서 자주 그러한 경험을 하게 된다. 그들은 사탄이 주는 허구적인 환영과 정신적 영상으로 3차원에 속한 자신의 육체를 지배한다. 그러나 이들은 5차원인 성령에 의하여 능력이 제한받고, 예수를 영접한 5차원의 성령의 사람에게는 제한된 능력을 행사할 수밖에 없다. 왜냐하면 성령의 사람이라도 육체를 가지고 있기 때문이다. 사람은 육체를 가지고 있기 때문에 5차원의 성령으로 충만하지 않으면 성령으로 장악되지 않은 성도의 육체에 마귀가 역사할 수가 있다는 것이다. 그러나 성도가 성령으로 충만하면 마귀가 성도를 지배할 수가 없다. 그래서 이들은 성도가 성령으로 충만해지는 것을 방해하는 것이다. 그리고 성령의 역사에 대하여 두려움을 갖는다. 성도에게서 성령의 역사가 일어나면 떠나가야 하기 때문이다.

　　일본에서 온 일련종정(일명'남묘호랭객쿄'라고도 함)은 사탄의 지배에 속한 더러운 미신인 것이다. 이것은 필자가 시화에서 목회할 때 저희 교회에 등록하여 다니는 성도의 간증을 듣고 알게 된 사실이다. 이 성도가 하는 말이 자신이 예수를 믿게 된 동기는 몸이 하도 많이 아프고 가정의 여러 가지 환란과 풍파가 있어 고통을 당하는 데, 옆집에 살던 예수 믿는 성도가 와서 예수를 믿으면 모든 문제가 예수 이름으로 해결된다고 하여 예수를 믿었다. 그런데 예수를 믿고 교회를 열심히 다녀도 아픈 몸이 치유되지 않았단다. 그러는 즈음에 '남묘호랭객쿄'를 믿는 사람이 자신의 처지를 알고 찾아와서 자꾸 자기가 다니는 곳에 한번만 갔다오면 병이 낫는다고 자꾸 설득을 하는 바람에 그 사람을 따라서 '남묘호랭객쿄'를 믿는 사람들이 모여 있는 신전에 갔단다.

두 번에 걸쳐서 가서 기도를 받았는데 병이 나아버린 것이다. 그래서 계속 다니다가 예수님 외에는 구원이 없다는 것을 깨닫게 되어, 내가 여기 계속 다니다가는 지옥에 간다는 생각이 들어서 다시 교회에 와서 예수를 믿기 시작했다는 것이다. 그래서 제가 단단하게 주의를 시키고 회개를 하게하고 다시는 그런 일이 없게 하라고 하고 남묘호랭객쿄의 귀신을 축사하고 이 말씀을 가슴에 새기라고 알려주었다.

> (히6:4-6)"한 번 빛을 받고 하늘의 은사를 맛보고 성령에 참
> 여한 바 되고, 하나님의 선한 말씀과 내세의 능력을 맛보고도
> 타락한 자들은 다시 새롭게 하여 회개하게 할 수 없나니 이는
> 그들이 하나님의 아들을 다시 십자가에 못 박아 드러내 놓고 욕
> 되게 함이라."

이렇게 이방신들도 신유의 역사를 일으킨다. 병 고치려고 아무

곳에나 가면 절대로 안 된다. 특히 기 치료는 위험한 사탄의 역사이다. 그래서 우리는 영적인 세계를 바로 알고 대처해야 하는 것이다. 그러나 이들은 육신에 속한 3차원의 사람에게만 능력을 행사할 수 있다. 그러니까 우리 성도들도 성령으로 충만하지 못하고 하나님을 멀리하고 세상을 사모하고 세상을 향하여 있게 되면 이들에게 침입을 당할 수가 있다. 그래서 마귀의 능력 수준을 보면 사람보다 약간 강한 4차원인 초인적인 수준 밖에 되지 못하는 것이다. 성령께서 우리에게 저들이 사악한 영에 의해 여러 가지 이적을 행하는 것은 출애굽기에 나오는 애굽의 마술사들이 모세의 이적을 흉내 낸 것과 같은 방식임을 알려 주셨다(출7:10-12).

애굽의 바로왕의 수하에 있던 현인들과 마술사들이 요술로 뱀을 만들었으나 아론의 지팡이로 만든 뱀이 그들의 지팡이로 만든 뱀을 삼켜 버렸다. 이렇게 사탄의 역사는 5차원인 하나님의 초자연적인 역사에는 힘을 발휘하지 못한다. 고로 성령은 마귀에게 능력을 행사할 수 있지만, 마귀는 성령의 역사에 아무런 능력도 행사할 수 없다. 또 사람이 성령으로 거듭나지 아니하면 마귀를 대적할 수도 마귀 세계를 지배할 수도 없다. 마귀를 대적할 힘도 능력도 없어서 마귀에게 매일 지배를 당하면서 종으로 살아가게 된다. 하나님께서는 예수 그리스도를 믿음으로 거듭난 사람들에게는 하나님의 자녀가 되는 권세를 주셨다(요 1:12).

창조주 하나님의 자녀는 5차원인 성령의 세계에 속하므로 불신자들보다 더 위대한 권세가 있는 것이다. 불신자는 최고의 경지에 이르러도 사탄의 능력을 초과할 수 없다. 모세의 지팡이로 만든 뱀이 바로 왕 술객들이 만든 뱀을 삼킨 것을 보면 안다. 하나님을 찬양하자! 우리는 하나님의 자녀들이기 때문에 성령 안에서 창조적인 삶을 살 수 있다. 예수를 믿고 5차원의 성령으로 충만한 우리는 4차원의 마귀의 세계와 3차원의 환경을 다스리며 큰 권능을 행사할 수 있다. 이 모든 일은 우리 안에 계신 성령의 능력에 의해서 되는 것이다. 우리가 악한 영에게 속지 않고, 지배당하지 않고, 대적하여 승리하기 위해서는 영적 세계를 잘 알고 대처해야 한다. 고로 우리가 살고 있는 세계는 보이는 3차원의 인간 세계와 물질세계와, 보이지 않는 영적인 세계로 구분 된다. 4차원 이상의 영적인 세계는 인간의 감각, 이성으로 접촉할 수 없는 세계를 말한다. 반면 3차원인 물질세계와 인간세계는 인간의 감각과 이성으로 접촉할 수 있는 눈에 보이며 만져지는 현존 세계를 말한다. 이 두 구분된 세계는 분리되어 있지만 서로 밀접하게 연관되어 있다. 사람들은 대부분 물질세계와 인간세계에 많은 관심을 가지고 있다. 세대에 따라 약간의 차이는 있으나, 특히 현대인은 물질계에 더 많은 관심을 가지고 있다. 믿음에 따라 물질계→인간계→영계→하나님 나라로 관심이 부여된다. 옛 사람인 육의 사람은 돈이 제일이다 하고 돈에만 관심을 쓰다가 어느 정도 나이가 들면 사람과의 관계에 관심을 가진다. 그러다 문제가 생기면 영적인 것에 신경을 쓰게 된다.

예수를 믿는 사람은 처음에는 돈에 관심을 갖다가 사람에 관심을 갖는다. 그러다가 영적인 세계에 관심을 갖다가 하나님나라 (천국)에 관심을 갖게 된다. 구분된 세계는 공통적인 질서가 형성되어 있으며 상호 작용의 법칙과 원리가 있다. 인류는 인간세계와 물질(자연)계의 원리와, 이에 따른 상호 관계 작용의 법칙(과학, 물리학, 의학 등의 현대과학)을 발견하는데 모든 시간을 바쳤으며, 그로 인하여 물질계를 어느 정도 다스리는데 성공하였고, 인류는 그 혜택을 누리고 있다.

그러나 아무리 인간이 연구 발전시킨 것으로 그 혜택을 누려도 예수를 영접하지 않아 성령으로 장악당하지 않은 사람들은 모두 사탄의 지배하에 있다는 것을 명심해야 한다. 그래서 사탄에게 매여서 종으로 살아가는 것이다. 여러분 필자의 체험으로 말한다면 영적인 세계를 모르면 박사도 어찌할 수 없이 사탄에게 당한다는 것을 그동안 성령 사역을 통하여 알게 하셨다. 박사도 귀신에게 눌려서 고통을 당하다가 필자에게 와서 귀신을 축사하고 치유받고 간 성도가 여러 명이 된다.

인간이 행할 수 있는 범위와 한계를 넘어 초자연적이면서 초인간적인 능력을 베풀 수 있는 두 권위를 가진 세력이 있다. 그들은 하나님과 사탄이다. 두 존재는 초자연적인이며 초인간적인 능력을 베풀 수 있는 존재이나 서로 동일하지 않다. 인간의 눈으로 볼 때, 사단은 굉장한 능력을 소유하였지만, 그들은 인간처럼 하나님으로부터 창조된 피조물이며 제한된 존재이다. 사단은 현재 세력을 행사하지만 이미 십자가에서 패배한 존재이며 멸망당할 존재들이다. (골 2:15)"통치자들과 권세들을 무력화하여 드러내어 구경거리로 삼으시고 십자가로 그들을 이기셨느니라."사단은 하나님의 일을 방해 할 수 있다. 사단은 하나님이 다니엘에게 보낸 천사를 막아 하나님의 일을 방해하려 했으나 천사장 미가엘의 도움으로 다니엘에게 하나님의 응답을 21일이 지난 후에 전달했다.

> (다니엘 10:12-14)"그가 내게 이르되 다니엘아 두려워하지 말라 네가 깨달으려 하여 네 하나님 앞에 스스로 겸비하게 하기로 결심하던 첫날부터 네 말이 응답 받았으므로 내가 네 말로 말미암아 왔느니라. 그런데 바사 왕국의 군주가 이십일 일 동안 나를 막았으므로 내가 거기 바사 왕국의 왕들과 함께 머물러 있더니 가장 높은 군주 중 하나인 미가엘이 와서 나를 도와 주므로 이제 내가 마지막 날에 네 백성이 당할 일을 네게 깨닫게 하러 왔노라 이는 이 환상이 오랜 후의 일임이라 하더라."

그러므로 기도는 응답을 받을 때까지 하는 것이 정상이다. 사단을 포함하여 천사들은 하나님의 창조 질서에 있어서 인간보다 하위에 있었다. 하나님은 인간을 천사보다 뛰어나게 지으셨으며, 모든 피조물 중에 유일하게 인간만을 하나님의 형상을 따라 만드셨다(창1:26-28). 하나님이 에덴을 창설하시고 거기 살도록 하면서 인간이 지켜야할 법을 주셨다(창2:15-17). 그러나 하와가 하나님의 말씀을 믿지 못하고 마귀의 꾀임에 속아 이 법을 지키지 못하고 타락하고 말았다(창3:1-6).

이렇게 인간이 사단의 말을 믿고 선악과를 먹으므로 타락한 후, 사단에게 인간의 권위를 빼앗겼기에 능력 면에 있어서 하위로 내려왔으나, 예수 그리스도의 십자가 보혈의 공로로 예수를 믿고 하나님의 자녀가 되면서 우리는 타락 이전의 지위를 되찾게 되었다. 따라서 영적인 권위의 서열 이동에 있어 예수를 믿은 우리의 권위가 올라가게 된다. 우리가 예수를 믿기 전에는 하나님 → 천사(사단) →인간의 순위에 있었다. 그러나 예수를 믿은 후 하나님→인간→천사(사단의 세력)순으로 원래의 지위가 회복되고 있다. 그래서 인간이 본래의 권위를 회복하려하니 마귀가 가만두지를 않는 것이다.

우리가 예수를 믿고 불같은 성령세례를 체험하면 그때부터 마귀와의 일전이 시작된다. 이는 피할 수 없는 일전이다. 예수님도 성령으로 세례를 받고 40일 동안 주리시면서 마귀와 일전을 치루셨다. 그러나 예수님은 말씀과 성령이 충만함으로 세 번의 마귀의 시험을 이기셨다. 그러므로 예수를 믿고 성령으로 세례를 받은 우리도 마귀와의 일전을 치러야 하는 것이다. 이는 우리의 권위가 회복되어 본래의 지위가 회복되면 성령의 권능에 의하여 마귀가 사람에게 지배를 당해야하니 결사적으로 막고 방해하는 것이다. 그것도 가장 가까운 사람을 통해서 방해하는 것이다. 그러므로 우리는 영적인 세계를 알고 대처 할 줄 알아야 하는 것이다.

그러나 우리가 성령의 인도를 받으며 마귀와 일전을 치루기 때문에 종국에는 우리가 마귀를 이기게 되는 것이다. 그러므로 우리는 마귀의 시험이 아무리 강해도 굴복하지 말고 끝까지 싸워야 하는 것이다. 그런데 필자가 지금까지 성령사역을 하면서 임상적으로 경험한 바로는 끝까지 인내하면서 싸워서 승리하는 성도가 그렇게 많지 않다는 것이다.

참으로 안타까운 일이다. 그래서 우리는 마귀를 이기기 위하여 항상 성령님을 찾고 구하고 성령님을 나의 주인으로 모시고 성령의 인도에 순종해야 하는 것이다. 그래야 하나님의 권세로 마귀를 밟으며 하나님의 일을 할 수가 있는 것이다.

그래서 우리는 성령의 능력을 받아 영안을 열어 영적인 세계를 보고 마귀와 영적인 전쟁을 하여 지금까지 빼앗겼던 것을 되찾아 와야 한다

성령으로 영적세계가 열린 성도는 마귀와 수많은 영적인 전쟁을 해야 되는 것이다. 이것은 누구나 피할 수 없는 일전이다. 그러나 우리는 성령님이 도우시면서 함께하시기 때문에 승리하는 것이다. 성령으로 영적세계가 열려 마귀와의 영적인 전쟁에서 승리하여 지금까지 마귀에게 빼앗겼던 모든 것을 되찾아 회복하기를 바란다. 자세한 것은"하나님의 복을 전이 받는 법" "영적인 세계가 열려야 성공한다"를 참고하라.

# 26장 반드시 영안이 열려야 한다.

(계3:17-19)"네가 말하기를 나는 부자라 부요하여 부족한 것이 없다 하나 네 곤고한 것과 가련한 것과 가난한 것과 눈 먼 것과 벌거벗은 것을 알지 못하는도다. 내가 너를 권하노니 내게서 불로 연단한 금을 사서 부요하게 하고 흰 옷을 사서 입어 벌거벗은 수치를 보이지 않게 하고 안약을 사서 눈에 발라 보게 하라. 무릇 내가 사랑하는 자를 책망하여 징계하노니 그러므로 네가 열심을 내라 회개하라."

영적지도자는 영안이 열려야 한다. 영안이 열어지면 내 안에 있는 또 다른 나를 보게 된다. 영안이 열어지면 하나님의 말씀이 살아서 역사하시는 것을 체험하게 된다. 영안이 열어지면 하나님의 말씀이 내 안에서 능력이 되어 나타난다. 영안이 열어지면 자기 자신의 영적상태를 알게 된다.

허물을 보는 눈이 열리면 죄로 인하여 막혔던 원인인 죄가 보이게 되고 정죄하지 않으며 회개하며 마음을 열게 되고 하나님의 말씀과 상관이 있는 신앙을 회복하게 된다. 하나님과 관계를 회복하게 된다. 성경은 남의 눈의 티는 발견하고 나의 눈의 들보는 보지 못한다고 하였다. 나의 허물을 보는 눈이 열리면 진단하고 점검하며 깨끗한 가운데 말씀이 역사하는 것을 보게 된다. 말씀이 생명으로 나에게 나타나기를 시작한다. 영안은 신앙생활에 필수이다.

오늘 우리가 이 세상을 살아가면서 가장 귀한 것은 어떤 것인가? 인간의 정신세계를 지배하는 어떤 영계가 있는데 그곳은 하나님의 다스림 속에 있는 하나님의 영계가 있다. 다른 하나는 인간의 정신세계를 혼란하게 만들고 괴롭히는 마귀의 영역이 있다. 우리 마음가짐이 하나님 마음과 연결되었을 때는 하늘의 신령한 것이 모두 흘러 들어오고, 우리 마음가짐을 사탄이 좋아하는 쪽으로 맞춰 놓으면 사탄의 음성을 우리가 자꾸 듣게 되고 사탄에게 공격을 받을 수가 있게 된다.

영안이 열렸다고 하는 것은 하나님의 눈으로 모든 것을 보는 것인데 영안이 열린 사람이란 애굽에서 노예생활을 하고 있으면서도 젖과 꿀이 흐르는 가나안 땅을 바라보는 눈, 그것이 바로 영안이다. 내 비록 곤고한 가운데 있어도 영광스러운 내일을 바라보고 산다는 것이 바로 영안일 수 있다. 그래서 영안과 신앙의 눈은 같은 것이다.

영안이 열린 사람, 그는 무한하신 하나님의 능력과 지혜와 무한하신 하나님의 평강과 부요를 알게 된다. 그래서 하나님을 바로 아는 사람은 어떤 환경과 처지 가운데서도 실망하거나 낙심하지 않는다. 그러면 하나님은 어떤 사람에게 영안을 열어서 다른 사람이 보지 못하는 세계를 보게 하고, 다른 사람이 듣지 못하는 음성을 들을 수 있게 하겠는가?

하나님 앞에 나와서 예배를 드리는 자, 그리고 무릎을 꿇어 하나님의 도움을 구하고 기도하는 사람에게 하나님이 영안이 열리도록 하시는 줄 믿는다. 하나님은 영적지도자들의 영안을 열어 교통하기를 원하신다. 그동안 성령치유 사역을 하면서 체험한 영안이 열리는 과정을 설명하면 이렇다.

## 1. 1단계 영적무지에서 처음 열리는 영안.

사람은 영적인 존재이면서 육적인 존재이다. 평상시에는 영이 육에 눌려서 기능을 제대로 발휘하지 못한다. 한마디로 갑갑한 인생이다. 갑갑하니 문제가 생기면 자기보다 신령한 무당이나 절에 있는 스님을 찾아가서 답답함을 해결하려고 한다. 그러나 답답한 문제가 해결 되지 않는다. 자신에게 와있는 문제를 해결하려고 이 방법 저 방법 다 해보니 되는 것이 없다. 그러다가 복음을 전도 받고 교회에 나와 예수 믿고 성령으로 세례를 받으면서 처음으로 느끼는 영적인 체험을 하는 것이다.

이것을 다른 말로 표현한다면 성령의 은혜를 받았다고 표현할 수 있는 것이다. 인간이 본능적으로 세상을 살아가다 말씀을 통하여 성령이 운행하시어 빛이 비치고 영적 눈이 열리며 깨닫기 시작하는 것이다. 하나님이라는 분이 계시다는 것을 알게 되면서 처음으로 영의 눈이 열리는 것이다. 무지라는 흑암의 상태에서 빛이 비치기 때문에 가장 강력하게 느껴진다. 회개의 눈물을 흘리는 첫 사랑의 단계를 말한다. 무엇인지 잘 모르고 지금까지 체험하지 못한 환희를 체험하는 것이다. 이것을 육적인 영안이라고 할 수가 있다.

> "태초에 하나님이 천지를 창조하시니라 땅이 혼돈하고 공허
> 하며 흑암이 깊음 위에 있고 하나님의 영은 수면 위에 운행하시
> 니라"(창1:1-2).

많은 분들이 예수를 믿고 교회에 와서 처음 성령으로 세례를 받으면서 회개의 눈물을 흘린다. 처음 하나님을 만나는 단계이다. 저도 처음으로 하나님을 만나 회개의 눈물을 1박2일 동안 흘렸다. 정말 주체 못 할 정도로 회개의 눈물을 흘렸다. 순간 영이 깨어남으로 지금까지 체험하지 못한 신비한 것들이 보이게 된다. 그러나 아직 세상에서 행동하던 육성이 펄펄 살아있는 시기이다. 아무것도 모르면서 아는 척을 잘하는 시기이기도 하다. 그러나 땅의 사람이 하늘의 사람으로 바꾸어지는 첫 경험이므로 여러 영적인 신비한 체험들이 마음속에 강하게 자리하게 된다.

## 2. 2단계 신비한 물체가 보이는 영안.

예수 믿고 교회에 들어와 성령으로 불세례를 체험하고 사람 속에 있던 신령적인 요소가 깨어난다. 영적인 것에 관심을 가지기 시작한다. 툭하면 자기에게 나타난 영적인 현상을 가지고 상담을

하려고 한다. 신비한 음성을 들으려고 한다. 기도 할 때 무엇인가 보이고, 또 보려고 하고, 영물들이 보인다고 자랑도 하기 시작한다. 영혼이 혼탁하여 혼란스러운 꿈을 많이 꾸기도 하는 시기이다. 꿈에 뱀이 나타나기도 하고 무당이 보이기도 한다.

어느 분은 자신이 기도할 때 환상으로 보니 입에서 뱀이 나왔는데 이것이 무엇이냐고 물어보는 사람도 있다. 이는 자신의 심령상태를 보여준 것이다. 자신이 아직도 마귀의 영향 하에 있다는 것을 환상으로 보여준 것이다. 저도 이 시기에 말로 표현하기 힘든 영적인 현상을 체험했다. 기도할 때 얼굴이 일그러진 사람이 나타나 하! 하! 하! 하면서 달려들기도 했다. 중이 목탁을 탁탁 치면서 기도를 방해하기도 했다. 여자가 머리를 풀어 헤치고 흐느끼면서 울기도 했다. 곡하면서 울기도 한다. 많은 분들이 이 시기에 이런 경험을 한다. 툭하면 본 것을 간증도 잘하는 시기이다. 기도하면서 무엇인가 신비한 것을 보려고 하는 시기이다. 책도 그런 유형의 책을 사서 읽는다. 자신이 나름대로 판단하여 기도할 때 영물들이 보이고, 환상도 보이니 자신이 제일 믿음이 좋은 사람이라고 스스로 판단하여 교만하게 행동하는 시기이다.

이는 옛 사람이 죽지 않고 그대로 있기 때문에 자연스럽게 나타나는 현상이다. 교회에 나와 나름대로는 불같은 성령도 체험했고 열심히 믿음 생활한다고 해도 아직 육신에 속하여 환경을 의식하며 살아가는 시기이다. 예수를 믿어도 자신의 자아와 혈기가 남아서 자기 힘으로 어떻게 해보려고 열심히 노력하는 시기이다.

예수를 이용하여 육적인 만족을 얻으려고 한다.

그러다가 자신의 뜻대로 되지 않는 인생을 깨닫고 자신의 능력으로 세상을 이기기는 역부족하다는 것을 알게 된다. 그래서 능력이 있다는 사람을 추종하고 찾는 단계이다. 능력이 있다는 사람을 분별도 하지 않고 의지한다. 성도는 빨리 이 단계를 빠져 나와야 한다. 일부 성도들은 이 단계에 머물러서 예수를 믿으면서도 오만가지 문제로 고생을 한다.

## 3. 3단계 신비한 은혜를 사모하는 영안.

영적인 신비한 것들을 사모하고 추구하는 단계이다. 능력이 있어야 영적인 생활을 잘 할 수 있다는 것을 알게 된다. 그래서 능력도 받으러 다니기도 하고 성령의 불의 역사가 있다는 이곳저곳을 찾아 방황하는 시기이다. 능력이 있다는 사람에게 속기도 한다. 무엇인가 신비한 것을 보려고 하고, 신비스러운 것을 체험하려고 하는 시기이다. 때로는 답답하여 예언도 받으러 다니는 그런 시기이다. 이것저것 영적인 것에 궁금증을 가지고 알려고 하는 시기이다. 그러다가 성령의 불세례를 체험하고 은사를 사모하게 되는 시기이다. 은사가 있는 성도를 부러워한다.

이 시기가 되면 기도할 때 영물들이 보이는 빈도도 현저하게 적어진다. 꿈도 적게 꾼다. 제가 지금까지 성령치유 사역을 하면서 상담하다 보면 많은 분들이 이 시기를 거친다. 저도 성령의 불의 역사와 신비한 현상이 일어나는 여러 곳을 방황하며 다녔다. 예언도 받으러 다녔다. 어떻게 하면 좋을지 상담도 받으러 다녔다. 그래서 상처도 받고 깨닫기도 하지만, 도무지 답답한 마음의 평안을 찾지 못하는 시기가 있었다. 보편적으로 성령세례를 받고, 성령의 불세례가 자신에게서 나타날 때 통과하는 시기이다.

이렇게 땅에 속하여 인간을 의지하고 인간의 정으로 세상을 살아가다 인간은 자신의 문제를 해결할 수 없다는 것을 깨달아 알게 된다. 자신이 하나님에게 기도하여 문제를 해결하려는 의지가 발동하는 시기이다. 자신에게 처한 문제를 해결하려다 성경이 하나님의 말씀이라는 것을 알게 되니 성경에 관한 지식을 갖게 된다. 심령에 말씀을 새기고, 심령을 말씀과 성령으로 가꾸기 시작하는 삶을 통하여 신앙생활과 영성이 자라기 시작한다. 서서히 신앙의 안정을 찾아가는 시기이다. 사람을 사귀어도 말씀 안에서 사귀게 된다. 하나님의 능력이 아니면 세상을 이길 수가 없다는 것을 깨닫고 영적인 능력을 추구하는 단계이다.

서서히 영적인 눈이 열려 무슨 신령한 것을 보려고 하는 그러한 시기를 넘어서게 된다. 그래서 말씀의 중요성을 깨닫고 말씀을 사모하게 된다. 성령으로 충만하려고 노력한다. 그리고 영으로 기도하려고 힘쓰는 시기이다. 목회자는 심신의 재능으로 목회를 하려다가 잘 안되니 영적인 목회를 추구하는 영적성장의 단계이다. 영안이 열리기를 사모하는 분은 **"영안을 밝게 여는 비결"**을 읽어보시라.

## 4. 4단계 자신의 진면모가 보이는 영안

주야를 관장하는 말씀이 역사하기 시작하면 분별력이 생겨서 영적 갈급함이 생기게 된다. 신령한 능력이 나타나기 시작한다. 영적인 세계가 밝히 보이기 시작한다. 영안으로 자신을 바라보니 자신의 부족한 면들이 보이기 시작한다. 그래서 자신의 심령치유와 영성에 관심과 노력을 기울이게 된다. 자신이 혈기를 내면 마귀가 역사한다는 것을 아는 시기이기도 한다. 자신에게서 마귀의 역사도 일어날 수 있고, 성령의 역사도 나타날 수 있다는 것을 알고 깨닫게 된다. 그래서 경각심을 갖는 시기이기도 한다. 성경 말씀의 비밀을 조금씩 깨닫게 된다. 그리고 세상의 모든 문제의 뒤에는 마귀가 도사리고 있다는 것을 아는 시기이다. 그래서 자신의 문제의 원인을 말씀과 성령으로 찾아서 해결하려고 노력하는 시기이기도 하다. 그래서 서서히 하나님의 복을 받는 것이 눈으로 보이기 시작하는 시기이다.

세상을 살아가면서 하나님이 인도하고 계신다는 것을 깨닫는 시기이다. 삶에서 예수님이 주신 권세를 주장하며 적용하려고 하는 시기이다. 그리고 다른 사람을 볼 때 겉모습만을 보고 판단하는 것이 아니라, 사람 속에 있는 하나님의 역사와 형상을 볼 줄 아는 시기이다. 그래서 하나님이 함께하는 사람을 골라낼 수 있는 시기이기도 하다.

저 역시 나의 내면의 더러움을 보고 심령치유에 관심을 갖다가 성령님의 인도로 치유사역을 했다. 치유 사역을 하다 보니까, 인간의 모든 문제 배후에는 어둠의 세계가 있다는 것을 체험적으로 알게 되었다. 이 어둠의 세계를 깨뜨리기 위해서 능력을 더 사모하게 하셨다. 내 육성이 깨지지 않고는 결코 영적싸움에 승리할 수 없다는 것을 알고 스스로 자원하여 치유를 받게 하신다. 그리고 영안을 점차로 깊게 열어 가신다.

영적으로 겸손해 지려고 노력한다. 영적인 교만은 패망이라는 것을 깨닫고 스스로 겸손하려고 노력한다. 그래서 성경 말씀 속에서 영적세계를 분별하며 보고 알게 하신다. 말씀 속의 비밀도 보여주신다. 말씀 속에서 각종 영적인 원리들을 발견하게 하신다. 하나님에 대하여 알아야 할 것이 너무나 많다는 것을 체험한다. 영안을 열어 말씀 속에서 영적인 세계를 보고 말씀 속에 숨은 비밀도 많이 깨닫기를 바란다. 그리고 말씀 속에서 인생을 성공적으로 살아가는 영적인 원리들을 보고 알고 깨닫고 삶에 적용하여 하나님의 군사가 되기를 바란다.

## 5. 5단계 말씀과 체험의 중요성을 아는 영안.

이 시기가 되면 심령에 심어진 이론적인 말씀이 실제 경험과 체험을 통하여 생명력을 갖게 된다. 생명력 있는 말씀을 심령에 새기니 영안이 열리는 것이다. 순종을 통하여 예수님과 하나 되는 능력을 갖게 된다. 자신의 일부가 된 말씀을 통하여 세상과 신앙을 보는 영적인 세계에 대한 눈이 열린다. 말씀과 성령으로 분별력이 생겨서 영과 육을 분별한다. 내 자신이 아직 죽지 않은 육성을 지각하게 된다. 이 육성을 깨뜨리기 위해 기도할 마음이 생기기 시작한다. 자신을 볼 수 있는 눈이 열리기 시작하는 시기이다. 그래서 모든 문제의 원인이 자신의 마음 안에 있다는 것을 깨닫기 시작하는 단계이다.

그래서 내적치유를 받으려고 하고 영성훈련을 사모하는 시기이기도 하다. 그러다가 성령의 권능을 받기도 하고 영적으로 변하는 시기가 바로 이 단계이다. 이때가 되면 성도는 서서히 영적인 안정을 찾는 단계이다. 영적 지도자의 말에 순종하려고 나름대로 노력하는 시기이다. 무슨 신령한 것을 추구하기보다는 말씀과 성령 충만을 사모한다. 말씀과 성령으로 자신이 변하려고 노력하는 시기이다. 모든 것이 말씀 안에서 이루어진다는 것을 깨닫는 시기이다. 하나님의 말씀은 자신을 보호하는 울타리가 된다는 것도 알게 되는 시기이다. 그래서 성령의 임재 하에 말씀을 본다. 그러다가 말씀 속에서 각종 영적인 원리들을 조금씩 터득하게 되어 영적으로 깊어져 가는 시기이다.

저도 변화되지 않은 육적인 자아를 말씀과 기도를 통하여 바라보고 회개하며 고쳐간다. 그리고 나에게 말씀의 지식이 부족하다는 것을 깨닫게 되었다. 그래서 열심히 말씀을 사모하고 말씀을 읽고 묵상하며 세미나 교재들을 만들기 시작했다. 영적인 일은 성령의 이끌림을 받는 기도가 아니면 안 된다는 것을 깨달았다. 깊은 영의 기도를 통하여 인격의 변화를 체험하게 하셨다. 그래서 몇 년 전 저는 귀신에게 고통을 당하기도 했다. 그래서 그 악한 영을 몰아내려고 이 방법 저 방법 다하다가 영적인 것을 깨달아 알게 되었다. 말씀과 성령의 역사가 아니면 도저히 해결할 수가 없다는 것을 깨달았다.

그래서 심령을 치유하고 깊은 기도를 하여 내면을 치유 받았다. 그러니 성격도 조금씩 변하고 육성이 약해지니 영안이 조금 더 열려졌다. 이제 말씀을 보면 말씀 속에서 영적인 비밀과 원리들이 조금씩 깨달아지고 보이기 시작했다. 그리고 성령의 능력이 미약하게 나타나기 시작했다. 그리고 인격이 서서히 변하여 혈기가 죽고 심령관리를 하려고 노력하게 되었다. 예수를 믿었으면 인격이 변해야 한다. 사람은 영을 담는 그릇이라고 표현 할 수 있다. 성령도 담을 수가 있고 악령도 담을 수가 있다. 그래서 그 사람의 심령에 성령이 충만하면 예수의 인격이 나오게 되어 있다. 사람은 마음에 가득한 것을 입으로 말하는 것이다.

"독사의 자식들아 너희는 악하니 어떻게 선한 말을 할 수 있느냐 이는 마음에 가득한 것을 입으로 말함이라 선한 사람은 그 쌓은 선에서 선한 것을 내고 악한 사람은 그 쌓은 악에서 악한 것을 내느니라."(마12:34-35)

그러므로 예수 믿고 영안이 열렸으면 자신의 속에서 무엇이 나오는가 볼 수 있는 것이 중요한다. 그래서 선한 것을 내려고 노력하는 시기이기도 하다. 그리고 세상과 사람 속에서 하나님의 역사와 형상을 보는 눈이 서서히 열리는 시기이다.

## 6. 6단계 영적자립으로 정착된 영안.

인간의 힘과 재능으로 살아가려다가 고난과 사탄의 시험 등을 통과하고 난 후에 영적세계가 열리게 되니, 우리의 신앙생활과 세상만사가 사탄과 어두움과의 영적 투쟁임을 지각하게 된다. 이러한 투쟁을 통하여 얻게 된 생명이 기도와 말씀에 전념하려는 마음을 가지게 되는 단계이다. 그래서 우리 인간은 영적 세계에 덮여서 살아가고 있다는 것을 깨닫게 된다. 성도라도 아차 실수하고 잘못하면 악한 영에게 당할 수도 있다는 것을 알게 된다. 그러니 자신이 알아서 성령으로 깨어서 기도하는 시기이기도 하다. 영적 세계에는 성령과 악령과 천사와 성령으로 거듭난 사람의 영이 거하는 곳이다. 사람은 영적인 존재이기 때문에 중립은 있을 수가 없다. 아무리 무신론을 주장하는 사람이라도 마귀의 지배에서 벗어 날수가 없는 것이다. 그렇기 때문에 예수를 믿는 우리는 항상 말씀과 성령으로 충만해야 하는 것이다.

그래야 귀중한 자신의 영을 지킬 수가 있는 것이다. 이때에는 영적인 전쟁을 하므로 문제도 풀리고 물질도 풀리기 시작한다. 그러니 하나님이 자신의 인생을 인도하면서 복을 주시고 계시다는 것을 체험적으로 아는 시기이다. 그래서 모든 것이 자신이 하지 않았고 하나님이 하셨다는 것을 인정하고 하나님에게 영광을 돌리는 시기이다.

저 역시 성도의 생활 전부가 영적인 전쟁임을 깨달아 알게 되었다. 영적 전쟁에서 이기기 위하여 열심히 기도한다. 성령님의 역사로 말씀을 사모하여 묵상하고 있다. 성경에서 영적인 원리들을 발견하고 적용하고 있다. 또한 성령의 깊은 임재 없이 성경을 머리로 공부하는 것은 머리와 육적 자아만 키우는 결과를 초래한다는 것을 깨닫게 하셨다. 육적 자아는 절대로 영적인 전쟁에서 승리할 수 없다는 것을 알게 하셨다. 이제 성령의 임재 하에 성경을 공부하고 묵상하며 읽고 있다. 마음의 심비에 말씀을 새기려고 노력하고 있다.

영적 전쟁은 말씀과 성령의 역사가 없이는 불가능하다. 말씀 안에서 역사하는 성령의 충만이 전신갑주가 되는 것이다. 차츰 영안을 더 열어주시고 말씀 속에서 하나님의 역사와 영적인 비밀들을 확인하게 하신다. 성령께서는 말씀을 나의 마음 판에 새기고 악한 영과 싸우도록 전신에 갑주를 입혀 주시고 계신다. 그래서 저희 교회 목회는 성령님이 친히 하시고 계시다는 것을 체험적으로 알고 있다. 그래서 저는 부목사로 성령님을 따라가려고 노력한다. 모든 영광을 하나님에게 돌린다.

예수를 믿고 성령을 체험하고 말씀과 성령으로 거듭난 성도는 하나님의 군사들이다. 하나님의 군사들은 세상을 살아가면서 성령께서 주시는 레마를 받아 적용하고 선포해야 한다. 그리고 행동하므로 영적인 전쟁에서 승리하는 성도가 하나님의 군사로서의 사명을 감당하는 것이다. 영적인 전쟁에서 승리하는 성도가 영안이 열린 성도라는 것을 명심하기를 바란다. 영적인 전쟁에 승리하는 환경에 여러 가지 보증의 역사가 나타난다.

문제가 없어진다. 물질이 풀리기 시작한다. 영적인 만족감을 갖게 된다. 다윗이 유대 나라 왕이 되어 영적인 전쟁을 하여 잃은 것을 되찾아 오니 그 나라가 부강했다고 했다.

"그가 나이 많아 늙도록 부하고 존귀를 누리다가 죽으매 그의 아들 솔로몬이 대신하여 왕이 되니라"(대상29:28)

다윗이 나이가 많아 늙도록 부하고 존귀하다가 죽었다고 한다. 사람은 가는 날이 좋아야 한다. 우리도 천국 가는 날이 다윗과 같이 좋은 날이 되기를 바란다. 다윗은 하나님이 택하여 하나님이 훈련하고 기름을 부어 세운 하나님의 종이다. 하나님이 기뻐하시는 자이다. 다윗은 하나님의 음성을 듣고 순종하여 온 이스라엘 나라를 통일 시킨 왕이다. 우리도 다윗이 환상을 열어 하나님의 권능으로 쳐들어가서 빼앗아 온 것같이 마귀와 영적인 전쟁을 해야 한다. 그리하여 우리가 지금까지 마귀에게 빼앗겼던 여러가지를 되찾아 와야 한다.

그러면 물질적인 문제는 서서히 풀어지기 시작할 것이다. 저역시도 교회를 개척하여 벌침이나 놓고 입으로 목회할 때는 물질 문제로 지지리도 고통을 많이 겪었다. 성령의 음성을 듣고 내적 치유 받고, 성령의 불을 체험하고, 성령으로 치유 목회를 하니 물질이 서서히 풀렸다. 그래서 저의 임상적인 견해로는 교회나 성도들의 사업이나 말씀과 성령으로 충만하여 마귀와 영적인 전쟁을 해야 물질이 풀린다는 것이다.

다윗 왕이 하나님에게 순종하니 다윗시대에 나라가 풍성하게 지낸 것이다. 이렇게 영안이 열리고 하나님의 마음에 합한 자는 하나님의 복이 따르는 것이다. 하나님과 영의 통로가 열려 하나님이 함께하여 주시니 형통의 복이 따르는 것이다.

## 7. 7단계 온전하게 열리는 영안.

말씀과 성령의 역사로 마귀와의 영적투쟁을 통하여 성화되고 영안이 열리니 예수의 마음을 품는 심령상태이다. 예수님이 십자가에 달려 죽으시면서도 죄인들의 죄를 용서하여 달라고 말씀하신 것과 같은 영안이다. "이에 예수께서 이르시되 아버지 저들을 사하여 주옵소서 자기들이 하는 것을 알지 못함이니이다 하시더라 그들이 그의 옷을 나눠 제비 뽑을새"(눅 23:34). 예수님은 지금 십자가에서 영안으로 하나님과 교통하고 계신다. 이것이 최고 경지의 영안이다. 더 많은 것은 "영안을 밝게 여는 비결"을 보시라.

이는 스데반이 성령이 충만하여 하늘을 우러러 보니 하나님의 영광과 예수님이 그 우편에 서신 것을 보는 최고의 영안이다. 스데반이 돌에 맞아 죽어가는 고통을 받는 중에도 하나님과 교통하며, 그들의 죄를 용서해 달라고 비는 것과 같은 최고의 경지의 영안이다. 스데반은 죽지 않고 잔다고 했다. 이 경지에 이르면 죽음의 고통을 느끼지 못한다.

"스데반이 성령 충만하여 하늘을 우러러 주목하여 하나님의
영광과 및 예수께서 하나님 우편에 서신 것을 보고 말하되 보라
하늘이 열리고 인자가 하나님 우편에 서신 것을 보노라 한대 그
들이 큰 소리를 지르며 귀를 막고 일제히 그에게 달려들어 성
밖으로 내치고 돌로 칠새 증인들이 옷을 벗어 사울이라 하는 청
년의 발 앞에 두니라 그들이 돌로 스데반을 치니 스데반이 부르
짖어 이르되 주 예수여 내 영혼을 받으시옵소서 하고 무릎을 꿇
고 크게 불러 이르되 주여 이 죄를 그들에게 돌리지 마옵소서
이 말을 하고 자니라."(행7:55-60).

나의 일은 쉬고, 내 뜻도 버리고, 하나님의 나라에서 하나님의
뜻과 생각과 감정과 마음에서 보는 눈으로 자신의 인생을 바라보
는 영안을 말한다. 또한 자신을 초월한 상태에서 인생을 보고, 하
나님의 손길을 보니, 성경을 보면 좀 더 분명하게 보일 것이다.
내주 하시는 주님과 더불어 먹고살며, 생각을 나누고, 능력을 나
누고, 사랑을 나누며, 말씀을 나누며, 하나님과 하나 되는 관계
요, 우리 육신의 세포 하나하나가 말씀화된 상태이다.
　예수님의 마음으로 완전하게 변한 상태이다. 이로 말미암아
우리의 삶은 "모든 사람과 더불어 화평함과 거룩함을 따르라 이
것이 없이는 아무도 주를 보지 못하리라"(히12:14). 라는 말씀으
로 보이게 되는 영안을 의미한다.

# 27장 영적인 사고로 바뀌어야 한다.

(고전 2:14-16)"육에 속한 사람은 하나님의 성령의 일들을 받지 아니하나니 이는 그것들이 그에게는 어리석게 보임이요, 또 그는 그것들을 알 수도 없나니 그러한 일은 영적으로 분별되기 때문이라. 신령한 자는 모든 것을 판단하나 자기는 아무에게도 판단을 받지 아니하느니라. 누가 주의 마음을 알아서 주를 가르치겠느냐 그러나 우리가 그리스도의 마음을 가졌느니라"

하나님은 예수를 믿고 성령으로 거듭난 성도들이 사고가 영적으로 바뀌기를 원하신다. 우리가 말로는 예수를 믿고 영적으로 거듭났다고 한다. 그러나 여전하게 육을 입고 육적인 사고에서 탈피하지 못하고 살고 있는 것을 부인할 수 없는 것이다. 육적인 사고에서 탈피하지 못하니 영적으로 바뀌지를 않는 것이다. 성도는 반드시 영안이 열려야 한다. 저는 영적인 사고가 굉장히 중요하다고 생각을 한다. 영적으로 사고하면 좀 더 빨리 영안이 열리고 영적으로 바뀔 수가 있기 때문이다. 신령한 사람으로 바뀔 수 있다.

왜 나는 예수를 믿고 교회에 다닌 지 십년이 넘었는데 믿음이 자라지를 않을까? 왜 근본이 변화되지 않을까? 사고가 영적으로 바뀌지 않기 때문이다. 생각이 바뀌지 않고, 습관이 바뀌지 않고, 여전하게 인간적인 사고를 하기 때문에 믿음이 자라지를 않고 권능이 나타나지 않고 영안이 열리지를 않는 것이다. 어떻게 하면 영적인 사고를 하면서 영안이 빨리 열리게 될까?

## 1. 영적인 사고를 하는 사람이 되려면

성경은 "사람이 물과 성령으로 거듭나지 아니하면 하늘나라를 볼 수 없다"고 말씀하셨다. 육으로 난 것은 육이요, 성령으로 난 것이 영이다. 우리는 부정모혈로 육으로 태어나 육의 사람이 되었지만, 이제 또 다시 성령으로 태어나야 하는 것이다. 우리는 성령으로 태어날 수밖에 없는 것이다. 이러므로 유대인의 선생이요 율법사로서 윤리와 도덕적인 면에서 흠이 없는 사람이었던 니고데모가 주님을 찾아왔었을 때 예수님께서는 단도직입적으로 "내가 진실로 진실로 네게 이르노니 사람이 물과 성령으로 거듭나지 아니하면 하늘나라를 볼 수 없느니라"고 말씀하셨던 것이다.

이와 같이 거듭난다는 것은 하나님께로부터 태어나는 것이다. 이는 혈통으로나 육적으로나 사람의 뜻으로 나지 않고 하나님 아버지께로부터 다시 태어나야 하는 것이다. 이렇게 하늘의 사람으로 거듭나게 하기 위해서 하나님께서 그 아들 예수님을 보내주신 것이다. 하나님의 아들 예수님은 바로 우리의 생명나무요 생명의 씨앗인 것이다. 예수께서 오셔서 우리의 거역한 모든 죄를 당신의 몸에 짊어지고 죄악을 다 책임지시고 십자가에서 몸 찢고 피 흘리시며 죽으심으로 말미암아 우리를 구하시고 장사지낸지 사흘 만에 부활하심으로 말미암아 생명의 원천이 되신 것이다. 이러므로 예수 그리스도를 구주로 모시지 않고 거듭날 수 있는 사람은 한 사람도 없다.

예수님의 생명나무에 접붙임을 받지 않고 생명을 얻을 존재는 없다. 예수님의 생명의 씨앗을 받아야 우리가 영의 사람, 신령한 사람으로 태어나게 되는 것이다.

저는 이런 이야기를 들었다. 이 사람은 가난한 집에서 태어나서 결심하고 뼈가 으스러지도록 일을 해서 48살에 거부가 되어 더 이상 일할 필요가 없어서 은퇴했다고 말했다. 그는 은퇴한 후 아들과 함께 산장을 지어놓고 사냥도 해보고, 낚시를 해보고 해도 마음에 만족을 느낄 수가 없다고 했다. 뼈가 부러지게 일을 할 때는 가난을 면해보겠다고 일했으므로 인생의 권태를 몰랐는데 이제는 은퇴 후 시간과 돈이 있어도 마음 한구석이 허하면서 인생이 허무하기 짝이 없다는 것이다. 왜 사는지 그 공허가 말할 수 없다는 것이다.

그래서 예수를 믿으라고 했다는 것이다. 그러니까, 예수를 믿는다고 공허감이 사라지느냐고 묻더란다. 그래서 예수를 믿고 성령으로 충만해지면 마음의 참 평안을 찾게 될 것이라고 예수를 믿을 것을 권면 했다. 그래서 예수를 믿고 교회에 나가기 시작하자 공허감이 사라졌다는 것이다. 예수님을 믿고 구원을 받아야 비로소 우리 마음속의 공허와 허탈감이 사라지는 것이다. 왜냐하면 하나님께서 사람을 지으셨을 때 하나님을 섬기며 살도록 만들어 놓으셨기 때문이다. 하나님이 없으면 그 마음속에 영원한 공허감이 생기게 되는 것이다. 사람은 영적인 존재이기 때문에 영의 만족을 누리지 않으면 공허할 수밖에 없는 것이다.

영적인 공허함 그것은 돈, 지위, 명예, 권세로 절대 메울 수 없다. 오직 예수님을 모시고 성령으로 거듭나면 마음속이 공허가 메워 지는 것이다. 그리고 삶의 참 목적과 가치와 기쁨을 체험하게 되는 것이다. 이러므로 영의 사람, 영적인 사고를 하는 사람은 말씀과 성령으로 거듭난 사람을 말한다. 예수님을 구주로 믿는 사람을 말한다.

영적인 사고를 하는 사람은 하나님의 자녀가 된 사람을 말한다. 인본주의에서 벗어나 하나님을 중심에 모시고 섬기는 신본주의가 되어서 의와 거룩함의 열매를 맺게 되는 것이다. 그러므로 우리 모두가 다 하나님의 자녀인 것이다.

더 나아가서 영적인 사고를 하는 사람이란 하나님의 성령이 내주 하시는 사람이다. 예수를 주인으로 영접하여 영의 사람이 되자마자 하나님은 거룩한 성령을 우리에게 보내주셔서 성령이 우리 속에 거하고 계시는 것이다. 성경은"너희가 하나님의 성전인 것과 하나님의 성령이 너희 안에 거하시는 것을 알지 못하느뇨" 라고 말씀하신다. 육으로 있을 때는 육의 세계만 알지만 하나님이 성령이 오셔서 거하심으로 말미암아 3차원의 육의 세계를 떠나 영적인 사고를 하며 신령한 세계의 시민이 되고, 신령한 세계와 대화하고 호흡하게 되는 것이다.

육에 속한 사람은 하나님의 성령의 일을 받지도 아니하고 신령한 세계에 대해 전혀 알 수 없다. 그런 우리 속에는 성령이 오셔서 거하시게 되므로 신령한 세계와 대화가 이루어지고 호흡할 수 있게 되는 것이다. 우리 속에 신령한 세계가 개발되어 들어오게 되는 것이다. 이렇기 때문에 영적인 사고를 하는 영에 속한 사람과 육에 속한 사람은 확연하게 다르다는 것이다.

그래서 하나님의 영적인 사고를 하는 성령의 사람은 기도와 말씀이 요구되는 것이다. 그는 기도하지 않고는 살수가 없다. 성령이 들어와 계시므로 하나님과 교제하는 대화의 생활을 통해 신령한 하나님의 생명이 우리에게 공급되는 것이다. 기도하지 않으면 하늘나라의 신령한 생명이 우리에게 공급되지 않는다. 영적인 사고를 할 수가 없다.

이렇기 때문에 교회에 아무리 왔다 갔다 하여도 기도하지 않는 사람은 하나님의 생명을 받을 수가 없는 것이다. 영적인 사고를 할 수가 없다. 그리고 성령이 거하시며 영적인 사고를 하는 사람은 하나님의 성령이 주시는 영의 양식을 먹어야 한다. 육의 양식을 먹지 않으면 살아날 천하장사가 없는 것처럼, 영의 양식을 먹지 않고서 영적인 사고를 할 수 있는 영이 살아날 사람은 없는 것이다. 그래서 우리는 하나님의 말씀을 열심히 먹고 싶은 욕구가 생기는 것이다. 그리고 하나님의 성령이 거하시기 때문에 성령이 증거의 영으로서 우리로 하여금 육의 세계가 아닌 영의 세계가 있다는 것을 끊임없이 증거 하게 만드시는 것이다.

이러므로 육신의 정욕, 안목의 정욕, 이생의 자랑을 따라 썩어질 것만 추구하는 사람들에게 "이 길로 가면 종국에는 멸망한다. 죽어 지옥에 떨어지게 되고 만다. 그러나 여기에 더 높은 길, 다른 길, 사는 길이 있다. 그리스도의 길이 있다"하고 성령께서는 우리를 통해 부모, 형제, 친지, 이웃 간에 지속적으로 전도하게 만들어 주시는 것이다. 그리고 성령께서 속에 거하시기 때문에 폐일언하고 생활에서 영적인 사고를 하며 성령의 열매가 맺어지게 된다. 감나무에 감 열리고 밤나무에 밤 열리는 것처럼, 성령이 오시면 성령의 열매인 사랑, 희락, 화평, 오래 참음, 자비, 양선, 충성, 온유, 절제와 같은 열매가 맺어지게 되는 것이다.

예수님 믿어 교회를 10년 20년 다녔다고 해서 조금도 열매 없는 삶을 사는 것은 영적인 사고를 하지 않기 때문이다. 그 사람 속에 성령이 주인 되시지 않았다는 증거이다. 또한 영의 사람이 되지 않았다는 증거이다. 많은 사람들이"나는 카톨릭 교인이다. 프로테스탄트다"하고 말하면서도 예수를 구주로 모시고, 성령이 내주 장악하는 체험을 하지 않아, 영의 사람이 되지 않았기 때문에 십년을 믿어도 변화되지 않고 성령의 열매가 없는 것이다.

그래서 "예수 믿는 저 사람을 봐라 예수 믿는 사람이 저런 사람이냐?"하는 지탄을 받게 된다. 그러나 영의 사람이 되어 영적인 사고를 하며 성령이 속에 거하시는 사람이 되면 성령께서 우리의 생활 속에 열매를 맺을 수 있도록 역사 하여 주시는 것이다. 이러므로 영의 사람은 영적인 사고를 하며 성령의 열매를 맺게 되는 것이다.

그리고 영적인 사고를 하는 영의 사람은 하나님 앞에 의롭다 함을 입은 사람이다. 예수님께서 우리의 일체의 죄악을 짊어지셨기 때문에 죄에서 용서를 받고 이제는 죄를 한 번도 안 지은 사람처럼 하나님 앞에 부끄럼 없이 설 수 있는 자격자로서 의롭다 함을 입은 사람이 된다. 영적인 사고를 하며 영의 사람은 그리스도와 함께 그 영광과 고난에 참여하는 사람이 되는 것이다.

영의 사람이기 때문에 예수께서 십자가에서 우리의 죄를 도말하셔서 중생의 열매를 얻고 성령 충만의 열매를 맛보게 된다. 치료의 열매를 맛보고, 저주에서 해방되는 축복의 열매를 맛보며, 영원한 천국의 영광의 열매를 맛볼 수 있는 것이다. 영적인 사고를 하며 영의 사람은 영생천국의 상속자인 것이다. 하나님께서 우리를 일으켜 세우신 것은 그리스도와 함께 신령한 세계와 온 물질적인 우주를 상속받게 하시기 위해서이다.

그래서 오늘날 이 세상 사람들은 영적인 사고를 하는 영에 속한 사람이거나 육에 속한 사람인 것이다. 영에 속한 사람, 육에 속한 사람, 그 종류 이외의 존재란 이 세상에 존재하지 않는다. 교회가 존재하는 것은 육에 속한 사람에게 거듭나서 영의 사람이 되라고 외치기 위한 것이다. 영적인 사고를 하여 영안을 열고 영에 속한 사람으로 변화되는 기간을 단축하시기를 바란다.

## 2. 하나님의 말씀과 성령으로 해답을 구한다.

영적인 사고를 하는 사람은 하나님의 말씀과 성령으로 기도하여 문제의 해답을 구한다. 하나님의 말씀 안에는 모든 문제를 풀 수 있는 원리가 숨어있다. 그래서 영적으로 사고하는 신령한 사람은 문제가 다가올 때, 그 문제에 대한 해답을 하나님의 말씀을 따라 구하지 인간의 지혜나 지식이나 총명을 따라 구하지 않는다. 왜냐하면 영적인 사고를 하는 사람은 떡으로만 살지 않는다. 하나님의 입으로 나온 말씀으로 말미암아 산다. 영적인 사고를 하는 사람은 이제 믿음으로 말미암아 살고 인간의 이성으로 살지 않는다. 그러기 때문에 문제의 해답을 하나님 말씀에서 찾아야 된다.

사람의 문제는 영에서부터 발생한다. 문제를 해결하기 위해서는 영적인 사고를 해야 한다. 영적인 사고를 하지 않으면 인간에게 발생하는 문제를 해결할 수가 없다. 질병과 문제를 해결할 때 영적인 사고로 문제의 원인을 찾아야 한다. 성령의 임재 하에 영의 상태에서 문제의 원인을 찾아야 한다.

예를 든다면 불안장애나 공황장애를 치유하기 위해서 이렇게 해야 한다. 육적인 방법은 정신과의 약을 먹는 방법밖에 도리가 없다. 잘 아시다시피 정신과 약은 치유하는 약이 아니고 도파민과 세로토닌을 조절하는 약이다. 그러므로 평생 약을 먹어야 한다. 마치 혈압약이나 당뇨약과 같은 것이다. 그러나 영적으로 사고하여 치유 방법을 찾아야 한다. 불안장애나 공황장애는 상처에 의하여 발생한다. 상처를 치유해야 근본적인 치유가 되는 것이다. 상처를 치유하려면 성령으로 세례를 받아야 한다. 성령으로 내적인 상처를 치유하면서 두려움의 상처 뒤에 역사하는 귀신을 축사해야 한다. 이렇게 지속적으로 치유를 하면 정상적인 생활을 할 수 있는 사람이 되는 것이다.

그리고 가정의 재정에 문제가 있을 경우이다. 육적인 방법으로 보면 원인을 찾을 수가 없다. 영에서 문제가 발생했기 때문이다. 영적인 눈으로 보면 가난의 영이 역사할 수도 있다. 게으름의 영이 역사할 수도 있다. 거지의 영이 역사할 수도 있다. 이런 영적인 문제를 해결하기 위하여 말씀과 성령으로 정확한 진단을 하여 원인을 찾아 해결해야 한다. 이 영적인 문제를 해결하지 않으면 절대로 가난의 문제가 해결되지 않는 것이다.

부부간에 문제도 마찬가지이다. 원인 없는 문제는 없다. 원인은 성령의 임재 가운데 찾아야 한다. 영적인 원인이 있기 때문이다. 원인은 상처로 인한 것일 수도 있다. 가문에 흐르는 부부 불화의 영의 영향일 수도 있다. 부부 이간의 영이 역사할 수도 있다. 이런 여러 영적인 원인을 찾아 해결하지 않는 한 부부간의 문제는 해결이 되지 않는다. 이런 부부문제의 원인을 영적으로 찾지 않고 육적으로 해결하려고 하니 문제가 해결이 되지 않는 것이다. 결국 악한 영의 계획대로 부부가 이혼하고 마는 것이다. 인간의 모든 문제를 해결하려면 영적인 사고를 해야 가능한 것이다.

이래서 세상 사람들이 자신들에게 임한 문제를 자신들의 능력으로 해결하려고 발버둥을 치다가 결국 무당을 찾아가는 것이다. 자신의 문제를 해결하는 데는 한계가 있다는 것을 아는 것이다. 반드시 신적인 도움을 받아야 해결이 될 수 있다는 것을 알고 무당을 찾아가는 것이다. 이는 세상 모든 민족들이 공통으로 사용하는 방법인 것이다. 사람은 육적이면서 영적인 존재이기 때문이다.

예수를 믿는 우리는 예수를 믿고 성령으로 거듭난 사람들이다. 하늘에 시민권이 있는 사람들이다. 우리는 영적인 사고를 습관화하여 영안을 열어야 한다. 인간에게 찾아오는 문제를 해결함에 있어서 영적인 사고를 하여 문제를 해결하려고 해야 한다. 영안을 열고 원인을 찾아 해결하는 습관이 되기를 바란다.

성도가 영적으로 사고를 하며 하나님의 말씀으로 문제의 해답을 구하여 사는 삶이 바로 깊은 곳에 그물을 던지는 삶이다. 영적으로 사고하며 성령의 역사로 기적을 체험하며 형통의 축복을 받는 삶인 것이다.

베드로는 자기의 힘이나 능력이나 수단과 방법으로 삶의 문제를 해결하려고 하다가 빈 배만 가지고 돌아왔지만, 그의 문제가 해결된 것은 예수 그리스도의 말씀 한마디로 해결 된 것이다. 예수께서 깊은 곳에 가서 그물을 던져 고기를 잡으라는 그 한마디가 문제를 해결하고 마는 것이다. 영적인 사고를 하는 사람들은 문제가 있으면 하나님 앞에 나와서 말씀을 찾고 하나님 성령의 인도를 기다려야 되는 것이다. 말씀으로써 우리 문제의 해답을 찾을 때, 오늘날도 하나님께서는 성경말씀을 통해서, 설교를 통해서, 성령으로 기도할 때 성령의 음성을 통해서 문제를 해결할 수 있는 레마의 말씀을 주시는 것이다.


## 3. 생활을 영적으로 사는 사람.

참으로 신령한 생활을 하고 사는 사람은 영적인 사고를 하며 생활하는 습관이 된 사람인 것이다. 영적인 사고로 생활하며 영으로 사는 사람은 중생한 사람인 것이다. 종교를 믿는 사람이 아니다. 생명의 종교인 기독교(예수님)를 믿는 사람인 것이다. 영적인 사고로 생활하며 영으로 사는 사람은 예수 그리스도를 만난 사람인 것이다. 갈보리 십자가에서 날 위하여 양손과 양발에 대못이 박히시고, 머리에 가시관 쓰시고, 피를 흘리시고, 옆구리에 창을 받아 물과 피를 다 쏟고, 나의 과거의 죄, 현재의 죄, 미래의 죄를 청산해 버리신 속죄 제물인 예수 그리스도를 만나서, 내 죄를 고백하고, 내가 죄 사함을 받고, 하나님의 성령을 주인으로 모시어 들여서, 성령의 인도를 받으며, 영적인 사고로 생활하는 사람은 신령한 사람인 것이다.

로마서 8장 9절에 "만일 너희 속에 하나님의 영이 거하시면 너희가 육신에 있지 아니하고 영에 있나니 누구든지 그리스도의 영이 없으면 그리스도의 사람이 아니라"고 말씀하고 있는 것이다. 오늘 예수를 나의 주인 구주로 믿으셨으면 '아멘' 하기를 바란다. 그렇다면 영적인 사고로 생활하며 성령의 인도를 받아야 한다. 그래야 하나님이 원하시는 대로 영안이 열리는 것이다. 이 사람은 영적인 사고로 생활하며 말씀과 성령으로 사는 사람인 것이다. 육신의 정욕을 따라 살지 아니하고, 인간의 혼의 교만과 인간 지성으로 살지 아니하고, 말씀과 성령으로 사는 사람인 것이다. TV를 보거나 컴퓨터를 하더라도 영적인 사고를 하며 사는 신령한 사람인 것이다. 세상 모든 생활을 할 때 영적으로 사고하는 사람이 신령한 사람이다. 하나님은 이런 영적인 사람을 들어서 사용하신다. 하나님은 지금도 이런 사람을 찾고 있다. 이렇게 영적인 사고로 생활하며 변화된 사람이 되게 하기 위하여 성령으로 인도하며 훈련하시는 것이다.

성경은 말하기를 사람이 떡으로 살 것이 아니요, 하나님의 입으로 나는 모든 말씀으로 살 것이라고 했는데, 이 말씀은 바로 하나님의 지식이요, 하나님의 지혜요, 하나님의 판단인 것이다. 우리가 영적인 사고로 생활하며 영으로 사는 사람은 주야로 이 성경 말씀을 자기의 삶의 양식으로 살아야 되는 것이다. 우리가 육신의 떡을 먹고사는 것처럼, 우리의 이 신령한 영은 하나님의 영의 말씀을 먹고산다. 영적인 사고로 생활할 때 영이 깨어나기 때문에 영안이 열리는 것이다. 이렇기 때문에 말씀을 등한히 하면서, 신령한 생활을 할 수 있다는 것은 절대로 거짓말인 것이다. 말씀은 매일 먹어야 되고, 매주일 먹어야 되고, 묵상해야 되는 것이다. 그리고 영적인 사고를 하며 생활을 해야 한다. 그래야 영이 깨어나고 사고가 영적으로 변하니 영안이 밝아지는 것이다. 영안은 영적으로 사고를 해야 열리는 것이다. 영적으로 사고를 하며 생활을 하고 말씀을 삶에 적용하며 체험을 할 때 영안이 열리는 것이다. 영안은 능력 있는 사람에게 눈 안수 한번 받았다고 열리는 것이 아니다.

예수를 믿고 말씀과 성령으로 거듭난 사람은 하루 빨리 육적인 사고를 탈피해야 한다. 영적인 사고로 바꾸어야 한다. 그러기 위해서 생활을 하면서도 영적으로 사고를 해야 한다.

그래서 생활 속에서 하나님의 역사를 보고, 하나님의 지혜를 얻고, 하나님의 지식을 얻고, 하나님의 판단력을 얻고, 하나님의 능력을 얻어서, 그래서 하나님처럼 생각하고, 하나님처럼 말하고, 하나님처럼 판단하는 이러한 승리적인 삶을 살수가 있는 것이다. 신령한 사람은 영적인 사고로 생활하며 성령의 인도를 받는 사람인 것이다. 로마서 8잘 14절에 "무릇 하나님의 영으로 인도함을 받는 사람은 곧 하나님의 아들이라"고 말한 것이다. 그러므로 신령한 사람은 일상생활에서도 하나님의 성령을 인정하고, 환영하고 모시어 들이고 의지하고, 하나님 성령께서 항상 우리와 같이 계신 것을 믿는 사람인 것이다.

예수께서 내가 너희를 고아와 같이 내버려두지 아니하고, 너희에게 다시 오리라고 하고, 내가 아버지께 구하겠으니, 그가 또다른 보혜사를 너희에게 주사 영원토록 너희와 함께 있게 하시리라고 말한 것이다. 보혜사라는 것은 부름을 받아 내 곁에 와서 나를 도와주기 위해서 기다리고 계신 분을 말하고 있는 것이다. 보혜사 성령께서 계시므로 우리 신령한 사람은 영적인 사고를 하며 범사에 엎드려 기도할 수 있는 것이다.

성령이 내게 무엇을 말씀하시는가? 그 귀를 기우릴 줄 아는 사람이 되어야 하는 것이다. 성령의 음성을 듣는 사람은 마귀의 올무에 걸려 들어가지 않는다. 오늘날 그렇기 때문에 요한계시록에 보면 언제나 "귀 있는 자는 성령이 교회들에게 하시는 말씀을 들을지어다"라고 말한 것이다.

성령이 없는 개인, 성령이 없는 교회는 물 없는 우물과 불 없는 화로와 같이 형식은 있으되 생명이 없는 것이다. 성령이 없는 사람은 영적인 사고를 할 수가 없는 것이다. 그리고 신령한 사람은 직관과 양심을 따라 사는 사람인 것이다. 하나님의 성령은 우리의 영의 직관을 통해 말씀하시고, 우리의 양심을 통해서 역사하는 것이다. 절대로 성령께서는 우리의 머리 지성을 통해서 역사하지 않는다. 성령은 우리에게 계시로써 나타나기 때문에 우리에게 직관을 통해서 오시고, 그리고 우리의 양심을 통해서 오시는 것이다. 아무리 하나님의 계시가 온다고 하더라도 그 계시에 윤리와 도덕성이 결여되면 이것은 하나님의 계시가 아닌 것이다.

하나님은 언제나 우리에게 계시하시되, 성령을 통하여 우리의 마음 안에 있는 영에 계시하신다. 하나님은 인간의 머리나 육성에 계시하지 않는다. 그래서 육은 하나님의 나라에서 무익하다는 것이다. 그리고 하나님은 인간의 윤리와 도덕성에 벗어난 계시는 하시지 않는다. 그래서 하나님의 계시가 임할 때 거짓말을 하라고 계시하신다면, 이것은 하나님의 계시가 아니라, 마귀의 계시인 것이다. 하나님께서 계시가 왔는데 도둑질하라고 한다면, 이것은 윤리와 도덕성이 결여된 계시인 것이므로 하나님의 계시가 아닌 것이다. 우리 하나님께서 우리에게 계시해 줄 때는 그 계시는 언제나 윤리와 도덕성이 겸한 계시를 주시는 것이다.

이러므로 우리는 인생을 살면서 깊은 기도를 하고, 일상생활에서도 영적인 사고를 하며 성령 충만한 신앙생활을 하려고 의지적인 노력을 해야 한다. 생활에서도 영적인 사고를 하며 성령과 같이 동행하면 우리의 직관이 자꾸 예민하여 성령의 계시를 잘 받을 수 있게 되어가는 것이다.

자연스럽게 영안이 열려서 세상에서 살아가면서 하나님의 역사와 마귀역사와 사람의 역사를 눈으로 보면서 성령을 따라가는 신령한 성도가 되는 것이다.

우리의 영안이 자꾸 열리니 자연스럽게 영도 예민하게 깨어나게 된다. 그래서 인간의 지성으로 이해하기 전에 우리의 마음속에 있는 영이 벌써 하나님의 계시를 직관적으로 깨달아 알고 행하게 하는 것이다. 그래서 우리의 마음 안에 있는 영이 하나님의 계시를 직관적으로 깨달아 이것은 좋다. 이것은 나쁘다. 이것은 된다. 이것은 안 된다. 분명하게 가르쳐 주시는 것이다.

이것은 우리가 영적으로 사고를 하니 인간의 시간과 공간을 초월해서 하나님의 성령께서 우리에게 직관을 통해서 역사하신다. 성령께서 지시하는 직관이 양심에 거리끼지 아니하고 양심에 일치가 되면 우리 주님께서 직접으로 우리를 인도하는 것이 되는 것이다. 그래서 생활에서도 영적으로 사고하는 것이 중요한 것이다. 우리가 매사를 영적으로 사고하니 성령께서 율법이요, 선지자로 역사하는 것이다.

그리고 영적인 사고를 하며 영으로 사는 사람은 하나님 중심으로 사는 사람인 것이다. 무엇을 하더라도 하나님 중심으로 생각하는 것이다. 내 개인도, 내 가정도, 내 처자에 속한 일이라도, 내 가정, 처자를 앞세울 것이냐, 하나님을 앞세울 것이냐를 결정할 때, 하나님을 앞세워야 되는 것이다. 내 사회생활에 있어서 주님의 몸 된 교회를 앞세울 것이냐, 나의 이익을 앞세울 것이냐, 언제나 주의 몸 된 교회를 앞세우는 것이다. 이 세상과 세상에 있는 모든 것은 다 일시적인 것이다. 모든 일생은 풀과 같고, 그 영화는 풀의 꽃과 같다. 풀은 시들고 꽃은 떨어지는 것이다.

세상의 부귀영화가 아무리 좋다 하더라도 얼마 있지 아니하면 다 사라져 버리고 마는 것이다. 옛날 말에도 부자가 3대가는 법이 없다고 말한 것이다. 우리가 영원히 살 곳은 하나님 품인 것이다. 그러므로 우리의 영원한 관심사가 하나님 중심이 되어야 되는 것이다. 영적인 사고로 바뀌어야 한다. 우리의 삶의 본업이 하나님 섬기는데 있고, 이 세상의 모든 삶은 우리의 삶의 부업이 되어야만 되는 것이다. 이래서 신령한 사람은 영적인 사고를 하며 하나님 중심으로 사는 사람이 신령한 사람이 되는 것이다. 그 다음 신령한 사람은 영적인 사고를 하며 영으로서 몸의 행실을 죽이고 사는 사람이 신령한 사람이요, 영의 생각으로 혼을 굴복시키며 사는 사람인 것이다. 우리는 어찌할 수 없이 혼이 영을 도우려 육을 옷 입고 살고 있는 것이다.

그러므로 혼은 인간의 지성인 것이다. 인간의 지성은 그가 아무리 교육을 많이 받고, 지혜가 있다고 할지라도, 영의 명령에 순종하는 시녀이지, 혼이 일어나서 내리 휘젓고, 다스리면 그 사람은 완전히 망하고 마는 것이다. 그래서 생활에서도 영적인 사고를 해야 하는 이유가 여기에 있다. 이러므로 영은 혼을 정복할 줄 알아야 되는 것이다. 그리고 혼은 영에 정복당해야 하는 것이다. 그래야 영안이 열린 영에 속한 성도가 되는 것이다.

그래서 인간의 모든 지혜와 지식과 교육이 많다고 할지라도, 그것을 중심으로 살지 말고, 하나님께 굴복해서 하나님을 섬기는 삶을 살아야 한다. 하나님에게 정복당한 혼으로써 우리가 다스릴 줄 알아야 되는 것이다. 그 다음 우리가 살고 있는 육신은, 하나님의 영에게 정복당하여 살아가는 육신이 되어야 한다. 그러지 못하고 육신의 정욕, 부패한 육신을 따라서 살아간다면 종국에는 패망하게 되는 것이다.

이러므로 육신이 완전히 영으로 그 몸의 행실을 죽이고 살아야 되는 것이다. 이것이 우리의 신앙생활에 끊임없는 투쟁인 것이다. 그러나 오늘 내가 확실히 말하고 싶은 것은, 우리의 주인은 육신도 아니요, 혼도 아니요, 하나님의 형상과 모양대로 지은 받은 영인 것을 알게 되기를 주의 이름으로 축원한다. 우리는 영원한 영인 것이다. 영이 우리의 주인이다. 영은 혼을 굴복시키고 육의 행실을 죽이고 주인 노릇을 해야 되는 것이다.

따라 해보세요. "나의 주인은 영이다. 혼을 굴복시키고 육신의 행실을 죽이고 영으로 산다." 성령으로 충만한 영이 주인노릇하고, 영적인 사고를 하며 성령으로 중심이 잡히면, 그 다음에는 혼은 영에 굴복을 하고, 육은 그 행실을 죽이고, 하나님께 복종하게 되는 것이다. 그러면 하나님의 복을 받으면서 누리면서 사는 사람이 되는 것이다. 영으로 사는 삶이란 생명과 평안이 넘치는 삶이요, 하나님께 끊임없이 영광 돌리는 생활이 될 수가 있는 것이다. 영으로 사는 사람만이 진실로 하나님께 영광을 돌리게 되는 것이다. 이런 사람만이 우리의 가정이나 사회나 국가에 참으로 밝고 맑고 환한 소금과 빛의 역할을 할 수가 있게 되는 것이다.

오늘날 그렇기 때문에 우리의 신앙생활에는 끊임없이 우리의 영이 일어나서 혼을 굴복시키고, 우리의 육체를 정복하는 투쟁 속에 놓여 있는 것이다. 오늘날 사람들은 자기가 영인 것을 알지 못하면 투쟁에서 실패하고 마는 것이다. 자기가 육체인지 알면 나는 이제 이길 수가 없다고 생각하는 것이다. 자기가 혼인 줄 만 알고 있으면 나는 이제 도저히 인간의 지성으로 알 수 없다고 말하는 것이다.

그러나 우리의 주인이 영인 것을 알게 되면 단호하게 일어나서 혼을 정복시키고 육을 굴복시키고, 하나님의 지혜를 받아서 위대한 신앙생활과 세상생활을 할 수가 있는 것이다. 우리는 영이 주인 되게 하여 세상을 살아가야 하는 것이다. 성도가 영적으로 사고하지 않는 것은 위험한 것이다. 자신이 영적인 사고를 하고 살아가는지 육적인 사고를 하고 살아가는지를 분별할 줄 알아야 한다. 영을 분별하는 은사는 먼저 자신의 영적인 상태를 분별하라고 주시는 것이다.

영적으로 사고하며 세상을 살아가기를 바란다. 영적인 사고를 하며 말씀을 삶에 적용하여 체험하며 영안을 열어 가기를 바란다. 그리하여 아브라함의 복을 받아 누리면서 살기를 축원한다.

아브라함과 같은 형통의 복에 대해서는 **"형통의 복을 받는 법"** 을 읽어보시라.

이 책을 통해 예수님이 땅끝까지 전파 되기를 소원합니다.
(출판으로 인한 이익금은 문서선교와 개척교회 선교에 사용합니다.)

# 교회개척 100명 이상 성장하는 법

발 행 일 | 2014.08.12 초판 1쇄 발행

지 은 이 | 강요셉

펴 낸 이 | 강무신

편집담당 | 강무신

디 자 인 | 강무신

교정담당 | 원영자

펴 낸 곳 | 도서출판 성령

신고번호 | 제22-3134호(2007.5.25)

등록번호 | 114-90-70539

주    소 | 서울 서초구 방배천로 4안길 20(방배동)

전    화 | 02)3474-0675/ 3472-0191

E-mail | kangms113@hanmail.net

유    통 | 하늘유통. 031)947-7777

ISBN | 978-89-97999-25-5 부가기호 | 03230

가    격 | 18,000원